'카카오톡'과
'아이폰'의
실체적 진실은?

'카카오톡'과
'아이폰'의
실체적 진실은?

초판인쇄 2023년 3월 17일
초판발행 2023년 3월 29일

지 은 이 | 오준수
펴 낸 이 | 김광태

펴 낸 곳 | 도서출판 승연사
디 자 인 | 네오프린텍㈜
인   쇄 | 네오프린텍㈜

출판등록 | 1991년 4월 21일 제318-2005-000054호
전   화 | 02-2671-5305 / 02-391-2239
팩   스 | 02-749-4939 / 02-391-2230
핸 드 폰 | 010-3243-5305
주   소 | 서울시 종로구 진흥로432 요진오피스텔 908호
E-mail | ktkim7788@naver.com

값 25,000원
ISBN   978-89-93297-29-4 03500

저작권ⓒ 오준수 2023
이책의 저작권은 저자와 출판사에 있습니다.
서면에 의한 허락 없이 내용의 일부를 인용하거나 발췌하는 것을 금합니다.

'카카오톡'과 '아이폰'의 실체적 진실은?

특허권자 **오준수** 지음

승연사

서문

'팜퓨터=PALMPUTER' 및
'미유(MIU, 나녀)톡'의
조속한 출시에 즈음하여

    나는 석·박사 과정을 거쳐 공학도로서 평생 전자·정보·통신·컴퓨터분야에서 신기술 연구개발 및 창조(발명)의 세계를 혁신적 변화로 선도하는 외길을 걸어왔다.

    2005년 나는 전 세계적 2G휴대전화('피처폰=Feature phone', 즉 스마트폰이나 PDA폰이 아닌 모바일폰을 뜻하며 범용 OS를 채택하는 스마트폰에 상대하여 해당 이동 통신사의 전용 OS를 사용하는 휴대전화를 이르는 말) 시장과 음성위주의 통신시장 및 PC(노트북과 태블릿, 데스크톱) 시장, 그리고 해킹 없는 금융거래와 유통 서비스 시장 등에 새롭게 대변화의 혁신을 불러일으키는 개척에 나섰다. 나는 곧 주식회사 엠아이유(MIU)를 창업하게 되었고, 마침내 나는 특허기술(HDPC='MIU phone' 및 'O2TALK'과 'SEA-ON' 서비스)과 그 기술로 인한 통신시장에서의 상용화 단계까지 대변혁을 일구어냈다. 그리고 그 결과 WIPO사무총장상을 수상하기에 이르렀다.

　그러나 그 기쁨도 잠시였고 그 특허기술은 약삭빠른 불법과 무법의 세력, 즉 지금의 대기업인 '㈜카카오'(Kakaotalk, 카톡: '메신저=SNS'의 한 종류)와 '애플社'(iPhone: '스마트폰'의 한 종류)에 의해 그 기술을 무단 도용당하는 꼬락서니로 전락되고 말았다. 실로 나의 특허기술을 무단 도용당하는 참담한 일이 벌어진 것이다. 이러한 일로 인해 이후 나는 세상이 다 무너져 내리는 비참한 나날이 계속되었다. 그 반면 세상은 가짜 즉, '카카오톡과 아이폰'이 판치는 세상이 되었고, 그 지배자들은 호의호식도 모자라 영웅대접을 받는 거꾸로 된 세상으로 바뀌고 말았다.

　어쨌든 큰 변화가 세상에 일어났다. 즉 '가짜'로 인한 변화는 세상이 혼돈과 죄악의 늪으로 물들게 되었고, 가짜뉴스의 범람과 비방 그리고 험담의 창구(예: 단체 대화방 감옥), 범죄의 고도지능화, 사생활 해킹, 국가보안위협, 패권이기주의, 독과점 횡포, 허상의 가치화 그리고 극한 대립과 갈등, 가치의 혼란, 공산세력의 확장 등 세상은 어지러울 만큼 변해가고 있는 것 또한 사실이 되었다.

　나의 특허 기술을 무단 도용당하는 참으로 어처구니없는 일들로 인해 거듭되는 혼돈과 좌절감 속에서 억울하게 짓밟혀 나락으로 떨어진 나였지만 나는 이에 굴복하거나 포기할 수 없었다. 오히려 이에 굴하지 않고 거듭되는 10년이 넘는 긴 세월 동안 지금에 이르기까지 다시 세상을 새롭게 변화시킬 대변혁의 신 혁신기술을 창조하기 위해 나섰다. 세상에 새 변혁을 일으킬 신 혁신기술을 창조하기 위해 나는 피눈물 나도록 나 자신과 힘겨운 싸움을 거듭하여야만 했다.

진짜(오준수의 원천특허기술)인 내가 다시 더 큰 새 혁신의 변화를 반드시 이루어내어 대한민국이 세계 최고 경제대국으로 우뚝 서야 한다는 일념 하나로 매진해왔다. 그리고 마침내 나의 노력과 인내는 세계의 큰 기술 장벽을 뛰어 넘어 오늘날 국제특허기술을 획득하는 큰 영예를 안게 된 것이다.

현재 인간 오준수(발명특허권자)는 조속한 '팜퓨터= PALMPUTER' 제품출시를 앞두게 되면서 급기야 가짜를 드러내어 그들의 실체를 알리고 바로잡는 새 혁신적 대변화 앞에 첫 발을 내딛게 되었다. 그리고 기업가로서의 개척 정신을 여러 국민께 알려드리면서 현재의 위기에 처한 상황과 전문적이며 기술적인 내용들을 조금이나마 이해하시는데 도움을 드리고 싶어 이 책을 준비하게 되었다. 책의 구성은 다음과 같다.

제1부에서는 비록 지면관계상 극히 일부분밖에 묘사하지 못하였지만 '카카오톡'과 '아이폰'의 실체적 진실에 대한 내막에 대하여 진솔하게 적어보았다.

1989년 초 퀄컴社가 자체적 연구결과인 CDMA방식의 디지털 통신이론을 전 세계의 통신업계에 발표했다. 1993년 한국에서는 'ETRI'의 주도로 개빌에 착수하여 미침내 SK델레콤의 전신인 한국이동통신이 1996년 1월 1일 세계 최초로 상용화에 성공했다.

이로 인해 CDMA(부호분할다중접속) 원천(핵심)기술 특허를 보유한 업체인 퀄컴사('San Diego'에 본사를 둔 미국의 벤처 기업)는 가만히 앉아서 큰돈(휴대폰 1대당 내수용은 판매가격의 5.25%, 수출용은 판매가격의 5.75%에 해당하는 비싼 로열티를 지불했고, 즉 휴대폰 메이커가 영업이익의 절반을 퀄컴에 바친 셈이고, 그 누적액은 CDMA 상용화 첫해인 1995년부터 2005년까지 3조308억 원에 달함)을 벌기 시작했다.

이러한 현실을 알다보니 전문가로서의 나는 이 꼴을 그냥 볼 수가 없었다. 나는 많은 고민을 하게 되었고 마침내 지독히 고된 노력 끝에 이보다 더 막대한 수익(로열티)을 거둬들일 수 있고 게다가 완벽한 사이버 보안성을 갖춘 원천기술을 창조하게 된 것이다. 즉, 국부원천기술로서 미래 가상세계(모바일 SNS 및 메타버스)와 그 단말기(컴퓨터 제품)의 원천기술을 특허등록으로 창조하였다. 그리고 상용화단계를 자체적으로 이루어 나아갔고, 그 결과 WIPO사무총장 상을 받기에 이르렀다.

그러나, 아뿔싸! 불법·무법 세력이 세상을 주름잡게 하는 원인이 도사리고 있었음을 진작 알아채지 못하고 일(R&D와 상용화)에만 매진하고 있었던 것이다.

그것은 대한민국의 특허심판원(심판장 이O평, 주심 성O문)과 특허법원(재판장 배O국 판사), 대법원(재판장 이O복, 주심 김O 대법관)이 특허기술을 보호(헌법 제22조제2항: 저작자·발명가·과학기술자의 권리는 법률로써 보호한다)하기는 고사하고 불법·무법세력들에 동조하고 편승하는 터에 내 특허기술은 중국에 그 불법·무법세력(현 카카오 집단)을 통해 거액(720억 원)으로 팔려(기술전수 되어) 나갔던 것이다. 그('카카오톡'의 중국판 위챗(WeChat)) 덕분에 중국은 1천조 원의 갑부가 된 반면, 내 특허('OTT 서비스'='넷플릭스'의 원천기술)는 잔악하게 짓밟혀 무효(소멸) 당하게 되었던 것이다.

이런 꼴을 당하고보니 당시 나는 이와 별도인 특허, 즉 그 특허에 대해 통고문(2012년 2월 29일)을 보내 놓고도 소멸당하지 않은 모바일 메신저(mobile messenger) 기술(원천특허)을 사용하여 現 ㈜카카오에게 특허침해 소제기를 다시 본격화할 수가 없었다. 즉, 일단 경고장을 보내놨으니 훗날을 기약하기로 했던 것이다. 그리고 드디어 오늘날 공수처가 탄생했기에 나는 공정과 정의가 법정에 바로 서 있고 상식이 통하는 시대가 되었다는 믿음으로 이에 기대어 다시 2020년 5월 1일 그간 간직해온 특허(등록번호 제10-0818599호)를 빼들고 現 ㈜카카오를 상대로 특허침해 다시 소(2차 법정특허분쟁)를 제기(본격화)하기에 이르렀다. 그리고 나는 또 다른 분야(휴대기기), 즉 2006년에 휴대폰을 비롯한 PMP, 전자사전, 게임기, 디지털카메라 등의 디지털 휴대기기 시장도 함께 석권하고자 음악 등 멀티미디어 데이터와 콘텐츠는 물론 인터넷전화(m-VoIP)까지 가능한 다기능 스마트폰이며 올인원(All-In-One) 컨버전스 단말기(오늘날 스마트폰의 진짜 원조)인 'HDPC'(MIU Phone)를 특허기술로 창조하여 시제품을 출시하였다. 그리고 2008년 WIPO사무총장 상에 이어 2009년 지식경제부장관 상을 수상하기도 했다.

그러나 아뿔싸! 이 역시 마찬가지로 국가기관 엘리트들(VC심사역, 기보, 기술평가위원회 등)은 '공짜통화'가 되는 폰이 생산(상용화)되면 통신사와 대기업이 망한다는 빌미로 투자나 자금지원을 번번이 거절했다. 이 와중에 現 ㈜카카오는 2010년 3월 18일 '카카오톡'(KakaoTalk)을 출시하여 인기폭발을 누린 반면 나는 現 ㈜카카오와의 특허침해 소에서 극도로 억울하게 패소(2013. 9. 27. 확정 판결, 대법원 2013후1238)하여 내 특허(넷플릭스='OTT 서비스'의 원천기술)는 무효(소멸)당하고 이로 인해 내 회사는 고꾸라져 나락으로 추락하는 힘든 상황을 겪게 된 것이다.

제2부에서는 내가 창업(2005년 7월 12일)한 벤처기업(미유테크놀로지, MIUTech)이 맥없이 추락하여 무너지게 된 원인, 즉 2012년 2월 29일 現 ㈜카카오에 특허침해 사실의 통고장(경고문) 발송으로 시발된 1차 법정특허분쟁에서, 불법·무법세력(카카오 집단)에 의해 극히 억울하게 패소 당하는 일(현재의 'Netflix=넷플릭스' OTT 서비스의 원천특허, 즉 특허등록 제10-0735620호인 특허기술이 소멸 당하는 일)이 거리낌 없이 수월하게 용인되는 대한민국의 법치정세를 지면으로 낱낱이 전해드리고자 한다.

대한민국의 법치정세라고 하는 것은 즉, 살아있는 거대한 골리앗과 같은 現 ㈜카카오의 불법·무법세력(힘의 논리)에 대항하여 나는 오로지 법과 원칙만을 믿고 맞섰으나 결국에는 계란(정의와 공정을 믿어 기댐)으로 바위(불법·무법세력)치기였던 과정에 대한 표현이다.

그 결과는 대한민국에 막대한 국부를 살찌울 원천기술이 사라지게 되었고, 대신 넷플릭스(대표적 Netflix 콘텐츠 '오징어 게임')가 전 세계 OTT('Over The Top'의 약어로 인터넷을 통해 'TV 방송 프로그램'·영화·교육

등 각종 미디어 콘텐츠를 소비자에게 제공하는 서비스) 시장을 삼켜 지배하게 된 것이다. 즉, 엄청난 국가적 국부 손실이 초래되고 말았다.

제3부에서는 특허심판원에 2020년 5월 1일에 청구한 '권리범위확인(적극)심판' 사건(2020당1381)에서 시발된 2차 ㈜카카오와의 법정특허분쟁에 관한 내용이다. 특허권자인 나는 최근까지도(10년 넘게) 법정에서 ㈜카카오와 특허침해 분쟁(대법원 특별3부 '2021후10916' 사건에서 2022. 1. 30. 심리불속행기간 도과 후 1년 넘게 판결을 유보) 중에 있다. 그리고 특허권자인 나는 지금까지 불법·부당무법의 힘(협작 세력), 즉 권력·언론·법조 엘리트들의 협작(재판거래)논리에 결코 굴복하거나 포기하지 않고 오로지 대한민국 법치주의 원칙과 상식에 기대여 맞대응 해 왔던 내용과 함께 현재는 대법원의 정직(공정과 진실)하고 신속한 판결 선고를 애타게 기다리고 있는 상황을 정리한 내용이다.

제4부에서는 불법·무법세력(힘의 논리) 앞에서는 무단기술탈취가 허용되어 피해를 입히도록 허락되는 법치정세의 실태를 볼 때 기술 보호와 유출(기술탈취·침해) 방지의 노력은 무색할 수밖에 없으므로, 관련 법 제도 정비의 시급함을 다룬 것이다.

제5부는 결론으로 '원천기술'을 입증하는 자료의 상세한 설명과 'O2TALK'(MIU 톡)의 원리 그리고 타사 앱 대비 특장점을 설명한다. 그리고 그동안의 성과와 향후 계획에 대한 방향성을 제시하고 'WIPO'의 수상이 주는 의미가 무엇인지를 강조하고 조속한 판결을 촉구하며 마무리 한다.

마지막 부분, 부록 편에는 독자 여러분들의 이해를 돕도록 1차와 2차에 걸친 現 ㈜카카오와의 법정특허분쟁(특허심판원→특허법원→대법원)에서 심결 및 판결 선고된 심결문과 판결문을 함께 실었다.

책 제목에서 '실체적 진실'이라고는 표현했지만, 이 한 권의 책으로 불법·무법 세력을 모두 설명하기란 불가능하다고 본다. 그러나 그 불법부당무법의 힘(협작 세력)이 뿌려놓은 지난 행적들은 곧 때가 되면 국민들에게 적나라하게 밝혀지게 될 것이라고 확신한다.

세계는 오늘날 사이버 보안위협(해킹 공격)에 심각하게 노출된 시점에 있다. 이미 지난 2020년 6월 29일 인도의 전자·정보기술부에서는 14억 인도인의 주권과 안보, 공공질서를 침해했다며(안드로이드와 iOS 플랫폼에서 승인받지 않은 방식으로 사용자 정보를 인도 밖 서버로 무단 전송했다), 선풍적 인기 있는 앱(응용프로그램)인 '틱톡'(TikTok)과 '위챗'(WeChat)에 대하여 인도 내 전면사용(접속) 영구 금지(퇴출) 조치를 내렸다.

미국에서도 마찬가지로 '틱톡과 위챗'이 국가 안보와 외교 정책, 경제를 위협하고 사용자의 개인 정보를 중국에 전달(네트워크 활동과 위치 정보, 인터넷 검색 기록을 포함해 사람들이 어떤 영상을 보고 댓글을 다는지, 스마트폰 모델은 무엇인지, 심지어 입력한 문자는 무엇인지까지 등 사용자로부터 많은 양의 정보를 악의적으로 수집했고 위챗을 통해 자금을 이체하거나 지불)했다고 미국 상무부가 발표하면서 중국에 맞서기 위해 미국 내 앱 스토어에서 두 앱(틱톡과 위챗)을 배포(다운로드)할 수 없게 사실상 차단(사용 금지라는 중대한 조치)했음이 보도되었다.

이러한 점들을 감안할 때 그와 같은 심각한 사이버 보안위협을 해결할 수 있는 원천특허기술을 보유한 나의 입장에서는 힘의 논리에 얽힌 불법·무법 세력에 맞서 정의로운 사회 구현에 이바지함은 물론이고 아울러 국가경제의 부흥과 발전을 위해 신 혁신 국제 특허기술의 조속한 상용화를 앞당기는 것 또한 도리일 것 같아 이 책을 준비하게 된 배경이기도 하다.

참고로 '위챗'(WeChat: 모바일·PC 겸용 채팅 플랫폼)은 이미 한국 '카카오톡'의 중국판(720억 원에 카카오로부터 중국에 기술전수 되어 무단도용된 복제본)이라고 알려져 있다.

그리고 '위챗'(WeChat)은 중국 '텐센트'에 의해 2011년에 처음 출시된 후 ㈜카카오로부터 전수받은 '카카오톡 기술'(무단도용 본)에 의해 업그레이드된 후 중국인들에게는 오늘날 거의 필수적으로 사용 중이며, 월간 이용자가 12억 명이 넘는 중국 대표 메신저 앱('카카오톡'처럼 다목적 SNS 애플리케이션)으로 보도되어 있다.

2023년 2월

발명특허권자 오준수

'진실은 감동을 만들고 감동은 기적을 만든다'

목 차

서문 · 5

제 1 부
'카카오톡'과 '아이폰'의 핵심기술에 대한 진짜(주인)은?

오늘날 '모바일 메신저'와 '블록체인' 및 '미래 메타버스'의 근간은? · · · · · · · · · · · · · · · 20
'앱스토어'(app store)라는 개념의 진짜 창시자는? · 24
'전 세계 모바일 메신저'(카카오톡)의 진짜 창시자는? · 28
'㈜카카오'는 모바일 메신저 자체 관련 특허를 보유하고 있지 않아? · · · · · · · · · · · · · 33
개량발명은 선행기술을 자체적 스스로 보유하고 있어야 해 · · · · · · · · · · · · · · · · · · · 36
㈜카카오 주식 폭등(91%)(대한민국 '최고=1등' 부자가 된) 근본원인은 과연 무엇? · · 37
- '매일경제신문'(매일경제 및 매경닷컴)의 보도(2021.05.16.)는 '언론보도의 진실성에 부합(객관적 사실과 합치)'하는 기사내용인가? · · · · · · · · · · · · · · · · · · 38
- '발명품'으로 둔갑한 '카카오톡'? 그런데 '특허청'은 어떻게? · · · · · · · · · · · · · 39
- '카카오톡'이 '모방품(짝퉁)'은 될 수 있을지언정 발명품('세계 최초'='특허'제품)은 될 수 있을까? '발명자'의 자격은 '개인'(자연인)만이 가능할 뿐, '법인'(회사=사업체)은 안 돼 · 41
- '측우기'(강우량 측정 기술)의 발명자는? · 43
- 만약 가짜(카카오톡, 아이폰)가 없었고 진짜(O2TALK, MIU Phone)가 펼쳤더라면? · · · 44

제 2 부
가관 꼴의 심판정(특허심판원)과 법정(특허법원)

일단 안전한 특허를 사용하여 특허침해 소를 제기해보자! · 48
황당한(010번호 망기술과 017번호 망기술은 똑같다는) 판결로 특허를 죽이다! · · · 49
헌법 제22조제2항(법률로써 특허권자를 보호한다)은 무색하다! · · · · · · · · · · · · · · · 52
반면, 스카이프의 'P2P 기술'(무료 통화 SW)은 당시 대박쳤다(85억 달러에 매각됨)! · · · · 55

제 3 부
심결(특허심판원)과 판결(특허법정과 대법원)이 위법한(잘못된) 이유

'2020당1381 권리범위확인(적극)' 사건의 심결이 위법한(잘못된) 이유 ············ 59
- '무료'에 대한 기술적 범위(정확한 의미) ································ 59
- '통화'에 대한 기술적 범위(정확한 의미) ································ 62
- '무료 통화'에 대한 기술적 범위(정확한 의미) ·························· 64
- '인터넷 통화'에 대한 기술적 범위(정확한 의미) ························ 66
- '측'과 '휴대 단말기'에 대한 기술적 범위(정확한 의미) ················· 67
- 잘못('위법하게'='자의적으로' 해석)된 심결 ···························· 69

'2021후10916 권리범위확인(특)' 사건의 판결이 위법한(잘못된) 이유 ············ 71
- 2023. 1. 15. 자 제출한 '증거 제출 및 판결 재촉구서'의 내용을 그대로 실었다. ···· 71

'2021후10923 등록무효(특)' 사건의 판결이 위법한(잘못된) 이유 ················ 75
- 2023. 1. 19 자 각 법정에 제출한 '증거서면'의 내용을 그대로 실었다. ······ 75

제 4 부
해당기관은 과연 '기술 보호' 및 '유출 방지'에 총력을 기울였는지?

감사원에 접수되어 담당자가 배정된 허위보도(주가 폭등) 사건에 대하여(국민이 알아야 할 공익을 위하여) ·· 84
- 감사원에 접수된 내용 ·· 84
- 감사제보가 특허청 감사부서에서 조사·처리하여 그 결과를 회신하도록 특허청에 이송됨 ·· 88
- 2023. 1. 31. '특허청 감사담당관실'로부터의 답변에 대한 반박 및 이에 대한 회신 촉구서 ·· 88
- 특허청에 정보공개청구도 했으나 불이행 꼴로 행정심판 진행 중임 ······· 92

대한민국 법정에 공정과 정의가 바로 서고 상식이 통해야! ················ 97
- 관공서 및 금융기관 언론사도 심각성 알아야! ························ 97
- 국가의 미래가치를 망가뜨리는 매국적 행위의 척결은 관철돼야! ········ 98

특허침해를 당해 10여 년 소송으로 이어져 힘들어도 굴하지 않아 ·············· 103
국민의 일상대화가 국민통제의 수단이 될 수 있어 매우 심각 ················ 107
- 매일경제 보도기사와 관련된 사건(서울고등법원 2022나2036118 정정보도)에 대하여 최근(2023. 1. 2.)에 법정에 제출한 문서(증거와 그 설명서)의 내용을 그대로 실었다. ·· 110

특허기술이 무단도용 당한 대표적 거대 사례('카카오톡', Kakaotalk)의 요약 ······ 114
- ㈜카카오가 '무료통화'의 처음분야(문자 + '음성 mVoIP')를 출시(건당 과금이 되는 SK 서비스의 사용이 급격히 줄어듦) 후 대리운전·택시호출·주차·내비게이션에 이어 철도·항공·퀵서비스, 쇼핑, 금융결제, 음원 플랫폼 등의 분야로 사업영역을 확장(특허기술의 무료통화 범위에 포함됨)했으며, 이에 못 이겨 SK가 어쩔 수 없이 경쟁을 포기. ·· 116
- 2021. 7. 5. 보도에 따르면, ㈜카카오의 계열사인 '카카오 모빌리티'는 이미 구글, TPG컨소시엄, 칼라일에서 유치한 누적 투자금이 9200억 원에 달했으며, 또한 여기에 이어 추가로 ㈜LG로부터 1000억 원을 받고 지분 2.5%를 주는 지분 투자도 단행되면서 누적 투자액 1조원을 넘어섰다. ················· 117

제 5 부
결 론

'원천기술'을 입증할 자료는 무엇인지? ····································· 120
'O2TALK'(MIU톡)의 원리와 타사 앱(App) 대비 특장점은 무엇인지? ·········· 121
그런데 재판에서 패소한 이유는 무엇인지? ·································· 123
이후 재판 계획(전략)은 어떠한지? ·· 126
과거 이력과 연구 실적에 대하여 ··· 127
그동안의 성과와 향후 계획에 대하여 ····································· 129
'WIPO' 수상의 권위는 어느 정도인지? ···································· 130
조속히 정직한 판결을 위해 ··· 131

부록 '심결문' 및 '판결문' 사본 ·· 137
책 발간에 즈음하여 ·· 280

그림목차

[그림 1-1]   정부의 신기술 타당성 평가 전문심사에서 우수기술로 선정 22
[그림 1-2]   '앱스토어' 개념의 시초는 오준수임을
            WIPO(세계지적재산권기구)도 인정 22
[그림 1-3]   2006년 신기술사업서에 기재된 특허기술
            ('아이폰'과 '카카오톡'의 원조임의 증명서류) 23
[그림 1-4]   '앱스토어' 개념은 아이폰(애플사)보다
            오준수(MIU폰)가 훨씬 더 앞서 27
[그림 1-5]   WIPO(세계지적재산권기구) 사무총장 상 수상 29
[그림 1-6]   '오준수'가 개발한 HDPC 단말기 30
[그림 1-7]   지식경제부장관 상(2009년) 수상 30
[그림 1-8]   특허청장 상(2007년) 수상 31
[그림 1-9]   DMC 누리꿈스퀘어 1등 입주와 연세대 기업부설 연구소 인정서 32
[그림 1-10] 오보된 기사(21세기 韓 최고발명품은 '카카오톡') 37
[그림 1-11] 카카오 김범수가 한국 최고부자 된
            원인 기사(韓 최고발명품은 '카카오톡') 40
[그림 2-1]   2013. 9. 27. 대법원 2013후1238 판결문 제2페이지 53
[그림 2-2]   법률로써 보호받아 마땅한 특허등록
            제 0735620호 정정공보 전문의 제6페이지 53
[그림 2-3]   OTT 서비스의 원천특허, 즉 특허등록 제 0735620호 54
[그림 3-1]   인터넷 단말에 탑재된 앱(응용프로세스) 간
            세션연결 설정 절차의 원천 기술 58
[그림 3-2]   특허심판원 '2020당1381' 사건의 심결문 제8쪽의
            제1번째 및 제2번째 단락 69
[그림 3-3]   특허심판원 '2020당1381' 사건의 심결문 제8쪽의
            제4번째 및 제6번째 단락 70

목차   17

[그림 3-4]   특허심판원 '2020당1381' 사건의 심결문 제9 내지 11쪽 · · · · · · · · · · · · · · ·   70

[그림 3-5]   '표본화→양자화→부호화'의 A/D변환작업' ·   76

[그림 3-6]   특허법원 '2021허1196' 사건 재심피고(카카오)의
             준비서면 제4페이지 ·   77

[그림 3-7]   특허법원 '2021허1196' 사건 판결문 제49페이지 ·   77

[그림 4-1]   특허청의 정보공개 답변 ·   93

[그림 4-2]   오준수(발명특허권자)의 '앱'(카카오톡보다 앞선 선행기술) 존재 · · · · · ·   106

[그림 4-3]   오준수의 '앱'(발명특허 기술)을 카카오가 무단도용한 후
             사용 형태 ·   109

[그림 4-4]   증거 자료 ·   113

[그림 4-5]   '3000억 지분 혈맹' 균열… SK·카카오,
             '디지털 셧다운' 2라운드 ·   117

[그림 4-6]   카카오에 LG가 지분투자, 2.5%에 1000억 유치 ·   117

제 1 부

'카카오톡'과 '아이폰'의
핵심기술에 대한
진짜(주인)은?

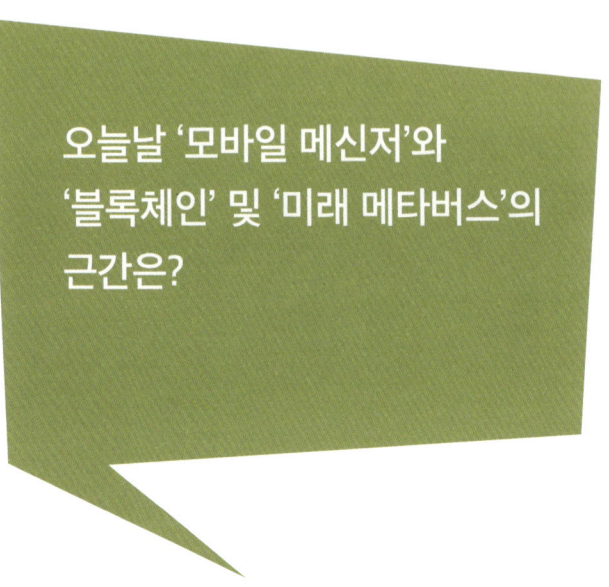

> 오늘날 '모바일 메신저'와 '블록체인' 및 '미래 메타버스'의 근간은?

    2021. 11. 9월 '국회의정저널'(http://국회의정저널.com/html/view.html?idx=175599)에서도 그 증명이 이미 보도되었다. 나는 컴퓨터와 유무선 정보통신 분야의 임베디드 시스템을 석, 박사 과정과 전문가적 실무 경험을 토대로 지속적 연구개발에 매진하던 중 미래시장의 선구적 개척과 국가부흥발전을 위하여 2003년 봄부터 기존의 음성통화 위주의 통신세계와 휴대폰(2G피처폰 및 PDA폰)을 데이터(콘텐츠 트래픽) 중심의 가상(All-IP기반 인터넷) 공간과 '한 손 안의 컴퓨터'(MIU Phone=HDPC, 차세대 스마트폰, 상표명 'PALMPUTER') 세계로 옮기는 사업화 실현을 시작했다.

    그리고 오늘날 모바일 메신저(mobile messenger)와 블록체인 및 미래 메타버스의 근간이 되고 있는 기술은 2003년 9월에 나의 특허출원 기술로 인해 시발된 기술과 함께 첫 결실로써 2005년과

2006년에 세계 최초 특허기술을 일궈냈다.

또한, 미래의 휴대폰에 있어서도 2006년 첫 결실로 특허(세계 최초)기술을 완성했다. 이에 대한 사업성의 증명으로 ㈜엠아이유(MIU 대표이사 오준수)가 [그림 1-1]과 같이 2006년 정부의 신기술 타당성 평가 전문심사에서 우수기술로 선정되었고, 연세대학교에 기업부설 연구소의 설립 인정과 함께 입주를 허락받았으며, 또한 연세대와 서강대 교수진 및 석, 박사 과정 생들과 산학협력사업을 연계 추진하여 성공판정을 받음으로 인해 '무료 문자 및 통화' 서비스 특허(세계 최초)의 실효성을 입증 받았다.

또한 2007년에는 전국 1등 최우수기술보유 기업으로 선정되어 그 혜택으로 누리꿈스퀘어(옛 정통부 기관)에 입주했다. 그리고 나는 발명 특허대전에서도 특허청장 상을 수상하였다. 그래서 급기야 2008년 12월에 이르러 시제품 시연의 전 세계적 보도와 함께 [그림 1-2]와 같이 WIPO(세계지적재산권기구) 사무총장 상의 수상자가 되었다.

그리고 또 그 이듬해 2009년에도 지식경제부 장관상을 받았다. 이처럼 세상을 선도적으로 혁신하는 업적을 이루었던 것이다. [그림 1-3]은 2006년 신기술사업서에 기재된 특허기술('아이폰'과 '카카오톡'의 원조임의 증명서류)이다.

[그림 1-1] 정부의 신기술 타당성 평가 전문심사에서 우수기술로 선정

[그림 1-2] '앱스토어' 개념의 시초는 오준수임을 WIPO(세계지적재산권기구)도 인정

과제구분	일반				한국표준산업분류코드	72400
과제명	신기술보육사업 신기술사업화 계획서					
	무선인터넷 기능을 가진 디지털전화기에서 VoIP보다 훨씬 저렴한 <u>무료통화</u>를 가능케 하는 <u>설치 운영 프로그램의 개발 및 사업화</u>			기술분야	40 시스템SW	

신청자	성명	오준수	전화	(자택) (e-mail)	(핸드폰)		
	현재 소속	(주)엠아이유	직위	대표이사	창업방법		
	주소	자택 (우)					
		현재소속 (우) 121-742 서울 마포구 신수동 1 서강대학교 창업보육센터304호					

창업기업	상호	(주)엠아이유	대표자	오준수	설립일	2005. 7. 12
	주소	서울 마포구 신수동 1 서강대학교 창업보육센터304호			전화	02-2015-0014
	실무담당자	성명 오준수	직위	대표이사	fax	02-2025-0005

사업비	구분	현금	현물	합계
	정부출연	100,000천원	—	100,000천원
	사업자부담	17,370천원	38,600천원	55,970천원
	합계	117,370천원	38,600천원	155,970천원

지원기관 입주 (입주, 예정, 역외)	기관명	서강대학교 창업보육센터	입주기간	2005. 7. ~ .

산업기술기반조성에관한 법률과 동법 시행령, 신기술보육사업 운영요령 및 관련지침에 따라 붙임과 같이 신기술사업화를 성실히 수행하고자 신기술보육사업 신기술사업화계획서를 제출합니다.

첨 부 :
1. 신기술사업화계획서 10부
2. 사업자등록증사본 1부(개인·법인사업자)
3. 법인등기부등본 1부(법인사업자)
4. 주주명부 1부(법인사업자)
5. 기타 신청관련서류

2006년 6월 23일

신 청 자 : 오 준 수 (인)
(창업기업대표)

[그림 1-3] 2006년 신기술사업서에 기재된 특허기술
('아이폰'과 '카카오톡'의 원조임을 증명서류)

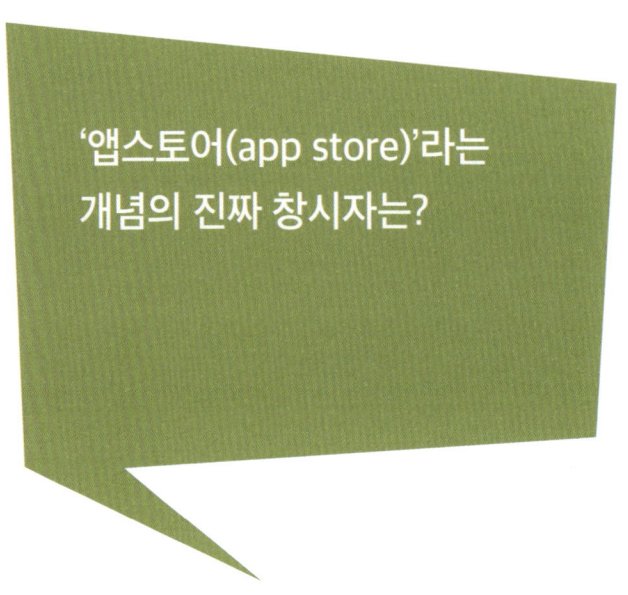

'앱스토어(app store)'라는
개념의 진짜 창시자는?

    오늘날 스마트폰이 탄생하게 된 핵심 요인이지만, 2013년 1월 미국법원이 '애플社의 고유 상표가 아니다.'라고 판결하기도 했던 '앱스토어'(App store)라는 개념은 애플社(스티브 잡스, Steve Jobs)가 처음이라고 세상에 알려져 우러러 영웅대접을 받아 왔다.
    그러나 그 소문은 진짜를 무시·묵살한 거짓된 보도라는 것이 증명되고 있다.
    '스마트폰'이 일반 '휴대폰'과 근본적으로 다른 부분(특징)은 바로, 사용자가 '스마트폰'을 활용하려는 용도에 따라 그에 맞는 애플리케이션(Application, 응용프로그램, 줄여서 '앱'=App.)을 선택하고 추가 설치해 활용할 수 있다는 점('앱스토어'라는 개념)이다.
    즉, '앱스토어'란 스마트폰에 탑재할 수 있는 다양한 응용프로그램(앱)을 사고팔 수 있도록 온라인 공간상에 개설된 모바일 콘텐츠 거래장터를 의미하며, 'PC 컴퓨터'에 설치해 사용하는 여러 응용프로그램(앱)과 같은 개념이다.

놀랍고도 괴이한 사실은 이러한 스마트폰의 특징(App store)은 애플社가 2008년 7월 11일 "아이폰 3G"를 출시하면서 처음 등장한 것이 전혀 아닌데도, 즉 2006년(2005년 우선권) 특허출원 된 특허명세서 상에도 특허권자 오준수가 버젓이 기재가 되어 있는데도 마치 그런 애플社가 처음인 것처럼 세상에 잘못 소문나 보도까지 되어 있다는 사실이다.

따라서 헛소문과 보도는 바로잡혀야 할 것이며 그 근거(이유)인 즉, 2007년 9월 18일 자 한경보도(https://www.hankyung.com/news/article/2007091710281) 및 기타 여러 보도(2010.07.09. 자 https://www.bntnews.co.kr/article/view/bnt201007100079) 등에서도 쉽게 확인할 수 있듯이 ㈜엠아이유 대표 오준수(www.miubit.com)가 [그림 1-4]와 같이 이미 아이폰(3G)보다 훨씬 더 앞서 2005년부터 "HDPC"(MIU Phone)이라고 명명(등록상표)한 '새 혁신 스마트폰'이다. 이 폰은 기존 폰들과 새롭게 달리 "사용자가 직접 소프트웨어(앱)를 선택하여 탑재"할 수 있는 기능을 기본 특징으로 했다는 내용이다.

또한, 이 신개념 혁신단말기 HDPC(미유폰, 'Hybrid Dual Portable Computer')는 "휴대전화와 PC 기능을 합친" 무선 IP 기반의 'O2 Talk' 무료(데이터) 통화(음성뿐만 아니라 동영상, 이미지, 문자 등을 포함한 모든 정보의 종류가 구분 없는 데이터 트래픽)용 단말기"라는 사실이다.

게다가, 2008년에 이르러 'MIU Phone'(HDPC)의 창시자 '오준수'가 WIPO(세계지적재산권기구) 사무총장 상을 받았다는 사실로도 '앱스토어'(App store)의 원조는 애플社(스티브 잡스, Steve Jobs, 아이폰)가 아니라(가짜이고), 진짜는 대한민국의 발명특허권자(오준수)임을 쉽게 알 수 있다.

다시 말해, 지난 2006년 오준수 대표는 음악 등 멀티미디어 데이터와 콘텐츠는 물론 인터넷전화(m-VoIP)까지 가능한 올인원(All-In-One) 컨버전스 단말기(오늘날 '스마트폰'의 진짜 원조)인 'HDPC'(MIU Phone) 시제품을 출시했고, 이에 따라 2007년부터 2009년까지 연속해서 특허청장상(2007년), 세계지적재산권기구(WIPO) 사무총장상(2008년), 지식경제부 장관상(2009년) 등을 수상했다. 그리고 이러한 올인원 단말기('MIU Phone'=HDPC)에 탑재된 'O2Talk'(실시간 무료 데이터 통화=채팅대화) 서비스가 '카카오톡의 원천(세계 최초) 특허기술'(발명의 명칭: IP정보 전송에 의한 무료 통화 방법 및 IP정보 전송에 의한 무료통화용 휴대 단말기)로서, 이에 대한 특허권자는 오준수라는 명백한 사실이 입증된 것이다.

[그림 1-4] '앱스토어' 개념은 아이폰(애플사)보다 오준수(MIU폰)가 훨씬 더 앞서
출처: 국회의정저널(2021년)

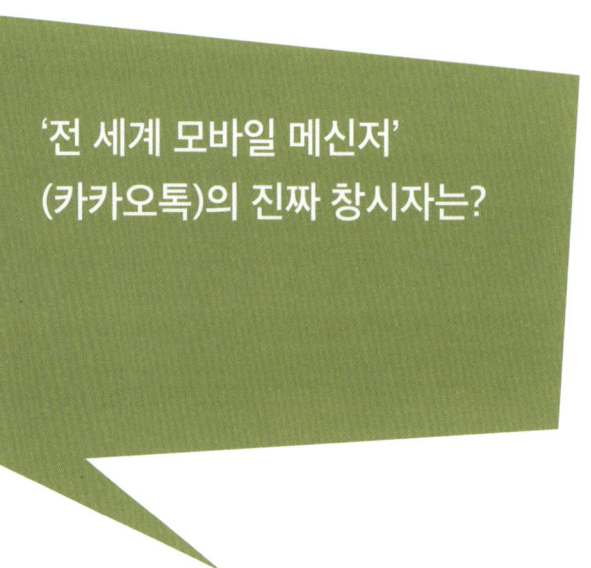

'전 세계 모바일 메신저'(카카오톡)의 진짜 창시자는?

대한민국의 '카카오톡'(전 세계의 대표적인 모바일 SNS의 한 종류, Kakaotalk)이라 일컬음은 전 세계 '모바일 메신저'(실시간 '채팅=대화' 기술)들에 공통된 기술(특허=세계 최초)을 기반으로 탄생(베껴 모방)되어 2010년 3월 18일부터 ㈜카카오가 서비스해 오고 있는 『톡비즈, 보이스톡/페이스톡, 뱅킹, 쇼핑, 게임, 페이, 모빌리티, 가상자산 등을 포함하여 모든 인터넷상의 비즈니스 플랫폼의 '데이터 통화'』를 말한다. 즉, 전 세계적으로 공통된 기술(모바일 SNS)에 대한 "원천(세계 최초) 특허권자는 오준수"로 알려졌고 이에 관하여 입증하는 많은 수상경력도 있다. 'MIU Phone'(HDPC)의 특허권자이며 창시자는 오준수다. 아래 [그림 1-5]는 오준수가 수상 받은 세계지적재산권기구 WIPO사무총장 상이다.

[그림 1-5] WIPO(세계지적재산권기구) 사무총장 상 수상

[그림 1-6] MIU Phone'(HDPC)의 무료통화는 망 중립성 원칙의 엄수에 의한 공짜로 '데이터 통화'의 기본 앱(O2Talk)을 비롯한 추가로 필요한 '앱'들을 사용자가 선택하여 탑재할 수 있게 한 기능이다. 그래서 'MIU Phone'(HDPC)은 세계적 WIPO 사무총장 상의 수상뿐만 아니라 2009년 5월 대한민국 장관(지식경제부) 상 및 2007년 6월 특허청장 상도 받았다. 이것이 증거이며, 사실(Fact)이다.

[그림 1-7]은 지식경제부장관 상과 [그림 1-8]은 특허청장 상 사진이다.

오준수 대표가 아이폰 출시 전 개발한 HDPC 단말기 사진 ⓒ엠아이유 제공

[그림 1-6] '오준수'가 개발한 HDPC 단말기
출처: 안전신문(2022년), 전자신문(2008년)

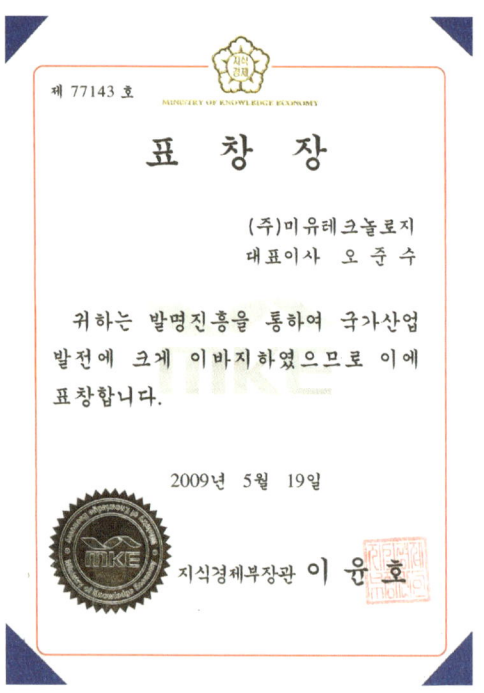

[그림 1-7] 지식경제부장관 상(2009년) 수상

[그림 1-8] 특허청장 상(2007년) 수상

    2007년에는 [그림 1-9]에서 알 수 있듯이 나의 원천특허기술로 'DMC 누리꿈스퀘어'의 전국 대상 우수기술보유 업체 입주심사에서 1등 합격과 같은 해 연세대 기업부설 연구소 설립의 인정도 받았다는 사실이다. 이러한 수상 및 1등 입주심사 합격과 부설 연구소 설립은 전 세계에 공통된 세계 최초의 원천기술(모바일 메신저 및 새 혁신 단말기) 발명자 오준수의 2006년 특허출원 및 2008년 3월 26일에 특허등록이 있었기 때문에 가능한 일이었다.

[그림 1-9] DMC 누리꿈스퀘어 1등 입주와 연세대 기업부설 연구소 인정서

따라서 현재까지를 비롯해 앞으로도 나타날 모든 '모바일 메신저'(mobile messenger)는 원천기술(오준수의 등록 특허 번호: 10-0818599, 명칭: IP 정보 전송에 의한 무료통화 방법 및 IP 정보 전송에 의한 무료통화용 휴대 단말기)을 기반으로 할 수밖에 없다는 사실이다.

> '㈜카카오'는 모바일 메신저 자체 관련 특허를 보유하고 있지 않아?

　위와 같은 사실에 비추어볼 때 특허법정(2021허18)의 변론(2021. 6. 10.) 녹취록(11면)에 의하더라도 ㈜카카오는 모바일 메신저 관련이 아니라 그 자체에 대한 특허 또한 전혀 갖고 있지 않다. 카카오톡(m메신저 앱) 자체는 특허(세계 최초)품이 아니고 단지 한낱 원천특허(세계 최초)를 그대로 베낀 모방품·기술(짝퉁)일 뿐이다.

　또한, 특허청 대변인실이 작성의 출처로서 법정(서울고등법원 제13민사부 '2022나2036118' 정정보도 사건)에까지 제출된 문서에 열거된 '카카오톡'(앱) 자체와 관련된 특허 142개는 카카오톡(실시간 무료 데이터 통화 기술, 앱) 자체를 마치 특허(세계 최초)기술(발명품)인 것처럼 포장하는 한낱 쭉정이(겉옷)에 불과하다는 사실이다.

　다시 말해, 허위보도자(피고)인 ㈜매일경제신문사와 매경닷컴이 특허청 대변인실로부터 넘겨받아 서울중앙지방법원(2021가합2351

정정보도 사건)에 제출한 특허목록(142개)의 기술들이 마치 '카카오톡 자체'를 의미하는 것처럼 말한다면 이것은 단지 법정을 조롱(억지주장)할 따름으로 밖에 볼 수 없다는 사실이다.

이는 전 세계적으로 '모바일 메신저' 즉 실시간 무료 '채팅=데이터 통화' 기술이 카카오톡 하나뿐만 존재하지 않고 수두룩하게 많이 온 세상에 널려 있으며(Whatsapp, M&Talk, 햇살, 필윙, 마이피플, 네이버톡, 조인, 챗온, Telegram, Instagram, 라인 등) 모두 다 동일한(공통된) 기술(원천특허)을 기반으로 하고 있다(모방하여 베낀 짝퉁=모방품이다)는 사실만으로도 넉넉히 이해할 수 있다.

'모바일 채팅'이란 Apple사나 구글, MS사 등에서 모바일 인터넷상에서 운영하는 앱스토어='오픈 마켓'에서 공짜나 유료로 스마트폰에 다운로드 받아 설치해 전화번호로 계정이 등록된 사용자끼리 무료로 실시간 일대일 및 그룹 대화하는 형식을 의미한다. 다시 말해 무료로(인터넷의 근본규칙인 '망 중립성 원칙'을 적용받아) 송수신을 즐길(텍스트는 물론이고 음성·동영상·사진까지 채팅창에서 전송='주고받음'할 수 있어 기존 SMS='단문 메시지 서비스'뿐만 아니라 '멀티미디어메시지'=MMS 수요까지 흡수) 수 있게 하는 애플리케이션(메신저='대화 앱')을 말한다.

특히, '카카오톡(KakaoTalk, 2010년 3월 18일 출시)'보다 앞서 이미 메신저 시장을 장악했던(개발된) 글로벌 유료(99센트) 메신저인 '왓츠 앱(Whatsapp, 2010년 1월 출시)'을 비롯해 그 외 많은 곳도 요금 지불 없이 메신저가 공짜로 제공되었다. 국내 시장에서는 '엠앤톡'(M&Talk, 2010년 2월 출시), 햇살, 필윙, 마이피플·네이버톡·조인·챗온 등이 줄줄이 공짜로 등장하면서 모바일 메신저 시장은 1등을 차지하기 위해 각축전이 벌어졌다. 현재는 모두 '카카오톡'에 밀려 찾아보기 힘들다는 사실이다.

그래서 원천(세계 최초)특허를 잘 모르는 사람들은 이러한 기술들을 오픈기술('발명 특허'가 아니라 스스로 생겨 공개된 공통기술)로 착각하는 분들도 있다는 사실이다.

> 개량발명은
> 선행기술을 자체적
> 스스로 보유하고 있어야 해

㈜카카오의 142개 특허가 설령 "개량발명"이라고 주장한다면 규정(특허법)상 반드시 "선행발명(세계 최초 기술)을 스스로 보유(존재)"해야만 하는데, 과연 보유했는가에 대한 반문이다. 전혀 보유하지 못했기 때문에 개량발명조차 "아니다(단순한 '응용=쭉정이'에 불과하다)"라는 증명사실이다. 즉 그것들은 단순히 응용(쭉정이) 특허('데이터=트래픽'의 다양한 형태)에 불과하다는 사실이다.

> ㈜카카오 주식 폭등(91%)
> (대한민국 '최고=1등' 부자가 된)
> 근본원인은 과연 무엇?

21세기 韓 최고발명품은 `카카오톡`

매경·한국발명진흥회 선정 '모방품'은 '세계 최초'= 특허 = '발명품' 이 될 수 없음!

이새봄 기자   입력 : 2021.05.16   수정 : 2021.05.17

◆ 한국의 10대 발명품 ◆

카카오톡이 2000년 이후 한국이 낳은 최고의 발명품으로 뽑혔다. 2010년 개발된 이후 국내외 모바일 생태계 확장에 기여하고 국민의 삶을 크게 변화시켰다는 이유에서다.

16일 매일경제는 제56회 발명의 날(19일)을 맞아 한국발명진흥회와 공동으로 '21세기 한국의 10대 발명품'을 선정했다.

2000년 이후 개발된 한국 주요 발명품을 대상으로 전문가들이 먼저 28개 후보군을 선정했고, 지난 6~12일 국내 성인 남녀를 대상으로 온라인 설문조사를 진행했다.

총 2419명이 참여해 응답자 1명당 3개의 발명품을 선택하도록 해서 총 7036개의 유효응답을 받았다.

설문 결과, 카카오톡에 이어 2019년 삼성전자가 세계 최초로 출시한 5세대(5G) 스마트폰이 2위를 차지했다.

[그림 1-10] 오보된 기사(21세기 韓 최고발명품은 `카카오톡`)
출처: 이새봄 기자, 매일경제(2021년)

제1부 '카카오톡'과 '아이폰'의 핵심기술에 대한 진짜(주인)은? 37

'매일경제신문'(매일경제 및 매경닷컴)의 보도(2021.05.16.)는 '언론보도의 진실성에 부합(객관적 사실과 합치)'하는 기사내용인가?

일단 특허(세계 최초 기술)등록[등록번호/일자 1008185990000 (2008.03.26.)], [공개번호/일자 1020070055953 (2007.05.31.)]이 권리자 오준수로 되어 버젓이 존재한다.

앞부분에서도 여러 차례 강조했듯이 내 특허는 '카카오톡'(2010. 3. 18)보다 먼저 앞서 출시된 왓츠앱(Whatsapp, 2010년 1월 출시), 엠앤톡(M&Talk, 2010년 2월 출시) 등보다도 먼저 존재했다. 뿐만 아니라, 더구나 전 세계 '모바일 메신저'(SNS)들[카카오톡, WeChat, WhatsApp, Telegram, Instagram, M&Talk, 마이피플, 조인, 챗온, LINE, TicToc, Facebook, Band, Viber, Skype, Snapchat 등과 같은 App(Application), 애플리케이션=응용프로그램]에 표준화된 '공통된' 기술(알맹이=핵심) 역시 이미 오래전부터 버젓이 존재해왔음에도(빤하게 일반인이 알 수밖에 없는데도) 불구하고 [그림 1-10]과 같이 이를 무시·묵살하고 오보를 보도한다면 '허위보도'가 아니고 무엇이겠는가?

'발명품'으로 둔갑한 '카카오톡'? 그런데 '특허청'은 어떻게?

21세기 韓 최고발명품은 `카카오톡`
(2021.05.16)(https://www.mk.co.kr/news/it/9873380)
21세기 한국 최고발명품은 무엇일까?
(2021.05.16)(https://www.mk.co.kr/news/it/9873352)

  그렇다면 '허위보도'를 왜 하게 되었으며, 목적이 무엇이었는지가 중요한 핵심인데 그 결과를 살펴보면 답이 보인다는 것이다. 매년 5월 19일은 '발명의 날'이다. 그 기념일은 매년 눈이 오거나 비와도 어김없이 5월 19일에 개최해야 하는 규정이있다. 그런데 특허청은 그 '발명의 날'마저 어기고 뒤로 미뤄 5월 31일로 연기하였다. 그리고 이보다 앞서 5월 16일에 '21세기(2000년 이후) 한국이 낳은 금세기 최고 발명품' 선정 행사를 한국발명진흥회와 매경이 공동개최 행사를 진행하였다. 그러면 왜 했겠느냐는 것이다.
  그에 대하여 그 선정행사 후 하필 ㈜카카오의 주식가치가 어느 한 구간에서 이례적으로 91% 폭등했다는 기사보도의 객관적 사실로도 뒷받침되고 있다.
  게다가 "카카오의 김범수 의장이 이재용 부회장을 제치고 재산순위 1위에 오른 데에는 카카오 주식 가격이 올해 91% 급등한 것이 주효했다."라는 논평도 있게 되었다는 사실이다.

이재용마저 제쳤다...카카오 김범수 재산 1위 등극

입력 2021.07.30

블룸버그 "자수성가 기업인이 재벌 제친 것 기념비적"

김범수 카카오 의장(좌), 이재용 삼성전자 부회장(우) [사진=카카오, 연합뉴스]

[그림 1-11] 카카오 김범수가 한국 최고부자 된 원인 기사(韓 최고발명품은 `카카오톡`)
출처: 연합뉴스(2021년)

위의 [그림 1-11]은 "삼성 이재용마저 제쳤다... 카카오 김범수 재산 1위 등극"이란 제목의 기사다.

주가폭등 카카오 김범수, 이재용 제치고 최고부자 등극(2021.07.30.)
(https://www.ddaily.co.kr/news/article/?no=219196)

김범수 카카오 의장, 이재용 삼성전자 부회장 제치고 국내 부호 1위 등극

블룸버그, 억만장자지수 집계 결과 김 의장 순자산 약 15조4000억 원
(2021.07.30.)(http://www.thepowernews.co.kr/view.php?ud=2021073010562493387a517a52c2_7)

지난 2021년 5월 16일 및 17일 자 매일경제신문의 잘못된 보도(21세기 韓 최고발명품은 '카카오톡') 여파로 ㈜카카오의 주가는 폭증(2021년 3월 말 44조 원에서 6월 말 72조 원 수준으로 약 **28조 원, 63.7% 증가**)하여 ㈜카카오 김범수가 삼성전자 이재용을 제치고 더 부자가 될 수 있었다는 기막힌 보도 사실도 뒷받침한다.

'카카오톡'이 '모방품(짝퉁)'은 될 수 있을지언정 발명품('세계 최초'='특허'제품)은 될 수 있을까? '발명자'의 자격은 '개인'(자연인)만이 가능할 뿐, '법인'(회사=사업체)은 안 돼

㈜카카오 내에는 '기존 기술(세계 최초, 즉 특허)을 베낀(모방하여 개발한) 개발자'만 존재할 뿐이다. 지금까지 실제 발명자가 아직까지 한 사람도 없었고 기존과는 다르게 처음으로 만들어 낸(창작을 한) 사람은 전혀 없다. 따라서 '카카오톡' 자체는 '모방품'(짝퉁)은 될 수 있을지언정 누가 봐도 '발명품'(현재의 삶을 개선한 '세계 최초'='특허'제품)은 결코 될 수 없음이 자명하지 않는가?

더구나나 '카카오톡'(실시간 무료 '데이터 통화' 앱)은 '21세기 한국이 낳은 수많은 발명품들' 중에서 최고 1등이 결코 될 수 없음은 명약관화한 사실이 아닌가?

국민의 삶(생활)을 불편함에서 편리함으로 바꾼(변화시킨=개선한=해소시킨) '세계 최초'(=특허)기술'이라면 국민이 알만한 대중적인(이미 일상에 녹아들어 있는) 발명품('세계 최초'='특허'제품)이라는 것인데... 그렇다면 발명(세계 최초)품만이 '21세기 한국의 10대 발명품'을 뽑는 선정행사의 후보군에 참여(신청)될 수 있는 선정기준(주최자인 '한국발명진흥회'의 입장)으로 주어졌어야 했을 터인데 그렇지 않았다(오로지 공통된 것=남 것을 보고 베껴 모방한=본떠 흉내 낸 '짝퉁=모조품'도 함께 참여시켰다)는 사실은 매우 심각하지만 은근한 내막이 도사리고 있다고 추정되지는 않는지?

　'발명'이라는 용어의 정의를 명확히 구분하여 사용해야 하는 특허청과 선정행사의 핵심주체인 한국발명진흥회가 업무상('21세기 한국의 10대 발명품' 선정행사 및 언론보도시킴)의 임무(규정)를 어겨 위반하고 법규에 정의된 용어의 뜻에 구속되는 제한이 없이 오히려 마구 함부로 마치 '모방하여 개발된 제품'도 '발명품'인 것처럼 허위보도 될 수 있게 업무를 수행한다면, 일반 국민들은 속임을 당하여 '발명'의 개념조차 혼동하거나 헷갈리게 되어 ㈜카카오의 주식을 마구 사재기 하는(91% 폭등시키는) 주가조작의 범죄 상황을 초래시킬 수 있지 않겠는가?

'측우기'(강우량 측정 기술)의 발명자는?

　특허법 제2조에서 규정한 '용어의 뜻(정의)'에 의하면, '발명'이란 "자연법칙을 이용하여 고도하게 창작된(아직까지 없던, 기존과는 다른, 처음으로 만들어 낸, 즉 '세계 최초'='특허'의) 기술(방법이나 물건)"을 뜻한다.

　이에 비추어 '측우기'(강우량 측정 기술)의 발명자는 장영실이 아니라 조선 5대 왕 '문종'(세종의 아들 이향)인 것처럼 '카카오톡'(모바일 메신저 기술)의 발명자 또한 엄연히 존재해야 할 터인데, 명백히 ㈜카카오 내에는 발명자가 결코 없다는 객관적 사실에 비추어도 '카카오톡'은 발명자도 없고 역시 '발명품'도 전혀 아님(기껏해야 '모조품=짝퉁'에 불과함)이 자명한 일 아니겠는가?

　참고로, '모바일 채팅' 앱들의 출시 일을 살펴보면, 밴드(2012년 8월 출시), 페이스북(2011년 8월 9일 런칭), 라인(2011년 6월 출시), 스카이프(Skype, 무료 VoIP 소프트웨어로서 MS사에서 2011년 인수 후 2013년부터 운영), Tango(2016년 탱고전화 출시), 텔레그램(Telegram, 2013년 출시), 바이버(Viber, 2010년 12월 출시), 마이피플(2010년 5월 출시), 위챗(WeChat, 2011년 1월 출시), 틱톡(TikTok, 2012년 출시), 챗온(2011년 10월 출시) 등이 있다.

만약 가짜(카카오톡, 아이폰)가 없었고 진짜(O2TALK, MIU Phone)가 펼쳤더라면?

　　대한민국의 원천(특허=세계최초)기술(진짜)이 산업스파이(얍삽 빠른 불법·무법세력의 가짜)에 의한 카카오톡(모방품)에 실려서 중국에 팔려 넘어가다보니 중국은 일단 전 인민의 통제수단인 위챗(WeChat, '카카오톡의 짝퉁'=모조품)을 개발하여 1천조 원을 벌어들이게 된다. 그리고 틱톡(TikTok) 또한 곁들여 개발되어 전 세계의 일상생활을 엿볼 수 있게 되었다.

　　즉, 나는 퀄컴社가 보유한 원천(핵심)기술(특허)인 'CDMA방식의 통신이론'이 가만히 앉아서 전 세계적으로 거둬들이는 막대한 로열티보다 더 많이 크게 국가 수익을 창출하고자 'O2TALK'특허기술을 창조했다. 국부(國富) 원천의 핵심 기술을 보유한 '진짜' 나오준수의 발명특허 기술(O2TALK)이 버젓이 존재했음에도 불구하고, 어찌 '가짜'(모방 기술인 카카오톡)를 출시한 ㈜카카오 김범수가 '2011.7 국가지식재산위원회 민간위원'의 경력과 '2015년 제60회 정보통신의 날 동탑산업훈장' 및 '2012제6회 포니정 혁신상'을 수상할 수 있었던 것인지? 참으로 의아스러운 일이지 않은가?

　　이와 대조적으로, 발명특허권자인 오준수는 힘겨운 나날로 인해 맥 못 추고 고꾸라지게 되었고, 반면 그 짝퉁(기술탈취·무단도용으로 개발된 '카카오톡'과 그 판박이 '위챗' 등)은 국내를 비롯해 전 세계를 통제하는 수단으로 지배하게 된 것이다.

이뿐만 아니다. 그 여파로 ㈜엠아이유(MIU)의 창업자(오준수)가 세계 최초(특허)로 창조해 낸 발명품(진짜)인 HDPC(MIU Phone)와 T*free(티프리)도 함께 나락으로 고꾸라져 고사되었다. 그 반면 애플社 아이폰(iPhone)과 넷플릭스(Netflix)가 기세를 부릴 수 있게 되어 스마트폰 시장과 OTT(Over-The-Top)시장을 각각 잠식하고 석권할 수 있게 된 것이다.

그러나 나는 고된 사투의 위기에서 절대 굴복하거나 포기하지 않고 오히려 그 짝퉁(모조품=가짜)들의 문제점을 근본적으로 해결하면서 그 가짜들보다 더 큰 혁신적 미래 가치의 세상을 만들어 전개할 원천(특허)기술을 다시 연구하기 시작했다. 드디어 나는 고된 10년이 넘는 세월 동안의 연구개발 노력 끝에 오늘의 혁신적인 창조기술(특허)을 일궈 확보해 낸 것이다. 즉,

> 한 손안의 크기 일체형으로 "윈도OS 컴퓨터(크기와 성능이 '노트북화'로 돌변)+글로벌메신저(MVNO)보안폰+계정無해킹금융거래서비스+유통직거래 플랫폼"이 조화된 新 혁신 폰! 'PALMPUTER'(팜퓨터)

이제 국민 여러분의 동참과 협력에 힘입어 팜퓨터(PALMPUTER='Palm+Computer')외 미유(MIU, 나너)톡이 출시·도약하여 '천하평정' 할 때가 된 것이다.

회사(MIU) 홈페이지(www.o2talk.com)

제 2 부

가관 꼴의
심판정(특허심판원)과
법정(특허법원)

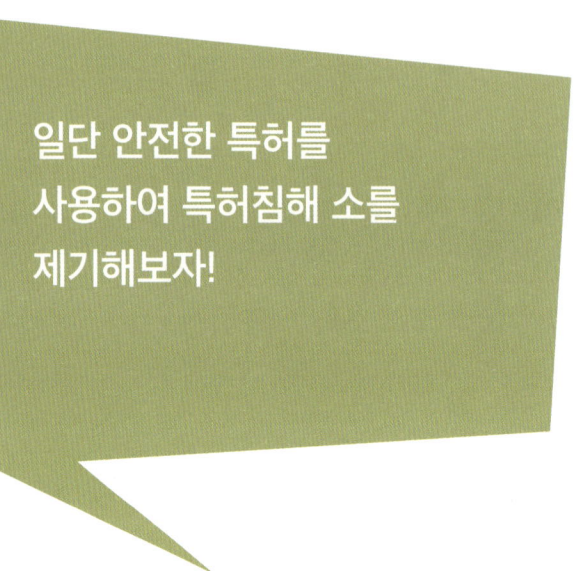

> 일단 안전한 특허를
> 사용하여 특허침해 소를
> 제기해보자!

㈜카카오에 2012. 2. 29. '특허침해 통고장'이 도달된 후 나는 ㈜카카오가 서비스 중이던 '카카오톡'(모바일 메신저 서비스 기술)에 대한 구체적 기술문서가 같은 해 4. 16. 자로 ㈜카카오에 의해 심판정과 법정에 공식적으로 제출되게 하였다.

그렇게 제출시키기 위해 나는 안전한, 즉 이미 국가 여러 기관(서강대, 연세대 등과 정부 자금을 지원받는 산학협력 사업의 성공 판정)에서 나의 특허 무효 가능성이 없음을 검증받은(전문위원회의 평가결과 자금지원 선정) 특허를 사용하였다.

즉 현재의 '넷플릭스'(Netflix) OTT 서비스의 원천특허(특허등록 제 0735620호, 발명의 명칭: '이동성이 있는 데이터 중계기를 가진 데이터 송수신 시스템및 방법')를 사용하여 일단 특허침해 소를 제기하였다.

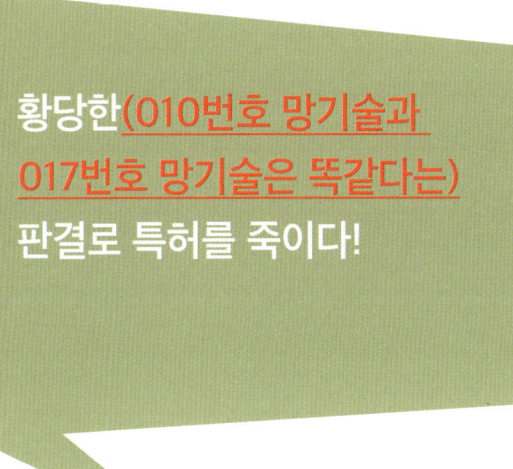

황당한(010번호 망기술과 017번호 망기술은 똑같다는) 판결로 특허를 죽이다!

그러나 아뿔싸! 나는 특허심판정(2012당1086)과 특허법정(2013허884)이 오로지 정의롭고 공정한 곳인 줄로만 기대했던 것이 큰 착각이었다.

특허심판원은 물론 특허법원에서도 심판관(심판장 이○평, 주심 성○문, 인○복)과 판사(재판장 배○국, 판사 곽○규, 최○선)가 심리하는 광경은 참으로 可觀이었다.

즉 ㈜카카오 측 대리인(무한, 변리사 김○훈)의 주장(어불성설)은 기꺼이 받아들여주면서 내 측 공익변리사의 주장(진실)은 거들떠보지도 않고 오히려 하대자세로 호통 치며 개 무시하는 행태였다. 한 마디로 어디 와서 까불고 있냐는 그러한 심판관의 태도였다.

결국, 터무니없는 어불성설의 ㈜카카오 주장('010-번호의 LTE망은 01X-번호의 2G망과 기술이 똑같다')이 법정에서 인정되어 나는 패소 (2013. 9. 27. 대법원 2013후1238 등록무효 확정) 판정을 당했다.

그 결과 내 특허는(오늘날 'Netflix=넷플릭스' OTT 서비스의 원천기술이므로 미래 國富를 살찌울 기술) 무효로 소멸 당하게 된 것이다.

다시 말해, 특허명세서 단락 <22>에 기재된 바, 010-시작번호로 호출되는 휴대전화(이동형 단말기) 또는 변환중계기('USB 무선 LTE 동글'도 장착하고 있어서 '유료MMS'기능의 사용을 위해 '위치 이동'까지도 가능한 서버)의 '무선 통신망'(예: LTE망을 통한 '유료MMS'기능 중의 SMS전송기능)은 '모바일 IP주소가 적용되는 무선인터넷통신망'일 수밖에 없는데도, 판사(특허법원)와 대법관(대법원)은 억지하여 그렇지 않다('모바일 IP주소가 적용되는 무선인터넷통신망'으로 한정하고 있지 않다)라고 부정하며 2G(017이나 018, 016, 019 등과 같은 01X-시작번호로 휴대전화가 호출되는) 이동통신망과 같다(동일하다)는 이유(판결문의 제2페이지)를 들어, 선행기술[미국 특허공보 US6,847,632 B1 (공고일: 2005. 1. 25.)]의 존재(이미 개시)에 의해 '특허는 무효'라는 황당한 판결(재판장 이인복, 주심 김신 대법관)을 저지른 것이다.

더구나 MMS(Multimedia Messaging Service) 송수신 기능은(시스템의 구성요소: MMS 클라이언트인 무선 단말, 전달 기능의 MMS 프록시-릴레이, 저장 기능의 MMS 서버, OSI모델의 하위 3계층인 '제1~3계층'에 해당하는 '패킷교환 방식'인 bearer 서비스 '알림' 기능의 'SMS서버', 이메일 서버) '3G'

(모바일 무선 인터넷망)시대부터 비로소 채용·도입·적용되기('유선 인터넷망'에서 송수신하는 것처럼 사진, 소리, 동영상 등의 멀티미디어 메시지를 보내는 서비스가 가능) 시작했다는 사실만으로도 황당한 판결임을 넉넉히 이해할 수 있는 위법판결의 사건이었다.

> **헌법 제22조제2항**
> **(법률로써 특허권자를**
> **보호한다)은 무색하다!**

고된 노력과 공들여 국가산학협력과제로 선정수행 및 성공판정까지 받은 내 특허(제735620호 『이동성이 있는 데이터 중계기를 가진 데이터 송수신 시스템및 방법』, 즉 오늘날 'Netflix=넷플릭스' OTT 서비스의 원천기술이므로 미래 國富를 살찌울 기술)는 결국 국가산업발전과 국익에 이바지하지 못하고 소멸(죽임)당하게 되었던 것이다.

[그림 2-1]은 2013. 9. 27. 대법원 2013후1238 판결문 제2페이지이다.

> **[2013. 9. 27. 대법원 2013후1238 판결문 제2페이지]**
>
> 그리고 원심 판시 구성 3-1은 '무선통신망을 통해 원거리의 변환 중계기를 호출하고, 자신의 IP 주소를 해당 변환 중계기에 전송하며, 변환 중계기로부터 인터넷망을 통하여 전송되어진 IP 주소에 의하여 인터넷망을 통한 데이터 송수신을 행하는 이동형 단말기'인데, 그 특허청구범위뿐만 아니라 명세서의 다른 부분에서도 'IP 주소'를 '모바일 IP가 적용되는 무선인터넷통신망의 IP 주소'로, '무선통신망'을 '모바일 IP 주소가 적용되는 무선인터넷통신망'으로 한정하고 있지 않으므로, 위 구성 3-1은 비교대상발명 1의 구성 중 '디지털 셀룰러 망을 통해 핸드세트 2를 호출하고, 자신의 IP 주소를 핸드세트 2에 전송하며, 핸드세트 2와 사이에 인터넷망을 통하여 인터넷 전화 음성 데이터를 송수신하는 핸드세트 1'에 이미 개시되어 있다.

[그림 2-1]은 2013. 9. 27. 대법원 2013후1238 판결문 제2페이지

> **[특허등록 제 0735620호 정정공보 전문의 제6페이지]**
>
> [0022] 또한, 휴대 전화인 경우 호출을 위한 데이터는 예를 들면, 010 - XXX - XXXX이 될 수 있고, 여기 호출 데이터에는 컨트롤러(101)에 의해서 자동으로 IP 정보가 문자 메시지 서비스(SMS)를 이용하여 부가되어 변환 중계기(120)에 제공될 수 있을 것이다.
>
> 즉, 호출 후에 IP 저장부(105)에 미리 저장된 이동형 단말기 자신의 IP 정보를 변환 중계기(120)에 제공함으로써 변환 중계기(120)로 하여금 이동형 단말기(100)이 IP를 확인할 수 있도록 한다.
>
> 변환 중계기(120)는 무선 통신망(130)을 통하여 제공된 호출 데이터에 대하여 무선 통신망 접속부(122)가 이에 응답하고, 이후 무선 통신망(130)을 통해 제공되는 IP 정보를 무선 통신망 접속부(122)에서 수신 받아 컨트롤러(121)로 제공하며, 상기 컨트롤러(121)는 이를 메모리(128)에 저장하게 된다.

[그림 2-2] 법률로써 보호받아 마땅한 특허등록 제 0735620호
정정공보 전문의 제6페이지

헌법 [그림 2-2] 제22조제2항에 따라 법률로써 특허가 보호 받기는커녕 오히려 '위법부당한 심결과 판결'에 의해(아무리 옳게 특허를

심사하여 등록시켜놔도 도둑놈을 처벌하는 '형사재판'이 아니라 거짓이 난무하는 '민사재판'으로 취급되니 깡패 격인 심판이나 재판 앞에서는 황당하고 억울하게 죽임·소멸 당하게 되고, 반면에 수임료 받아 챙기기의 변리사와 법정 간 형성된 은밀한 '법조 엘리트 카르텔'은 처벌받지 않기 때문에 심판관 및 판사의 자의적 해석과 위법판단은 '깡패권한'일 뿐만 아니라 일말의 양심조차 실종된 개죽음) 소멸·파괴되는 것이었다.

반면, 내 특허를 침해한 상대방(카카오)은 손해배상은 고사하고 또한 형사적 처벌도 없이 막대한 이익(스타트업이 대기업에 진입 및 대한민국 최고부자가 됨)을 누려왔으며, 현재도 자기 배만 불려 엄청난 이익을 누리고 있다.

[그림 2-3]은 현재의 '넷플릭스'(Netflix) OTT 서비스의 원천특허(특허등록 제 0735620호, '이동성이 있는 데이터 중계기를 가진 데이터 송수신 시스템및 방법')이다.

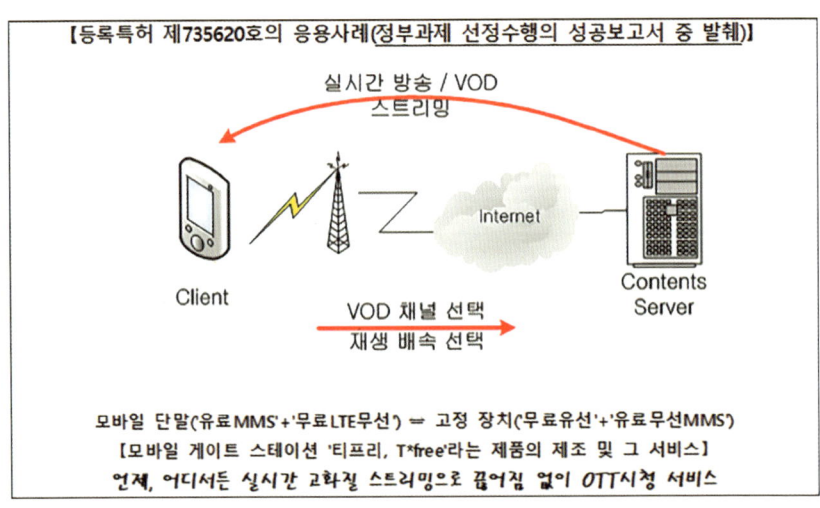

[그림 2-3] OTT 서비스의 원천특허, 즉 특허등록 제 0735620호

> 반면, 스카이프의
> 'P2P 기술'(무료 통화 SW)은
> 당시 대박쳤다
> (85억 달러에 매각됨)!

그때 당시 나의 경우(특허가 죽임 당함)와는 대조적으로, 2011. 5. 11. '무료'(유선)인터넷전화(유선 VoIP) 소프트웨어 개발업체인 스카이프 테크놀로지(2003년 유럽 룩셈브르크에서 설립, Skype)를 마이크로소프트(MS)社가 인수한 가격이 무려 9조원이 넘었던(85억 달러로 최대 규모) 근본 이유는 스카이프의 'P2P 기술'(무료 통화 SW)에 대한 특허 때문이었다(2005년에 이베이가 36억달러에 스카이프를 인수할 때에는 P2P기술에 대한 특허를 취득하지 못했고 졸티드라는 회사에 여전히 남아 있었음).

반면, 대한민국에서는 '무료 통화 SW'(P2P 기술)에 대한 특허 기술은 휴지조각이나 다름이 없었고 행여 보호받을 권리를 청구했다가는 법조·권력 엘리트들의 카르텔 농간에 피 빨리는(노력+수고+기초재산마저 모두) 죽임을 당한다는 법치정세인 것이다.

당시 MS의 스카이프 최대 규모 인수의 원인은 스마트폰이 확산(애플과 안드로이드 폰을 중심으로 모바일 생태계가 개방형으로 전환)되면서 '무료 통화' SW('스카이프=Skype'라는 모바일 인터넷전화 소프트웨어)를 통해 통신시장에 돌풍(이통사의 음성 서비스가 도전에 직면하는 격변)이 예상된다는 전망 때문이었다.

이에 비추어 대한민국의 특허심판원과 특허법원의 위법한 심결과 판결('Dunning Kruger effect'의 직권남용)은 그로 인해 국가 미래가 심각하게 훼손되어 왔었음을 반증하는 사실이다. (출처: http://www.dt.co.kr/contents.html?article_no=2011051102010960739002, https://mushman.co.kr/2691656 참조)

제 3 부

심결(특허심판원)과 판결(특허법정과 대법원)이 위법한(잘못된) 이유

㈜카카오와의 2차적 법정특허분쟁은 내가 '권리범위확인(적극)심판'을 2020. 5. 1. 청구한 '2020당1381' 사건에서 시발되어 대법원(특별3부 '2021후10916' 사건)에서 심리불속행기간이 도과(2022. 1. 30.)된 후 1년 넘게 판결이 유보 중인 가운데있다. 특허권자인 나는 불법·무법의 힘(카카오의 협작 세력), 즉 권력·언론·법조 엘리트들의 협작(재판거래) 논리에 결코 굴복하거나 포기하지 않고 오로지 대한민국 법치주의 원칙과 상식에 기대하여 맞대응해 왔으며, 지금도 대법원(주심 이○구 대법관)에서 판결의 미적대기를 그만하고 즉각적인 선고를 해 주기를 바라고 있다.

[그림 3-1] 인터넷 단말에 탑재된 앱(응용프로세스) 간 세션연결 설정 절차의 원천 기술이다.

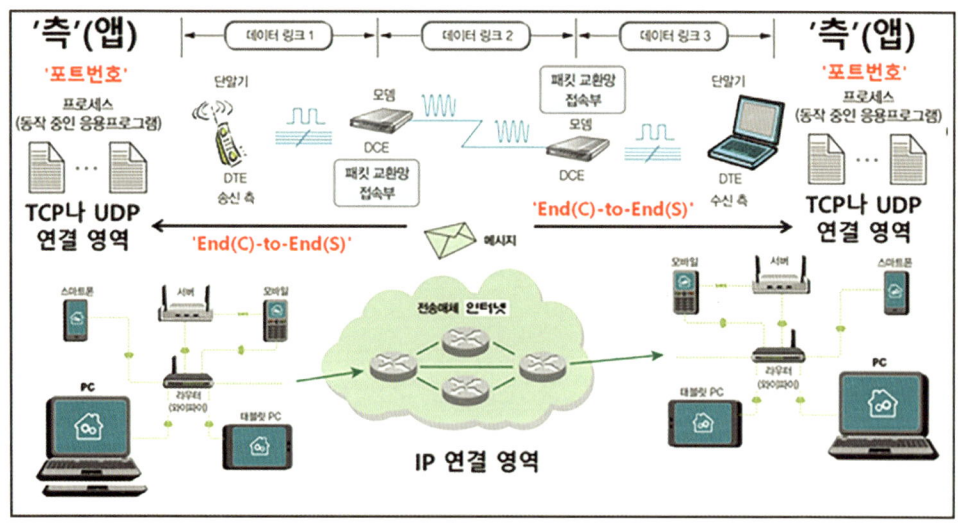

[그림 3-1] 인터넷 단말에 탑재된 앱(응용프로세스) 간 세션연결 설정의 원천 기술

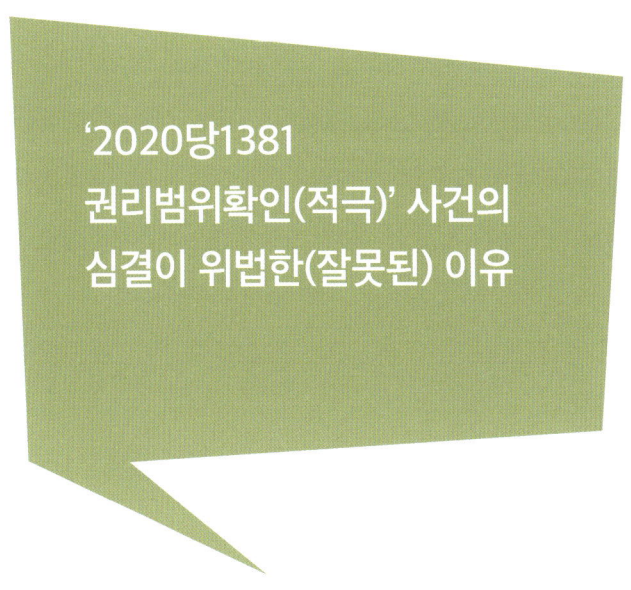

'2020당1381
권리범위확인(적극)' 사건의
심결이 위법한(잘못된) 이유

'무료'에 대한 기술적 범위(정확한 의미)

이 사건 특허청구범위 제1항의 전제부에 기재된 사항인 '무료'의 기술적 범위(정확한 의미)는 그 기재만으로는 해석이(정확한 의미를 확정하기) 곤란하다. 즉, 특허법 제42조(특허출원)제4항(보호받으려는 사항을 청구범위에 적은 항인 '청구항'은 '발명의 설명에 의하여 뒷받침될 것'의 요건)을 충족하는 해석이 되어야 한다. 따라서 반드시 명세서(발명의 설명이나 도면)를 참조(의미를 보충)하여야만 한다.

다시 말해, 청구항에 기재만으로는 '무료'라는 문언(기술적 구성)을 알 수는 있지만 그 의미(발명의 설명에 의하여 뒷받침되는 사항)를 정확히 이해할 수 없는, 즉 그 기술적 범위를 확정할 수 없는 경우이다.

따라서 해석의 원칙(규정), 즉 특허법 제42조(특허출원)제4항과 대법원 판례('2006후3625 및 2010후1107 판결' 그리고 '97후990 판결')에 따라야 한다. 이때 특히 규정에 의하면, 문언(용어)은 '특정한 의미로 사용하려고 명세서에 정의하는 하는 것이 허용된다.

그러므로 명세서에서 정의된 용어(문언)의 의미는 정의된 대로 해석하면 족하다는 규정이다.

게다가 '그 문언의 의미를 확장 또는 제한 해석하는 것이 허용되지 않는다.'는 규정(대법원 판례)도 있다.

따라서 이와 같은 규정들을 모두 엄수하여 그 문언(통화)의 기술적 의미를 정확히 이해하면(범위를 확정하면) 되는 것이다.

그러므로, 일단 그 '통화'의 보통의(일반적으로 인식되는) 의미, 즉 ①『측(앱=응용프로그램)들 간의 데이터 통화(송신 또는 수신, 즉 전송)에 있어서, '유/무선 인터넷(망 중립성 원칙을 엄수한)망(네트워크)'상의 ISP(인터넷정보 제공자, Internet Service Provider)로부터 이미 할당받아(접속료를 이미 지불하여) 메모리에 저장된 'Default Gateway'정보(공인 IP 주소, 포트번호 따위)를 반드시 사용(유/무선 인터넷망을 이용)해야만 한다.』는 의미인지, 아니면 ②『요금을 지불(호출=전화걸기)해야만 하는 '발신 전화기'와 요금을 지불(호출=전화걸기)하지 않는 '수신 전화기' 간에 '음성(VoIP소리)'뿐만을 전송(송수신='송신 또는 수신')하는 것(음성통화)에만 한정하여 요금을 지불하지 않는 '공짜=무상'으로만 한정된다.』라는 의미인지, 그 ①과 ②의 둘 중 무엇인지 구분해야만 한다.』를 해석의 기초로 삼는다.

다음으로 이와 같이 기초된 의미에 해석원칙(규정)에 따라 발명의 설명(단락 <26>, <28>, <40>, <41>, <42>, <52>, <67>, <83>)에 기재된 사항을 보충(참조)한다.

그러면, '통화'라는 기술적 구성에 대한 기술적 범위(정확한 의미)는 일단 『음성통화를 기본으로 하여 어떠한 데이터의 송신 또는 수신도 가능』 및 『'인터넷 스트리밍 통화' 또는 '인터넷 데이터전송'을 통칭하여 '인터넷 통화'라 하며, 더 함축한 의미로는 '통화'라 한다.』등으로 해석되는 것이다.

따라서 이를 토대로 명세서 전체로서의 기술적 의의를 고찰하여 객관적·합리적으로 해석해야 한다는 규정을 적용하면, 결론적으로 그 '통화'의 확정된(정확하게 이해되는) 의미는 『단말기의 종류가 고정형(클라이언트 PC, 서버 PC, 초고성능 서버 등)이든 이동형(스마트폰 등)이든 전혀 관계없이 ISP로부터 이미 할당받아 메모리에 저장된 'Default Gateway' 정보를 반드시 사용한(유/무선 인터넷망을 이용한)』으로 그 기술적 범위(정확한 의미)가 확정(정확하게 이해)되는 것이다.

'통화'에 대한 기술적 범위(정확한 의미)

이 사건 특허청구범위(청구항) 제1항의 전제부에 기재된 사항인 '통화'의 기술적 범위(정확한 의미)에 있어서도 마찬가지로 규정(해석의 원칙), 즉 특허법 제42조(특허출원)제4항과 대법원 판례('2006후3625 및 2010후1107 판결', 그리고 '97후990 판결')에 따라야 한다.

이때 특히 규정에 의하면, 문언(용어)은 '특정한 의미로 사용하려고 명세서에 정의하는 것이 허용된다.

그러므로 명세서에서 정의된 용어(문언)의 의미는 정의된 대로 해석하면 족하다는 규정이다.

게다가 '그 문언의 의미를 확장 또는 제한 해석하는 것이 허용되지 않는다.'는 규정(대법원 판례)도 있다.

따라서 이와 같은 규정들을 모두 엄수하여 그 문언(통화)의 기술적 의미를 정확히 이해하면(범위를 확정하면) 되는 것이다.

그러므로, 일단 그 '통화'의 일반적으로 인식되는(보통의) 의미, 즉 ①『요금을 지불(호출=전화걸기)해야만 하는 '발신 전화기'와 요금을 지불(호출=전화걸기)하지 않는 '수신 전화기' 간에 '음성(VoIP 소리)'뿐만을 전송(송수신='송신 또는 수신')하는 것으로 한정되는 통화』인지 아니면 ②『'유/무선 인터넷(망 중립성 원칙을 엄수한)망(네트워크)'상의 ISP(인터넷정보 제공자, Internet Service Provider)로부터 이미 할당받아(접속료를 이미 지불하여) 메모리에 저장된 'Default

Gateway'정보(공인 IP주소, 포트번호 따위)를 반드시 사용해서만 측(앱=응용프로그램)들 간에 성립할 수 있으면서, 동시에 음성통화(VoIP소리)에만 결코 한정되지 않고 이를 기본으로 하여 그 어떠한 데이터(동영상, 이미지, 텍스트 따위)의 통화(송신 또는 수신, 즉 전송)도 다 해당(데이터의 종류 구분이나 그에 따른 차등 또는 차별이 전혀 없는 단지 '데이터=트래픽'일 뿐임)되는 통화』인지, 그 ①과 ②의 둘 중 무엇인지 구분해야만 한다.』를 해석의 기초로 삼는다.

다음으로 이와 같이 기초된 의미에 해석원칙(규정)에 따라 명세서(발명의 설명상의 단락 <24>, <52>, <67>)에 기재된 사항을 보충(참조)한다.

그러면 '통화'라는 기술적 구성에 대한 기술적 범위(정확한 의미)는 일단 『음성통화를 기본으로 하여 어떠한 데이터의 송신 또는 수신도 가능』 및 『'인터넷 스트리밍 통화' 또는 '인터넷 데이터전송'을 통칭하여 '인터넷 통화'라 하며, 더 함축한 의미로는 '통화'라 한다.』 등으로 해석되는 것이다.

따라서 이를 토대로 해석원칙(규정)에 의해 다시 명세서 단락 <28>, <40>, <41>, <42>, <83>도 함께 동시에 참조해야 함에 따라, 명세서 전체로서의 기술적 의의를 고찰하여 객관적·합리적으로 해석해야 한다는 규정을 적용하면, 결론적으로 그 '통화'의 확성된(정확하게 이해되는) 의미는 『'통화'는 일단 두 가지('인터넷 스트리밍 통화' 또는 '인터넷 데이터전송')의 경우로 구분되면서, 또한 '유/무선 인터넷(망 중립성 원칙을 엄수한)망(네트워크)'상의 미 할당받아 메모리에 저장된 'Default Gateway'정보(공인 IP주소, 포트번호 따위)를 반드시 사용해서만 측(앱=응용프로그램)들 간에 성립할 수 있으면서, 동시에 음성통화(VoIP소리)에만 결코 한정되지 않고 이를 기본으로 하여 그 어떠한 데이터(동영상, 이미지, 텍스트 따위)의 송수신(송신 또는 수신)=전송도 가능한 것, 즉 무료의 '스트리밍' 또는 '데이터전송'을 의미하는 것(데이터의 종류 구분이나 그에 따른 차등 또는 차별이 전혀 없는 단지 '데이터=트래픽')일 뿐, 결코 '음성(VoIP소리)'뿐만을 전송(송수신='송신 또는 수신')하는 것으로 한정되지 않는다.』로 그 기술적 범위(정확한 의미)가 확정(정확하게 이해)되는 것이다.

'무료 통화'에 대한 기술적 범위(정확한 의미)

이 사건 특허발명의 제1항 전제부에 기재된 '무료 통화'란(정확히 이해되는 의미는) 해석원칙(규정)에 의해 명세서 단락 <28>, <40>, <41>, <42>, <52>, <67>, <83>를 참조해야 함에 따라, 『단말기의 종류가 고정형(클라이언트 PC, 서버 PC, 초고성능 서버 등)이든 이동형(스마트폰 등)이든 전혀 관계없이 유/무선 인터넷망(망 중립성을 엄수하며 IPv6와 같은 '공인 IP주소체계'이고 장소에 제한 없이 실시간적 전송특성을 갖춘 전 세계적인 컴퓨터 통신망)을 이용한, 다시 구체적으로 말해, ISP(인터넷정보 제공자, Internet Service Provider)로부터 이미 할당받아 메모리에 저장된 'Default Gateway' 정보(공인 IP주소, 포트번호 따위)를 반드시 사용해서만 측(앱=응용프로그램)들 간에 성립할 수 있는 데이터의 통화(송신 또는 수신, 즉 전송)를 의미할 뿐임』으로 기술적 범위(정확한 의미)가 확정(정확하게 이해)됨을 알 수 있다. 따라서 『요금을 지불(호출=전화걸기)해야만 하는 '발신 전화기'와 요금을 지불(호출=전화걸기)하지 않는 '수신 전화기' 간에 '음성(VoIP소리)'뿐만을 전송(송수신='송신 또는 수신')하는 것이 무료통화이므로 '미디어 서버'(송수화기가 필히 딸린 전화기가 아님)가 '발신 측'이라고 할 수 없다.』라는 심판관의 판단(심결)은 잘못(위법)임을 알 수 있다.

게다가 '비교대상발명5'(공개특허 10-2005-0068273)의 4페이지와 5페이지에서 분명히 "DOCSIS을 사용하는 CATV망에 접속된 IP Binder서버"는 결코 '무료인(인터넷망을 이용한) 서비스'가 아니라 정반대의 "유료인(망중립성 원칙을 위반한 망, 즉 '사설망=연동망'을 이용한), 즉 각 '비디오 IP폰'(client1, client2) 간에 세션(TCP/IP 연결) 설정 시('IP Binding'단계) 및 1:1 화상통화 시(동영상 및 음성 데이터 송수신 단계)에 요금을 부과하는 서비스"를 제공함이 '발명의 구성 및 작용'이라고 명시적 기재되어 있음을 알 수 있는데, 이는 이 사건 특허(제1항)발명의 『발신 측에서 '무료 통화'(IP정보 전송 서비스가 가능한 통신망을 통하여 정보를 삽입하여 선날)하는 구성』과는 성년으로 배지된다. 따라서 이O근 판사의 판결도 역시 위법임을 알 수 있다.

'인터넷 통화'에 대한 기술적 범위(정확한 의미)

　이 사건 특허발명의 제1항 제6단계에 기재된 '인터넷 통화'란 (정확히 이해되는 의미는) 해석원칙(규정)에 의해 명세서 단락 <41>, <42>, <52>, <67>를 참조해야 함에 따라, 『'유/무선 인터넷(망 중립성 원칙을 엄수한)망(네트워크)'상의 ISP로부터 이미 할당받아 메모리에 저장된 'Default Gateway'정보(공인 IP주소, 포트번호 따위)를 반드시 사용해서만 측(앱=응용프로그램)들 간에 성립할 수 있는 음성통화(VoIP소리)를 기본으로 하여 그 어떠한 데이터(동영상, 이미지, 텍스트 따위)의 스트리밍 송수신(송신 또는 수신)=전송도 가능한 것, 즉 '인터넷 스트리밍 무료통화'』라는 기술적 범위(정확한 의미)로 확정(정확하게 이해)됨을 알 수 있다.

　따라서 『'음성(VoIP소리)'뿐만을 전송(송수신='송신 또는 수신')하는 것이 '인터넷 통화'이므로 '미디어 서버'가 '발신 측'이라고 할 수 없다.』이라는 심판관의 판단(심결)은 잘못(위법)임을 알 수 있다.

'측'과 '휴대 단말기'에 대한 기술적 범위(정확한 의미)

　　이 사건 특허발명의 제1항 내지 제2항에 기재된 '측'(앱=방법기능=응용프로그램)과 이것이 탑재되는 '일실시예'로서의 '휴대 단말기'(제8항에 기재)라는 용어(문언)에 대한 기술적 범위(정확히 이해되는 의미)는 해석원칙(규정)에 따라 명세서 단락 <28>, <40>, <41>, <83> 등을 참조해야 함에 따르면, '인터넷 통신'(C/S, 클라이언트와 서버의 관계 또는 Peer-to-Peer관계로 인터넷상에서 성립되는 '데이터 통화')을 수행하는 '측'(방법기능, 즉 애플리케이션=App, 엄밀히 말하면 실행된 프로세스)이 탑재(설치 및 실행)될 수 있는 '단말기'는 『오로지 그 자체에 구비한 '유/무선 인터넷 기능부(120)'를 반드시 사용하여 '인터넷망(ISP)에 접속될 수 있는 모든 컴퓨터'이면 그 종류(PC서버와 같은 '고정형'이든 스마트폰과 같은 '이동형'이든지)에 관계없이(특정한 의미, 즉 '휴대'='고정형에 한정되지 않음'으로 용어를 신규 정의하여) 모두 다 '휴대 단말기'로서 족하여 해당된다.』는 의미(정확한 이해)로 확정될 수밖에 없는데도 불구하고, 심판관은 이를 무시·묵살하고(규정을 위반하여) 자의적으로(제멋대로) 해석했다.

　　즉, 심판관은 오로지 '송수화기'(음파를 음성 전류로 변환하는 기능인 '송화기'와 반대로 음성 전류를 음파로 변환시키는 기능인 '수화기', 즉 음파와 음성 전류 간의 변환을 수행하는 기능)를 필히 동반해야만 한다는 전제의 단말기, 즉 '전화기'(폰, Phone)뿐으로만 한정시키는 잘못(위법)을 저질렀다.

※ 이 때 특히, 인터넷 이론의 원칙(교과서적 원리)상 서버(컴퓨터)는 '네트워크(망) 장비'가 결코 아니고 단지 그에 탑재된 앱(응용프로그램)의 역할 때문에 '서버'라고 칭하기도 하는 컴퓨터(단말기)일뿐이다. 즉, 서버 단말기는 스마트폰과 같이 응용프로그램(발신 측이나 수신 측으로서 OS상에 탑재되는 애플리케이션)이 올라갈(탑재될) 수 있는 일반적 컴퓨터의 일종에 해당할 뿐이라는 일반적 상식(진실)수준임에도 불구하고 심판관은 『서버에 대하여 '개시=기재'되어 있지 않고, 이에 대응되는 구성도 개시되어 있지 않다. 즉 서버(발신 측에 해당하는 구성)가 결여되어 있다(서버를 포함하는 것으로 확장하여 해석할 수 없다)』는 황당한 위법(어불성설)을 저질렀다.

따라서 이 사건 특허청구범위 제1항에 기재된 사항인 '측'(앱)이 탑재될 수 있는 장치(컴퓨터 단말기)의 기술적 범위(정확한 의미)는 스마트폰(예: 송수화기가 필수로 딸려야 하는 전화장치)에만 결코 한정되지 않고 서버(고정형 컴퓨터 단말)이든 스마트폰(모바일 인터넷 접속 기능이 있는 이동형 컴퓨터)이든 유/무선 인터넷 접속기능부(120)를 자체에 구비한 것이면 그 어떤 것이든 그 종류에 관계없이 모두 다 족하다는 해석인 것이다.

즉, '측'(설치 및 실행된 앱=프로세스)이 탑재(설치 및 실행)될 수 있는 장치(이 사건 특허에서만 특별히 용어가 정의된 '휴대단말기', 100)는 『'전화(VoIP통화)걸기'의 기능을 수행 가능한 것(스마트폰, VoIP전화기)이든 아니든('미디어 서버', 非전화기) 전혀 관계없다.』라는 기술적 범위(정확한 의미)인 것이다.

잘못('위법하게'='자의적으로' 해석)된 심결

이상과 같은 객관적 진실에 비추어, 특허심판원 '2020당1381' 사건의 심결문은 '직권남용을 행사하여 허위공문서를 작성'한 범죄, 즉 『'통화'란 음성(VoIP소리)을 송신 또는 수신하는 것뿐으로만 의미가 한정된다. 따라서 '미디어 서버가 '발신 측'에 해당한다고 보기 어렵다.'』를 저지른 명백한(핵심적) 증거로 볼 수 있다.

[그림 3-2]와 [그림 3-3], [그림 3-4]는 특허심판원 '2020당1381' 사건의 심결문이다.

['2020당1381' 심결문 제8쪽의 제1번째 및 제2번째 단락]

~ '측'의 사전적 의미 '어떤 무리의 한쪽을 상대적으로 이르는 말'이다.
~고려해볼 때, '발신 측' 및 '수신 측'의 문언적 의미는 인터넷 통화를 위한 '음성 데이터'를 보내는 측 및 인터넷 통화를 위한 '음성 데이터'를 받는 측으로 해석된다.

[그림 3-2] 특허심판원 '2020당1381' 사건의 심결문 제8쪽의 제1번째 및 제2번째 단락

> **['2020당1381' 심결문 제8쪽의 제4번째 및 제6번째 단락]**
>
> ~ 이에 따르면, '발신 측'과 '수신 측'은 '일반 핸드폰을 비롯한 모든 휴대단말기'로서 '무료 통화를 수행할 수 있는 장치(전화기)'라는 것을 알 수 있다.
> ~ 그런데, 유무선 통화에서 통신 서비스에 대한 요금은 통화를 시도하는 측에서 지불하는 것이 일반적이고, 통화를 받는 측은 별도의 요금을 지불하지 않는다는 사실을 고려해볼 때, '통화를 받는 측'은 굳이 무료 통화를 하고자 할 이유가 없을 것이므로, '무료 통화를 하고자 하는 측'은 '통화를 시도하는 단말'이라는 것을 알 수 있다.

[그림 3-3] 특허심판원 '2020당1381' 사건의 심결문 제8쪽의 제4번째 및 제6번째 단락

> **['2020당1381' 심결문의 제9 내지 11쪽]**
>
> ~ ㉠ 결국, 이 사건 특허발명의 인터넷 통화에 있어서, '발신 측'은 '통화를 시도('요금을 지불'=호출=전화걸기)하는 휴대단말(전화기)'이고 '수신 측'은 '통화를 받는(요금을 지불하지 않는) 휴대단말'이라고 할 수 있다.
> ㉡ '미디어서버'가 통화의 주체로서 통화를 시도하지는 않으므로, '미디어 서버(고정형 컴퓨터)'가 '발신 측(전화기)'에 해당한다고 할 수 없다.
> ㉢ '발신 측'은 호출신호의 입력에 의하여 통화 걸기의 기능을 수행한다는 것을 알 수 있는데, '미디어 서버'는 직접 상대방 단말의 전화번호를 입력하여 통화 걸기를 수행하는 주체(전화기)가 될 수 없는바, '미디어 서버'가 '발신 측(전화기)'에 해당한다고 보기 어렵다.
> ㉣ 이 사건 특허발명의 상세한 설명에는 휴대단말기가 상대방과 P2P 접속하여 직접 통화를 하는 실시예만 개시되어 있을 뿐, 데이터를 중계하는 '서버'에 대하여 명시적으로 개시되어 있지 않고, 이에 대응되는 구성도 개시되어 있지 않으므로, '발신 측(전화기: 음파와 음성 전류 간의 변환을 수행)'이 데이터를 중계하는 '서버(고정형 컴퓨터)'를 포함하는 것으로 확장하여 해석할 수 없다.
> ㉤ 게다가, '발신 측'이 '통화 기능'를 수행한다는 것은 음파를 음성 전류로 변환하는 송화기와 음성 전류가 음파로 변환되는 수화기의 기능을 수행하는 것(전화기)을 전제로 하는데, '미디어 서버'는 일방의 휴대 단말이 전송하는 통화 데이터를 그대로 타방의 휴대 단말로 전달할 뿐, 음파와 음성 전류 간의 변환을 수행하지는 않은 바, '통화 기능'을 수행한다고 보기 어려우므로, '미디어 서버'가 '발신 측'이라고 할 수 없다.
> ㉥ 확인대상발명의 미디어 서버(컴퓨터)는 이 사건 제1항 특허발명의 발신 측(전화기)과 동일하다고 볼 수 없으며, 확인대상발명은 이 사건 제1항 특허발명의 필수 구성요소인 '발신 측'에 해당하는 구성을 결여하고 있으므로, 확인대상발명은 이 사건 제1항 특허발명의 권리범위에 속하지 않는다.

[그림 3-4] 특허심판원 '2020당1381' 사건의 심결문 제9 내지 11쪽

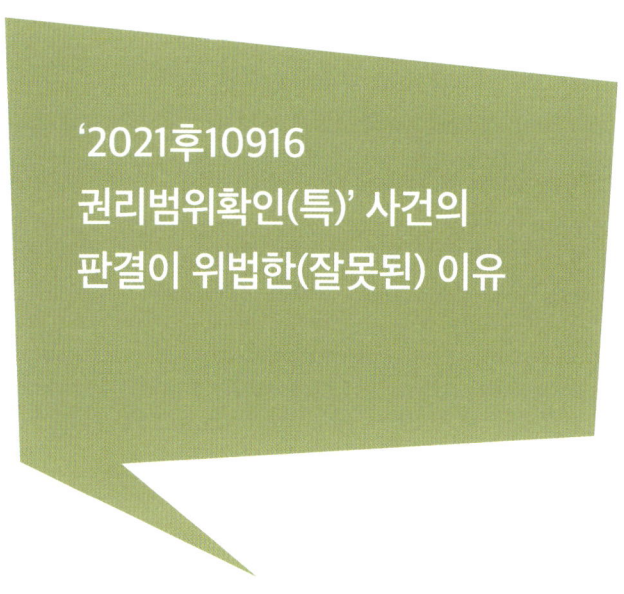

'2021후10916 권리범위확인(특)' 사건의 판결이 위법한(잘못된) 이유

2023. 1. 15. 자 제출한 '증거 제출 및 판결 재촉구서'의 내용을 그대로 실었다.

특허법원 판결문(2021. 8. 24.)은 이 사건과 관련된 기술에 전문성이 현저히 부족한 판사(재판장 이○근)가 진실(국제적 표준 규칙인 TCP/IP 스택)을 왜곡한 불법행위의 결과물이다.

즉, 이○근 판사는 ㈜카카오(대리인 천○진, 김○훈 변리사)의 주장(준비서면)에 동조하기 위하여 등록무효 사건(2021허1196)에 해당하는 선행발명들(1, 5)까지 판결문에 끼워 넣어 장황하게(11페이지부터 25페이지에 걸쳐) 늘어놓자마자 곧 바로 판결문의 26페이지에서 이 사건 제1항 발명의 주요 기술적 특징인 '무료 통화'(발신 측이 상대편인 '수신 측'에게 자신의 '인터넷주소정보'를 특별히 따로 정의된 전송서비스를 제공받아 전송하는 절차)라고 신규로 정의된 용어를 일단 왜곡(세션연결의 초기화를 이미 끝낸 양측 간에 '별도의 송수화기가 딸려야만 하는 VoIP음성통화'로만 한정시킴)해 놓은 것이다.

그런 다음에 이것을 전제로 확인대상발명의 주요 기술적 특징을 'TCP/IP 스택'(인터넷 통신의 국제적 기본 표준 규칙)을 위반하는 술책으로 왜곡하여 대비시킨 한낱 거짓의 말장난(어불성설)을 길게(총 46페이지) 늘어놓은 것에 불과하다.

일단 판결문은 확인대상발명의 구성요소를 확정함에 있어 '인터넷상의 데이터 전송(망 중립성 원칙을 엄수하는 데이터 통화)'의 개념을 철저히 배제한 채 오로지 특별한(송수화기가 필히 딸려야만 하는 VoIP음성전화에 해당하는) 인터넷 통화만을 수행하는 당사자(송수화기를 반드시 구비하는 전화기)들로 국한시켰다.

다시 말해 '통화(VoIP음성)신호를 (송화기를 통해)발신하는 스마트폰 X'(이하 '스마트폰 X'라 한다)와 '통화(VoIP음성)신호를 (수화기를 통해)수신하는 스마트폰 Y'(이하 '스마트폰 Y'라 한다)로만 구성요소를 한정('미디어서버'라는 필수 구성요소를 고의로 결여)시켰다.

그런 다음에 이들 'X와 Y' 간에 'VoIP음성전화'가 실제로 수행되기 이전에 앞서 필수적으로 거쳐야 하는 절차(TCP/IP 스택에 의한 '세션연결의 초기화', 즉 '스마트폰 X'와 '스마트폰 Y'가 각각 '콜서버'로부터 전송받은 미디어서버의 '공인 IP주소' 정보를 이용하여 인터넷을 통해 미디어서버에 C/S<Client/Server> 방식으로 접속하는 절차에 해당하는 '무료 통화')의 성립이 없이도 'VoIP음성전화'의 당사자들('스마트폰 X'와 '스마트폰 Y' 이지, '미디어서버와 스마트폰 X' 또는 '미디어서버와 Y'가 아님. 즉 '미디어서버'를 결여시킴) 간에 서로 'VoIP음성전화'가 성립된다는 황당한 모순된 논리를 주장했다.

바꿔 말해, '스마트폰 X 또는 Y'가 각각 자신의 인터넷주소정보를 전송하여 교환(세션연결의 초기화)하기 위해 상대측은 'TCP/IP스택'의 규칙상 '미디어서버'임이 명백함에도 불구하고 아니라고 부정하여(결여시켜) 억지하면서 오히려 황당히 모순된 'VoIP음성전화(송수화기를 필수로 구비한 음성대화)'만을 수행하는 '스마트폰 X'에 대한 '스마트폰 Y'(또는 반대로 '스마트폰 Y'에 대한 '스마트폰 X')라는 허위판결의 말장난을 행사한 것이다.

이에 대하여 비유적으로 표현한다면 한강의 남단(X)에서 여의도섬(미디어서버)까지 및 북단(Y)에서 여의도섬(미디어서버)까지를 각각 연결하는 한강다리(세션연결의 초기화)를 놓는 건설(확립=설정)부터 우선 선행(세션연결의 초기화, 즉 '미디어서버와 스마트폰 X' 사이 및 '미디어서버와 Y' 사이에 서로 자신의 '공인 IP주소' 정보를 각각 전송하여 교환하는 절차가 확립=설정)되어야만 이후 비로소 실제적 '(음성)통화'('인터넷상의 데이터 전송'의 일종에 불과한 'VoIP음성전화'의 당사자인 '스마트폰 X와 Y' 간에 서로 '음성대화', 비유적으로 표현하면 이미 각각 건설된 한강다리를 통해 차량이 왕래)가 성립될 수 있는 것이 상식이다. 이와 같이 교과서적 표준 규칙이 자명하다는 사실에 비추어 봐도 특허법원 판사(재판장 이○근)의 판결은 국제적 표준 규칙(TCP/IP 스택)을 철저히 위반한 채 한낱 거짓으로 말장난(어불성설)을 길게(총 46페이지) 늘어놓은 억지에 불과함을 쉽게 알 수 있는 것이다.

 이상과 같은 증거사실에도 불구하고 대법관님(주심 이○구)이 판결 선고하지 않고 심리불속행기간 도과(2022.01.30) 이후 1년 넘게 유보하고 있는 이유를 모르듯 示唆하는 최근 보도가 있다. 2023. 1. 9. 보도기사를 보면 "김만배 로비, 기자뿐 아냐... 판사·검사도 굴비 엮듯 나올 것('김만배의 로비 대상엔 기자뿐 아니라 판사와 검사도 있다'는 내용의 참고자료 1)" 이란 기사를 대하면서 내 상황을 견주게 된다.

 특허권자인 나는 유독 10년이 넘는 긴 세월 동안 ㈜카카오에 의해 막대한 피해와 피폐한 심적 고통을 당해왔는데도 불구하고 대법관님(주심 이○구)이 즉각 판결을 선고해야 함이 지당한데도 늑장을 부리시는 것은 무슨 이유가 있는 것인지 힘든 상황이다. 그만큼 ㈜카카오와 끈끈하고 도탑게 관계된 은근의 사연이 있는 것은 아닌지 의구심마저 들게 한다.

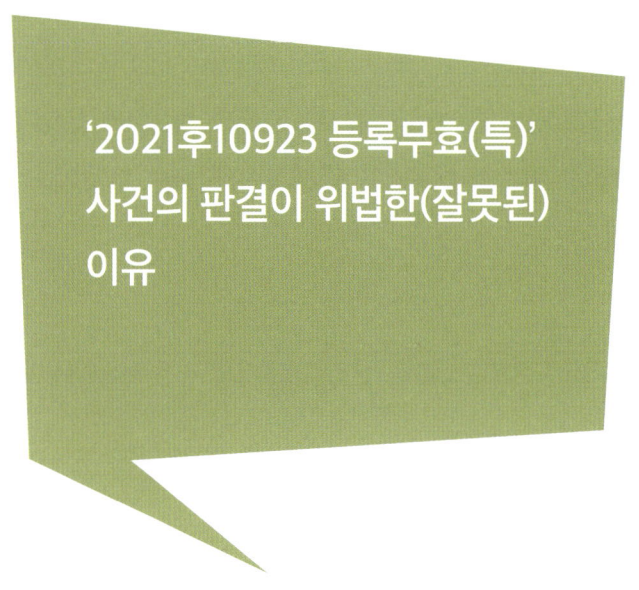

'2021후10923 등록무효(특)'
사건의 판결이 위법한(잘못된)
이유

2023. 1. 19 자 각 법정에 제출한 '증거서면'의 내용을 그대로 실었다.

Ⅰ. 일단 상식 수준인 '디지털화(digitization)'=비트(1이나 0)화=이진(비트형태)화='binary digit 화'는 즉 '표본화+양자화+코드(부호)화'의 개념이다. 즉 『'컴퓨터'와 같은 '디지털 장치'의 밖에 있는 '아날로그, 즉 연속된 신호'를 '디지털 장치'가 이해할 수 있는 신호인 '디지털, 즉 연속되지 않고 서로 단절된 離散的인 신호'로, 다시 말해 '1=HIGH' 또는 '0=LOW'의 '2진=한개 비트'들의 조합 형태로 바꾸어 주는, 즉 '표본화→양자화→부호화'의 A/D변환작업』을 미끼로 이에 이○근 판사(특허법원 재판장)가 특허법 제43조('요

약서'는 특허발명의 보호범위를 정하는 데에는 사용할 수 없다)마저 곁들여 위반해가면서 말장난한 것이 등록무효사건(2021허1196)의 판결문(2021. 8. 24. 선고)이다. [그림 3-5]는 '표본화→양자화→부호화'의 A/D변환작업'이다.

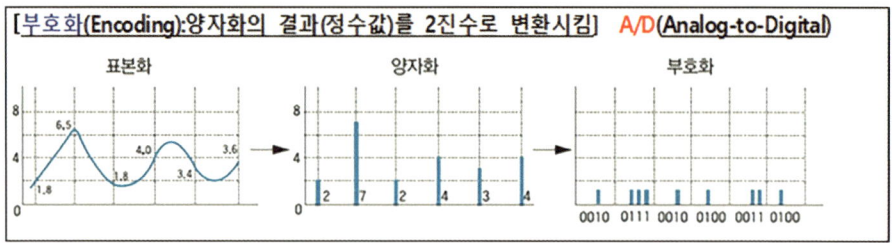

[그림 3-5]은 '표본화→양자화→부호화'의 A/D변환작업'

특허법원 판사(재판장 이○근)의 판결문은 특허법 제43조의 규정인 "요약서는 사용할 수 없다"를 위반함과 동시에 원고(재심피고)(대리인: 천○진, 김○훈 변리사)의 소송사기, 즉 황당한 어불성설(이진화='비트형태화'=binary digit 화, 즉 디지털 코드로 바꾸는, 즉 A/D변환하는 개념도 포함한다. 'TCP/IP스택'이나 '캡슐화'에 대한 구성의 기재가 없다.)에 동조(편들기)하기 위해 말장난한 것에 불과하다. [그림 3-6]은 특허법원 '2021허1196' 사건과 [그림 3-7]은 특허법원 '2021허1196' 사건의 판결문 제49페이지이다.

> [특허법원 '2021허1196' 사건의 2021.03.23.자 재심피고(카카오)의 준비서면 제4페이지]
>
> 우선, 이 사건 제1항 발명에는 "발신 측 인터넷 주소정보가 바이너리코드 형태로 변환"이라고만 기재되어 있을 뿐, TCP/IP 스택이나 캡슐화에 대한 어떠한 구성도 기재되어 있지 않습니다.
>
> 또한, 이 사건 특허의 [요약]을 참조하면, "발신 측 인터넷 주소정보가 암호코드 또는 단순한 이진코드(Binary digit Code이며 함축하여 "바이너리 코드"라 하기로 한다) 형태로 변환"된다고 기재하고 있습니다. 이러한 기재에 따르면, 이 사건 제1항 발명에 기재된 '바이너리코드 형태로 변환'의 실체적 의미는 0과 1로 구성되는 이진화 디지털 코드로 변환하는 개념을 포괄적으로 포함하는 것으로 해석되어야 합니다.

[그림 3-6]은 특허법원 '2021허1196' 사건 재심피고(카카오)의 준비서면 제4페이지

> [특허법원 '2021허1196' 사건의 2021.08.24.자 판결문 제49페이지]
>
> 그러나 바이너리코드(binary code)는 컴퓨터 프로세서 등이 쉽게 처리할 수 있는 디지털 형태의 데이터로서 0과 1의 숫자 조합으로 구성된 정보체계를 의미하는바, 선행발명 1에서 단문 메시지 형태의 아이피주소 정보, 아이디정보, 포트번호 정보 역시 호스트 이동통신단말기 또는 SMS서버(프로세서)에 의하여 처리되어 전송되는 정보이고, 이는 당연히 0과 1의 바이너리코드로 변환된 정보임이 자명하므로, 결국 선행발명 1에서 위와 같은 정보가 '단문 메시지 형태'로 변환된다는 것은 구성요소 1-2에서 인터넷주소 정보가 '바이너리코드 형태'로 변환되는 것에 포함된다고 봄이 타당하므로, 결국 양자는 실질적으로 동일한 구성에 해당한다.
>
> - 49 -

[그림 3-7]은 특허법원 '2021허1196' 사건 판결문 제49페이지

가. 이 사건 특허발명 제1항 제2단계(구성요소 1-2)에 기재된 '바이너리코드', 즉 『명세서 단락<47>, <48>에 따르면, "My_IP정보+부가정보+Your_IP정보전송 요구신호(예:REQ)"등의 조합으로 구성되는 신호가 'TCP/IP스택'에 의해 '캡슐화=Encapsulation' 된 형태에 해당하는 '이진숫자코드'』라는 신규로 상정된 용어에 대한 구체적 의미는 "A/D변환인 '디지털화' 된 값이 결코 아니다".

즉, 미리 앞서 메모리부(140)에 저장되어 있던 'My_IP(자신의 인터넷주소)정보'를 읽어 들인(획득된) 앱(발신 측)은 오로지 '유/무선 인터넷기능부(120)'를 통해서만 상대편인 수신 측(앱)에 데이터를 송출할 수 있기 때문에 반드시 "인터넷망의 데이터통신방법(예: FTP, 텔넷[Telnet], TCP/IP 등)"이라는 '전송 및 변환 규칙'을 사용하여 형태를 바꾼, 즉 '캡슐화(Encapsulation)=바이너리(Binary digit)코드화' 시킨 이진(비트형태)코드를 사용해야만 한다. 이때 '유/무선 인터넷기능부(120)'는 인터넷망(ISP)으로부터 'My_IP(자신의 인터넷주소)정보'를 할당받은 후 메모리부(140)를 통해 앱(측)에게 넘겨주는 역할도 겸하는 것이다.

다시 말해, 입력장치에 의해 아날로그 신호가 '디지털화' 된 데이터(이진코드)와 이 사건 제1항 발명의 측(앱)에 의한 변환기능(바이너리코드화='TCP/IP스택을 사용한 캡슐화')의 수행으로 '바이너리코드화' 된 데이터(바이너리코드=이진코드)는 서로 형태와 그 의미(내용)가 서로 다른 값(이진코드)이며 결코 동일할 수가 없는 것이다.

따라서 선행발명 1에서의 'SMS규칙'에 의해 캡슐화 된 이진코드(비트형태: 대화요청메시지=SMS코드)는 이 사건 특허발명 제1항에서의 '인터넷망의 데이터통신방법(예: FTP, 텔넷[Telnet], TCP/IP 등)'에 의해 캡슐화 된 이진코드(비트형태: 'Binary digit Code'='IP정보')와는 그 형태와 내용(의미) 면에서 당연히 서로 다름이 자명하다.

나. 게다가 이렇게 각각 정해진 변환규칙에 의해 형태가 바뀐(변환된=캡슐화 된) 각각의 이진(비트형태)코드를 전송할 수 있는 통신망도 역시 당연히 선행발명 1에서는 'SMS망'일 수밖에 없음에 대비하여 이 사건 제1항 발명에서는 '인터넷망(IP정보 전송 서비스가 가능한 통신망)'일 수밖에 없으므로 당연히 서로 다름이 자명하다.

다. 또한, 변환(캡슐화)의 규칙(SMS 대비 TCP/IP스택)뿐만 아니라 그 변환의 대상(정보의 내용)에 있어서도 역시 '사설 IP주소정보' 대비 '공인 IP주소정보'로서 당연히 서로 다름이 자명하다.

라. 그러므로 '인터넷망'에 일체(IP정보 전송 서비스가 가능한 통신망)로 포함되는 구성을 성립시킬 수 있는 통신망에는 오늘날의 LTE 망처럼 "이동통신망, 무선호출망, LBS(위치기반서비스)망, 무선초고속인터넷망, 기타 유/무선의 데이터통신망" 등도 이용될 수 있다. 이 사건 특허발명 명세서 상의 기재(명세서 단락 <24>, <27>, <34>, <82>)이다.

마. 구성요소 1-2(제2 단계)에서의 'IP 정보 전송서비스가 가능한 통신망'은 무선초고속인터넷망뿐만 아니라 이동통신망, 무선호출망, LBS(위치기반서비스)망, 기타 유/무선의 데이터통신망 중에 어느 것을 이용하여도(이○근 판사의 판결문 38페이지에서처럼 '포함된다.'가 결코 아님) (새롭게 신규로)이루어지는(구성되는) 것(ALL-IP기반의 인터넷망)이 바람직하다는 기재이다(특허명세서상의 단락 <24>, <27>, <34>, <82> 참조).

Ⅱ. 결국, 구성요소 1-2(제2 단계)에서 'IP 정보 전송서비스가 가능한 통신망'이란 특허법원 이○근 판사의 판단(판결문의 37페이지에서, 어떠한 형태이든지 상관없이 모든 바이너리코드 형태의 데이터를 전송할 수 있는 통신망이면 충분하다)과는 완전히 달리 오로지 『특정한(바이너리코드화 된, 즉 'TCP/IP스택을 사용한 캡슐화'가 된) 형태의 데이터(바이너리코드)만을 전송할 수 있는 통신망, 즉 반드시 'ALL-IP기반의 유/무선 인터넷망'』이어야 함을 알 수 있다(특허명세서상의 단락 <28>, <83>, <25>, <26>, <82> 참조: 장소에 제한이 없고 이동 중에도 실시간으로 인터넷을 이용한 '무료통화'를 제공할 수 있는 통신망).

따라서 구성요소 1-4(제4 단계)에서 수신 측이 발신 측으로부터 받은 인터넷주소정보를 해독하거나 바이너리코드 데이터에서 IP 정보를 추출하는 과정(역캡슐화의 변환기능)을 반드시(필수로) 거쳐야 함을 알 수 있는 것이다.

특히, 이러한 변환기능(캡슐화)이 수행될 때에는 '발신 측의 인터넷주소정보'에 대하여 '암호코드화'도 함께 겸하여 거칠 수도 있음 (단순한 변환이 아님, 즉 '암호코드화'되어 변환됨)을 또한 알 수 있다(특허명세서상의 단락 <29> 참조).

제 4 부

해당기관은 과연
'기술 보호' 및 '유출 방지'에
총력을 기울였는지?

> 감사원에 접수되어 담당자가 배정된 허위보도(주가 폭등) 사건에 대하여(국민이 알아야 할 공익을 위하여)

감사원에 접수된 내용

앞서 제1부에서 살핀 '매일경제신문'(매일경제 및 매경닷컴)의 허위보도(2021.05.16) 사건에 대하여 나(신청인: 개인 오준수)는 감사원에 다음과 같은 내용을 주로 붙임 하여 감사신청(2022.10.13.)을 접수하였다. 즉, 접수번호(2AA-2210-0407905)와 감사제보(분류번호 제2022-제보-15180호)로 제출했고 담당자(이○원)가 배정되었다.

- 아 래 -

1. 아래와 같은 '일반적 상식'에 대하여 특허청의 정확한(공무상 전문가적) 분석과 구체적 해답을 구합니다.

'발명'이란 사람에 의해 세계 최초로 만들어진 기술을 의미하며, 그 '발명(세계 최초기술)'이 사용되어 나타난 제품을 '발명품'이라 칭한다.

또한 선행된(이미 있는) 발명의 문제점이 해결된(기존 발명을 더 좋게/편리하게 만든) 기술도 역시 개량발명에 해당한다.

따라서 '세계 최초'임이 객관적(특허등록)으로 증명되지 못한 기술은 결코 '(개량)발명'이 될 수 없는 것이므로, 자기 스스로 아무리 '발명(세계 최초기술)'이라고 외쳐봤자 공식(객관)적 인정이 될 수 없기 때문에 '특허(법률상의 행정처분으로 허가·인가·인허)등록'된 '최초기술'만이 '발명(세계 최초기술)'이 될 수 있는 것이다.

즉, 어떤 사람이 특허를 받지(특허등록) 않고 '발명(세계 최초기술)'이라고 외치는 것은 자기 혼자만의 일방적 주장(이미 세계 최초가 존재할 수 있음의 여지가 충분함)에 해당할 뿐, 결코 '발명'이 될 수 없고 특허등록을 끝낸 기술만이 발명이라고 공식적(법적 객관적) 인정될 수 있는 것이다.

이에 따라 특허출원은 되었으나 등록거절이 된 기술들은 모두 다 '발명(세계 최초기술)'이 될 수 없는 것이다.

또한 특허(발명)가 대법원의 무효 확정 판결이 선고되기 전까지는 그 기술(발명)이 세계최초(발명)임을 증명해 주고 있는 것이다.

따라서 특허를 받은(등록된) 발명은 함부로 이용(무단 도용하여 실시)할 수 없고 특허권(독점실시권)자에게 그 허락을 받은(대가를 지불한) 이후에만 비로소 이용이 가능하며 이를 위반할 시에는 형사처벌 및 민사적 손해배상의 대상이 되는 것이다.

2. 또한 아래와 같은 '객관적 사실'에 대하여 특허청의 정확한(공무상 전문가적) 분석과 구체적 해답과 입장을 구합니다.

위 1항의 '일반적 상식'에 비추어, ㈜카카오가 개발자(직원)들을 채용하여 만들어낸 '카카오톡(무료의 데이터 통화 방법=기능)'이라는 앱(제품)은 '발명(세계 최초로 만들어진 기술=기능)'이라는 객관적 증명이 전혀 어디에도 없으며 오히려 무단 베껴 모방(도용)되어 이것과 동일하거나 유사한 방법(앱=기능)들이 이미 세상에 널려있어 왔다는 사실이다.

이에 반해 '카카오톡'과 같은 전 세계 모바일 메신저들에 있어서, '무료의 데이터 통화 방법(앱=기능)'에 대하여 이미 세계 최초임이 객관적으로 증명(특허로 등록)된 기술(발명)이 존재해 왔다는 사실이다.

따라서 특허등록된(세계 최초임이 증명된) 기술(발명)이외에는 전 세계의 모든(동일 또는 유사한) 것은 결코 발명이 될 수 없는 것이고 한낱 베낀 것(모방=짝퉁=판박이)에 불과할 뿐이다.

그러므로 특허청과 그 하위기관들(특히 한국발명진흥회)의 업무상 임무의 지원범위(예: 선정행사 개최)에 특허발명이외의 그 어느 것(예: 카카오톡)도 대상에 포함될 수 없다.

따라서 '카카오톡(모바일 메신저 방법=기능)'과 관련하여 특허등록된 기술(142개)은 카카오톡을 겉포장(overwrapping)하는 방법(기술=기능)은 될 수 있겠으나 카카오톡 그 자체(무료의 데이터 통화 방법=기능)는 될 수 없는 것이다.

3. 이럼에도 불구하고 특허청의 대변인실(담당자 및 책임자)은 첨부와 같은 황당한(어불성설의) 검토의견을 언론중재위에 제출(특허권자의 신용 및 명예훼손과 특허를 보호는 고사하고 가치를 손상시키는 직권남용)하게 된 경위와 그 위법여부를 철저히 조사·감사·감찰하여 그 결과의 회신을 구하며, 또한 그에 상응한 직무적 책임을 철저히 물어 법적조치를 구합니다.

4. 선정행사(제56회 발명의 날보다 앞서 2021. 5. 16.에 카카오톡이 21세기 韓 최고발명품으로 뽑혔다)와 관련하여 법률적 효과가 분명하고 정확한 답변의 회신을 붙임과 같이 특허청에 구합니다.

감사제보가 특허청 감사부서에서 조사·처리하여 그 결과를 회신하도록 특허청에 이송됨

"귀하(오준수)께서 2022.10.13 감사원에 제출하신 감사제보(분류번호 제2022-제보-15180호)는 특허청 감사부서에서 조사·처리하는 것이 적정하다고 판단되어 위 기관으로 하여금 이를 조사·처리하여 그 결과를 귀하께 회신하도록 하였음을 알려드립니다."라는 공문으로 감사원으로부터 특허청 감사부서에 통지(2022. 11. 21.) 및 이송되었다.

2023. 1. 31. '특허청 감사담당관실'로부터의 답변에 대한 반박 및 이에 대한 회신 촉구서

1. '특허청 대변인실의 언론중재위 의견 제출 관련 ('특허청 감사부서'의)답변', 즉 대변인실에서 언론중재위에 '카카오톡을 발명이라고 할 수 있다.'는 취지의 의견을 제출한 사항이 귀하의 특허 가치를 훼손하는 등의 문제가 있다고 볼 수는 없다."에 대하여,

「특허법」에서도 '발명'과 '특허발명'을 구분하여 정의하고 있는 사실에 비추어 볼 때, '카카오톡'이라는 제품(앱)이 '특허발명'(특허를 받은 발명)이 아닌 그냥 '발명'만이라도 될 수 있으려면 적어도(최소한) '창작된'(국어사전적 의미로도 '처음으로 만들어 낸', 즉 '회사=법인체'가 아니라 오로지 '자연인=사람'에 의해 '세계 최초로 만들어진') 것(기술적 사상)정도는 되어야 함이 명백하다.

그러나 ㈜카카오가 만든 '카카오톡'이라는 제품(앱)은 일단 '발명자'(사람=자연인)가 그 회사의 내부에 전혀 없고 단지 '개발자'(회사의 직원)만 존재할 뿐이다.

게다가 '세계 최초'(처음으로)로 만들어진 것도 전혀 아니다(국어사전적 의미에도 해당하지 않는다). 즉 이미 '왓츠앱'(Whatsapp, 2010년 1월 출시) 및 '엠앤톡'(M&Talk, 2010년 2월 출시)이 '카카오톡'(KakaoTalk, 2010년 3월 18일 출시)보다 앞서 존재한다.

따라서 ㈜카카오에는 '발명자'도 없을 뿐만 아니라 동시에 '세계 최초'로(처음으로) 만들어진 '카카오톡'(앱)도 전혀 아니므로, 결국 '발명'(세계 최초 '기술'='방법이나 물건')이 전혀 아님이 명백하다.

즉, '카카오톡'은 단지 세계 최초'로(처음으로) 만들어진 것(특허법에 의해 공식적·객관적으로 인정된 '특허발명', 즉 오준수의 특허기술)을 모방한(베낀) 것(짝퉁=모조품=판박이)에 불과하다.

따라서 헌법 제22조제2항에 나라 법률로써 보호받아 마땅한 발명가·과학기술자(특허권자)의 명예훼손 및 특허권(특허 가치)을 훼손했음이 명백하다.

결국, 특허청 감사담당관실(박지훈 감사관)의 답변, 즉 『'**특허청 대변인실**'에서 언론중재위에 제출한 사항, 즉 "**카카오톡을 발명이라고 할 수 있다.**"는 취지의 의견은 특허 가치를 훼손하는 등의 문제가 있다고 볼 수는 없다.』는 한낱 '발명'의 국어사전적 의미(공식적 인정이 있든 없든 상관없이 '세계 최초'로 만들어진 '기술적 사상')마저 완전 무시·묵살한(교묘한 속임의 꼼수를 부린) '직권남용'에 의한 '제식구 감싸기'에 불과하므로 이 또한 감사의 대상에 해당하여 응당 그에 상응한 책임을 물어야 하는 조치가 요구되니 이를 특허청에 촉구하며 그 결과의 조속한 회신을 구한다.

2. '매일경제 보도 관련 ('특허청 감사부서'의)답변'에 대하여,

'매경'의 2021. 5. 16. 자 보도기사에서도 명확히 기재되어 나타나 있는 바, 즉 "16일 매일경제는 제56회 발명의 날(19일)을 맞이하여 한국발명진흥회와 공동으로 '21세기 한국의 10대 발명품'을 선정했다."는 기재에 비추어, '특허청 대변인실'의 진술, 즉 "**특허청 SNS를 통해 설문조사 홍보글을 게시하였을 뿐, 그 외 선정에 관여한 사실 없다**"는 말은 한낱 거짓(허위)임이 명백한데도 불구하고, 특허청 감사담당관실(박○훈 감사관)에서 "**이와 관련한 자료 또한 별도 존재하지 않는 것으로 확인됩니다**"라고 답변한 것은 '직권남용'에 의한 '제식구감싸기'에 불과하므로 이 또한 감사의 대상에 해당하여 응당 그에 상응한 책임을 물어야 하는 조치가 요구되니 특허청에 촉구하며 그 결과의 조속한 회신을 구한다.

또한 ㈜카카오의 주식 폭등과 관련된 객관적인 증거자료에 있어서, "매일경제는 한국발명진흥회와 공동으로 '21세기 한국의 10대 발명품'의 선정행사를 개최하였다"라는 '매경'의 2021. 5. 16. 자 보도기사상의 기재를 비롯해 아래와 같은 여러 언론의 보도기사들, 즉

주가폭등 카카오 김범수, 이재용 제치고 최고부자 등극 (2021.07.30.)(https://www.ddaily.co.kr/news/article/?no=219196) 김범수 카카오 의장, 이재용 삼성전자 부회장 제치고 국내 부호 1위 등극 블룸버그, 억만장자지수 집계 결과 김 의장 순자산 약 15조4000억 원(2021.07.30.) (http://www.thepowernews.co.kr/view.php?ud=2021073010562493387a517a52c2_7)

지난 2021년 5월 16일 및 17일 자 매일경제신문의 보도(21세기 韓 최고발명품은 '카카오톡') 여파로 ㈜카카오의 주가는 폭증(2021년 3월 말 44조 원에서 6월 말 72조 원 수준으로 약 28조 원, 63.7% 증가)하여 ㈜카카오 김범수가 삼성전자 이재용을 제치고 더 부자가 될 수 있었다.

등이 수두룩이 존재함에도 불구하고, 특허청 감사담당관실(박지훈 감사관)이 『㈜카카오의 수식 폭등을 위해 특허청 및 산하(소관)기관이 직무(업무상 임무)를 행사하였다('한국발명진흥회'가 '매일경제'와 공동 개최했고 이에 대한 매경의 보도로 인하여 주가가 폭등했다)고 판단할 수

는 없음』라고 답변한 것은 한낱 '직권남용'에 의한 '제식구감싸기'에 불과하므로 이 또한 감사의 대상에 해당하여 응당 그에 상응한 책임을 물어야 하는 조치가 요구되니 이를 특허청에 촉구하며 그 결과의 조속한 회신을 구한다.

이상으로 반박을 마치며, 본 반박과 관련하여 조속한 조치의 회신을 촉구한다.

특허청에 정보공개청구도 했으나 불이행 꼴로 행정심판 진행 중임

특허청 감사부서에 이송된 사건('21세기 韓최고발명품' 선정행사)에 관하여 2022. 12. 09. 나는 특허청에 정보공개청구(접수번호 10140665)도 접수했다.

그러나 정보'공개'결정(2022. 12. 22. 공개방법은 전자파일)통지완료임에도 불구하고, 그 공개의 결과는 한심하기 그지없다(공개를 하지 않음). 즉, 아래[그림 4-1]과 같은 답변의 전자공문이다.

> **[2022. 12. 22. 특허청의 정보공개 답변]**
>
> □ 귀하께서는 '21세기 韓 최고발명품' 선정행사에 관하여 정보공개를 청구하셨기에 이에 대해 답변 드립니다.
>
> 1. '21세기 한국 최고발명품' 선정행사 참여자격 및 대상 규정과 관련된 문서로 아래 매일경제 기사를 첨부해드립니다.
>
> **매일경제**
>
> **21세기 韓 최고발명품은 '카카오톡'**
>
> 매경·한국발명진흥회 선정
>
> 카카오톡이 2000년 이후 한국에 나온 최고의 발명품으로 뽑혔다. 2010년 개발된 이후 국내외 모바일 생태계 확장에 기여하고 국민의 삶을 크게 변화시켰다는 이유에서다. ▶관련기사 A4면
> 16일 매일경제는 제56회 발명의 날(19일)을 맞아 한국발명진흥회와 공동으로 '21세기 한국의 10대 발명품'을 선정했다.
> 2000년 이후 개발된 한국 주요 발명품을 대상으로 전문가들이 먼저 28개 추보군을 선점했고, 지난 6~12일 국내 성인 남녀를 대상으로 온라인 설문조사를 진행했다.
> 총 2419명이 참여해 응답자 1명당 3개의 발명품을 선택하도록 해서 총 7096의 유효응답을 받았다.
> 설문 결과, 카카오톡에 이어 2019년 삼성전자가 세계 최초로 출시한 5세대(5G) 스마트폰이 2위를 차지했다.
> 이 밖에 드라이브 스루 코로나19 진단검사, 의류 관리기 '스타일러'도 20세기 한국의 10대 발명품 명단에 이름을 올렸다.
>
> 2000년대 이후 출시된 한국의 발명품들은 세상에 첫선을 보인 지 20년이 되지 않았지만 전 세계로 뻗어나가며 한국의 위상을 높였다는 공통점을 갖고 있다. 발명의 날은 1441년(세종 23년) 측우기 발명을 기념해 1957년 제정됐다. 1999년에는 법정 기념일로 지정됐다. 김용래 특허청장은 "발명의 날 제정 당시 국내 지식재산 역량은 미미했지만 반세기 만에 특허 출원 4위 국가로 성장시키며 산업 발전에 크게 기여했다"고 밝혔다. 어제봄 기자
>
> 2. 특허청과 산하기관 업무 범위에 관한 법적 근거와 관련된 문서로 아래 정부조직법 제37조를 첨부해드립니다.
>
> 정부조직법 [시행 2022. 1. 1.] [법률 제17814호, 2020. 12. 31., 일부개정]
> 제37조(산업통상자원부)

[그림 4-1] 특허청의 정보공개 답변

이에 대하여 나는 불복하여 특허청(특허청장, 기술서기관 이대원)에 전혀 공개정보가 없었음을 아래와 같이 일깨워 공개촉구를 반복적으로(2022.12.22., 같은 해 12.23., 12.26., 12.27., 12.30. 그리고 2023.01.02., 같은 해 01.05. 등) 구했으나 번번이 거절('모두 다 공개했다'의 억지)당하여 결국 행정심판청구(2023.01.10.)에 이르게 되었다.

- 아 래 -

(1) '매일경제 보도기사'는 누가 봐도 청구인이 공개를 구하는 사항(한국발명진흥회가 매일경제신문사와 공동 개최한 '21세기 한국 최고발명품' 선정행사에 '참여신청 자격 및 대상에 대한 규정')에 전혀 해당하지 않으므로(단지 보도기사일 뿐) 제대로 그에 해당하는 정보(규정 및 공문서)를 즉시 공개를 구한다.

(2) 오로지 '세계최초기술(특허발명)'만을 참여시킬 수 있는 선정행사(특허청과 한국발명진흥회가 주최함)에 카카오톡('발명품=세계최초기술'이 결코 아니라 특허기술을 베낀 '모방품'에 불과함)을 주최자가 참여시킨 것은 분명하므로, 따라서 참여시킨 주최자(특허청과 한국발명진흥회)가 어떻게 '카카오톡'을 참여시키게 되었는지 법적 근거(요건=규정) 및 그 경위(공문서)가 반드시 존재해야 함이 누가 봐도 타당함(주최자의 업무상의 임무임)에도 불구하고 그 '규정 및 공문서'가 공개되지 않았으므로 제대로 그에 해당하는 정보(규정 및 공문서)를 즉시 공개를 구한다.

(3) 한국발명진흥회가 매일경제신문사와 공동으로 '21세기 한국 최고발명품' 선정행사를 개최했음에 비추어, 분명히 그에 합치하는 '특허청과 산하(그 하위)기관들의 업무상 임무 범위(규정 및 공문서)'가 존재할 수밖에 없음인데도 마치 없는 양 야로 부려 속임으로 공개하지 않았으므로 제대로 그에 해당하는 정보(규정 및 공문서)를 즉시 공개를 구한다.

(4) 행사주최자(특허청과 한국발명진흥회)가 '카카오톡(주식회사 카카오가 출시한 모바일 메신저 앱)'을 '21세기 한국 최고발명품' 선정행사에 참여시키게 된 것은 분명히 누가 봐도 '참여 경위 및 그 법적 근거(요건=규정)'가 존재하여 그에 부합했기 때문이므로 그에 해당하는 규정문서가 존재할 수밖에 없음에도 불구하고 공개하지 않았으므로 제대로 그에 해당하는 정보(규정 및 공문서)를 즉시 공개를 구한다.

(5) 선정행사 개최일이 바뀌게 된 것은 분명히 누가 봐도 '그 바뀐 경위 및 그 법적 근거(요건=규정)'가 존재하여 그에 부합했기 때문이므로 그에 해당하는 규정문서가 존재할 수밖에 없음에도 불구하고 공개하지 않았으므로 제대로 그에 해당하는 정보(규정 및 공문서)를 즉시 공개를 구한다.

(6) 하필 왜 제56회 발명의 날(5월 19일) 행사일을 연기(5월 말로)한 채 그 보다 앞서(5월 16일) 특별행사(21세기 韓최고발명품 선정식)를 개최하게 된 경위(공문서)와 그 법적 근거(요건=규정)가 반드시 존재해야 함이 누가 봐도 타당함(주최자의 업무상의 임무임)에도 불구하고 그 '규정 및 공문서'가 공개되지 않았으므로 제대로 그에 해당하는 정보(규정 및 공문서)를 즉시 공개를 구한다.

(7) 선정행사의 보도(매경)로 인하여 "카카오 김범수가 삼성 이재용보다 1위 부자가 되었다"에 대한 원인(주식 91%폭등)과 관련하여, '특허청과 산하(그 하위)기관들이 행사한 업무상 임무 범위(규정 및 공문서)'가 존재할 수밖에 없음인데도 마치 없는 양 야로 부려 속

임으로 공개하지 않았으므로 제대로 그에 해당하는 정보(규정 및 공문서)를 즉시 공개를 구한다.

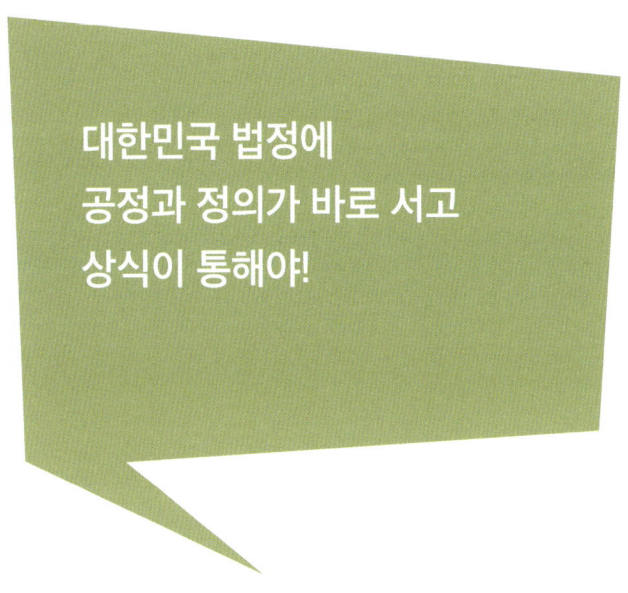

대한민국 법정에
공정과 정의가 바로 서고
상식이 통해야!

관공서 및 금융기관 언론사도 심각성 알아야!

　대한민국의 국민이 창조해낸 기술에 대한 보호 및 유출(기술탈취) 방지에 총력을 기울여야 할 대표적 기관들, 즉 한국발명진흥회(www.kipa.org), 한국지식재산보호원(www.koipa.re.kr), 특허청(www.kipo.go.kr), 특허심판원(www.kipo.go.kr/ipt/), 특허법원(patent.scourt.go.kr), 대법원(www.scourt.go.kr) 등이 오히려 '힘의 논리'(권력·언론·법조 엘리트들과 얽힌 불법무법세력)에 매수되어 소중한 가치의 특허기술들을 무력(등록 무효)화 시키고 특허 문언을 자기 사익의 입맞에 맞게 멋대로 자의적 해석하여 특허권자의 배타적 독점권을 함부로 훼손하는 심결과 판결을 버젓이 일삼을 수 있음에 비추어 이를 척결하기 위한 관련 법 제도의 정비가 시급히 요구된다.

이와 관련하여 나는 특허청의 제도·정책과에 위법하게(비전문성·모순·불공정 등의 자의적 문언 해석으로) 특허 보호를 훼손(헌법 제22조를 위반)하는 판사나 심판관에 대한 강력한 처벌 조항을 특허법에 적용하여 넣어 달라고 수없이 진정하였으나 바다에 돌 던지기였을 뿐이었다.

국가의 미래가치를 망가뜨리는 매국적 행위의 척결은 관철돼야!

이는 국가 미래가치를 송두리째 소멸시켜 국가를 망가뜨리는 매국노 행위이므로 그 척결이 반드시 관철되어야 마땅하다. 또한, 보호받아 마땅한 기술을 오히려 뭉개버리고 방해하는 자들(특히, 특허분쟁은 형사적 사건임이 분명한데도 형사재판이 아니라 민사소송의 재판으로 진행되다 보니 허위주장을 교묘히 남발하여 특허무효화를 일삼는 ㈜카카오의 대리인과 같은 해당분야 전문 변리사 집단)에 대한 강력한 처벌이 이루어질 수 있는 법률이 조속히 제정되어야 한다.

오늘날 세계 각국(경제협력개발기구, OECD 회원국)은 '과학기술 연구개발' 투자(재정적 실물자본의 투입과 '지식자본'의 투입에 의한 연구개발로 생기는 부가가치)를 늘리는 일('훌륭한 과학기술인'='고급 개발자'를 많이 양성함)에 경쟁적이다.

　더구나 제 4차 산업혁명 시대에서 고급 개발자 양성은 매우 중요한 과제이다. 이에 과학기술인은 늘 독창적이고 획기적인 연구개발(수많은 문제 해결의 연속)에 모든 노력을 기울이고 있다.

　즉 OECD 회원국 가운데 지난 30년간 '과학기술 연구개발' 투자가 줄어든 나라는 단 한 곳도 없다.

　전문지식을 많이 갖춘 사람(머릿수, 즉 대졸자 수, 석·박사 학위자 수, 연구원 수 등)이 사회에 많을수록 그 사회의 지식 스톡(국가나 기업의 '지식자본' 보유량)이 큰 것이며, 그런 사람들을 일(='지식노동'에 종사)하게 함으로써 지식이 자본화(경제적 가치를 생산)로 갈 수 있는 경쟁력을 갖추는 것이다.

　따라서 '과학기술 연구개발' 활동의(전문지식을 갖춘 연구인력인 지식자본과 실물자본이 투입된) 수많은 훌륭한 과학기술인들이 지난 세월 동안 쌓아올린 노력의 결과물을 기반으로 새 부가적 가치를 부여(신기술을 창조)하는 일(연구개발 활동)을 한 결과(산물, 즉 '증대된 과학지식 스톡' 또는 '연구개발 된 새로운 기술')로 얻어지는 부가가치는 투입('지식자본'의 질과 양을 포괄하는)요소가 많을수록 생산물(경제적 가치)도 많은 것이다. 즉, 국가 경쟁력은 그에 비례하게 되는 것이기 때문이다.

　그러나 사람 머릿수로는 과학기술인들(일꾼)이 가진 '지식자본' (머릿속에 들어만 있어서 '일=지식노동'을 하지 않으면 돈이 되지 않음)의 양과 질을 제대로 가늠할 수 없다는 한계 또한 존재한다.

일 잘하는 일꾼(양질의 지식노동자)이 많아야 좋다는 것은 상식이다.

이에 따라 '과학기술 분야엔 특출한 능력을 지닌 사람(천재=영재) 1명이 돼보기'를 강조하는 슬로건(천재 1명이 10만 명을 먹여 살린다.)이 있다.

그러나 이것은 경쟁만 부추기는 꼬임과 다를 바 없지 않을까 싶다.

왜냐하면 '우수 경력(양질)'의 개발자(과학기술인) 1명(핵심 인재)이 평범한 샐러리맨에 불과한 연구원 수천 명보다 낫다는 말과는 다르기 때문이다.

따라서 천재(영재)가 곧 '핵심 인재'는 아닌 것이다. 그러므로 혁신의 대부분은 소규모의 신생기업에서 나오게 되는 것이다. 그런데 '불법·무법 세력'(힘의 논리)의 먹잇감이 되고 있다.

소프트웨어(SW)분야는 고급(우수 경력의='양질의'='일 잘하는') 인력(핵심 인재)과 그렇지 않은 즉 '우수 경력이 아닌 인력' 간 생산력 차이가 굉장히 크다(100명의 노동력이 모여도 고급 인력 1명의 생산력을 따라가지 못하기 때문이다).

그러나 현실은 부족한 인력('고급 개발자'='훌륭한 과학기술인')을 채우기에 급급해 '프로그래머'(Programmer: 컴퓨터 프로그램을 작성하는, 즉 단순 Coder에 가까운 사람)만 양성하고 있다.

상식적으로 고급(우수 경력의) 개발자가 프로그램(computer program) 전반을 기획하는 설계자라면, 코더(Coder)는 이를 실현하는 시공자에 해당한다.

게다가 고급('우수 경력의'=양질의=훌륭한='일 잘하는') 과학기술인(개발자)(핵심 인재)은 학부만 졸업해서는 되기 어려운 상황이다.

즉, 영재(천재)급의 대학원 신입생도 박사과정 말년차 선배(고수='양질의 개발자'='핵심 인재')에게는 '갈 길 멀고 가르칠 것 많은' 햇병아리(풋내기) 후배일 뿐이다.

이 햇병아리가 선배보다 IQ가 높고 습득 능력이 출중하여 수학문제를 더 빨리 풀어낼지 모르지만, 그 분야 연구에서 세월과 고생·노력·인내의 결실로 얼룩진 '내공'만큼은 선배(고수='우수 경력자'='핵심 인재')를 따라갈 수 없는 것 또한 사실이다.

따라서, 1명의 천재(영재)를 노리는 것도 중요하지만 그 보다 10만 명의 양질의('우수 경력의'='일 잘하는') 지식노동자(지식자본의 우수경력 개발자, 즉 핵심 인재)를 양성하는 것이 목표가 돼야 한다고 본다.

이것이 4차 산업혁명 시대에 연구개발 활동의 본질에 더 잘 맞을 뿐만 아니라 실질적인 이득을 키우는 방향일 것이다.

왜냐하면 세상을 확 뒤바꿀만한 새 혁신 기술의 창조(핵심기술=미래비전)와 그 상용화 단계까지를 이룰 수 있는 사람(한 방에 적을 섬멸하는 슈퍼 폭탄)은 1명의 천재(영재)보다는 '우수 경력'의 과학기술자(핵심 인재)로부터 비롯되어 출현해 왔기 때문이라는 사실이다.

그러나, 이보다 즉 1명의 천재(영재)와 '우수 경력(양질)' 개발자를 양성하는 것보다 더 심각한 것은 근본적인 문제부터 해결해야 한다는 것이다.

즉 이들 과학기술인들(천재이든 핵심인재이든 모든 일꾼)이 창조해

낸 새 혁신기술(특허)들은 불법·무법 세력들에 의해 틈만 있으면 종종 교묘하게 노려 얍삽 빠른 그들(힘의 논리, 즉 법을 지키는 쪽이 아니라 힘이 강한 쪽)의 먹잇감이 된다.

따라서 무단(사전에 허락이 없이)도용(강탈=기술탈취)당하는 실태(가해자는 자기 배만 불리며 호의호식하는 반면, 피해 당사자와 그 주변은 극심한 고통의 나락에 처하게 됨)부터 최우선으로 척결해야 한다는 것이다.

이 척결을 위한 관련 법 정비와 제정이 절실한 때인 것이다. 즉 산업스파이를 철통같이 막아줘야만 양질의 우수 경력 인재가 자기 역량을 끝까지 발휘하고 국가 미래 경제의 부흥발전에 공헌할 기회를 갖게 될 수 있는 것이기 때문이다.

> **특허침해를 당해 10여 년 소송으로 이어져 힘들어도 굴하지 않아**

㈜카카오에서 2010년 3월 18일(애플 앱스토어에 처음 출시)부터 서비스 중인 '카카오톡(모바일 메신저, 즉 스마트폰 사용자간 공짜로 텍스트는 물론이고 음성·동영상·사진까지 실시간으로 1:1 주고받거나 다자대화를 할 수 있는 그룹 채팅 앱)'은 2018년 기준 유저수 약 5000만명, 다운로드 수 1억 회 이상의 모바일 메신저로 대한민국 점유율이 94.4%에 달한다. 사실상 전 국민이 사용하고 있는 국민 메신저인 셈이다.

카카오톡 서비스가 시작된 지 2년 뒤(2012년) ㈜엠아이유(MIU)(대표이사 오준수)는 ㈜카카오(대표자 김범수) 측에 해당 특허권료 지급을 요청했지만 거절당했고, 이후부터 오늘날까지 10년 넘게 특허권 침해소송이 진행 중에 있다.

즉, 원천기술을 가진 중소·벤처기업에게는 힘의 논리를 앞세운 세력(카카오 집단)의 횡포(특허무효소송 제기)에 대한 대응 역량이 취약하다 보니 제대로 꽃도 피워보지 못하고 비싼 비용을 들여 등록받은 특허, 즉 OTT(지난 2022년 말 기준 전체 2억3000만 명이 넘어섰고 세계 최대 온라인 동영상 서비스인 넷플릭스)의 원천기술(등록번호 '10-0735620')이 억울하게(힘의 논리에 의해 특허무효소송제도가 악용되어) 무용지물(소멸)이 되고 말았다.

그래서 나 오준수의 사업체인 ㈜엠아이유(MIU)는 2012년부터 ㈜카카오로 인해 밑바닥에 고꾸라져 고사하는 상황이 되었던 것이다.

그럼에도 불구하고 이에 특허권자는 굴복하거나 포기하지 않고 때(위법적 판결하는 판사도 고소 및 형사처벌 시킬 수 있는 시대)가 되면 반격(응분의 책임을 묻는 법적대응)하기 위해 지금까지 10년 넘는 긴 고통과 역경의 세월을 견디고 이겨내며 전 세계 "모바일 메신저 겸 메타버스와 블록체인"의 원천기술을 지금까지도 특허등록유지를 하고 있다.

㈜카카오는 2012년 2월 29일('통고장' 도달일)로부터 현재에 이르기까지 10년 넘게 고의로 특허(전 세계에 공통된 원천기술)를 침해(무단도용)하여 온 것이다.

이에 따른 특허침해 분쟁이 2023년 2월 현재도 대한민국 법정에 공정과 정의를 바로 세워야 할 공수처의 역할(위법한 판사도 처벌함)에 기대하여 진행 중이며, 나는 현재 대법원(대법원 2021후10916) 판결 선고를 애타게 기다리고 있다.

이와 함께 지난 2022년 6월 2일 ㈜카카오는 나 오준수의 원천기술(특허)을 탈취(특허권을 침해하여 '카카오톡'을 출시하고 서비스)한 혐의로 검찰에 형사고소 되어 있는 상황이다.

또한 ㈜카카오의 법무대리인(천○진, 김○훈 변리사)도 역시 검찰에 소송사기(허위로 특허무효의 소를 제기) 혐의로 형사 고소되어 있다.

특히, 여태껏 한국에 상륙한 전 세계의 무료 모바일 메신저(SNS)들을 비롯해 단말기들 간 무료의 유/무선 인터넷 세션 연결과 관련된 플랫폼들(단지 '인터넷 데이터 통화'의 일종에 불과한 각종 거래, 각종 배달이나 운송, 각종 유통, 각종 페이나 뱅킹, 각종 모빌리티, 각종 쇼핑, 각종 가상자산 등 인터넷 상의 모든 비즈니스 플랫폼들과 메타버스)을 포함하여 앱스토어에서 다운로드받아 설치되는 플랫폼들은 모두 다 내(발명특허권자 오준수) 특허를 침해한 것에 해당하여 그 손해배상액이 상당히 크다 할 것이다.

[그림 4-2]는 오준수(발명특허권자)의 '앱'(카카오톡보다 앞선 선행기술)이 벌써부터 이미 존재한다는 그림이다.
(참고기사 https://www.hankyung.com/society/article/201202284967t, 국민 메신저' 카카오톡, 특허 분쟁 휘말렸다)

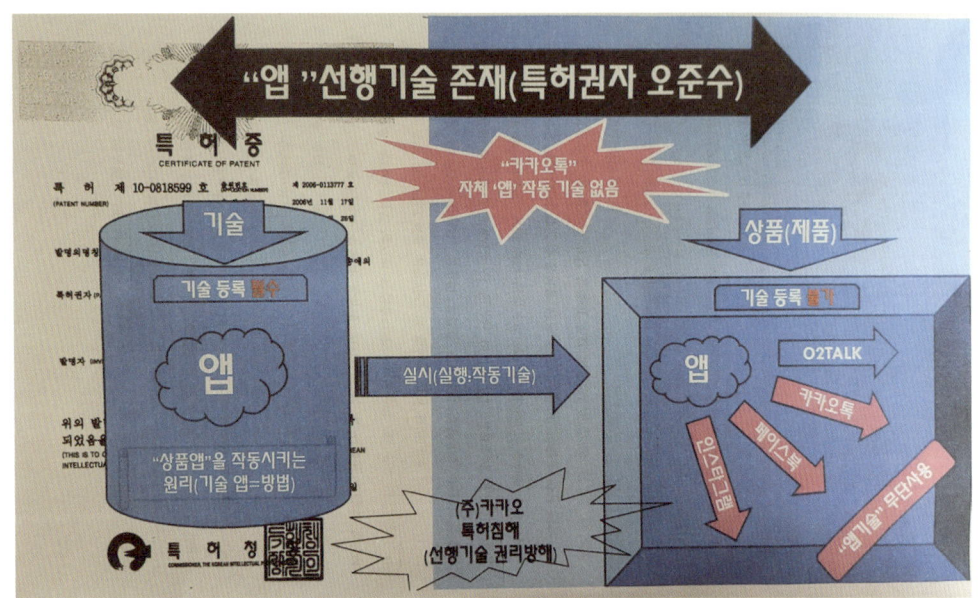

[그림 4-2]는 오준수(발명특허권자)의 '앱'(카카오톡보다 앞선 선행기술) 존재

> 국민의 일상대화가
> 국민통제의 수단이 될 수 있어
> 매우 심각

　중국 거대 업체(텐센트)가 現 ㈜카카오(당시 아이위랩 창업자 김범수)로부터 직접 전수받은 기술('카카오톡'의 판박이)을 따라 해 위챗(WeChat)을 개발하고 출시하여 이후 1천조 원을 벌어들였고, 또한 같은(전 세계적으로 공통된) 기술(특허)로 개발된 틱톡(TikTok)이 전 세계에 영향을 미치고 있다는 사실이다.

　그런데 왜 하필 그때 기술전수 당시(2012년경)에 中 업체 텐센트가 거액 720억 원을 ㈜카카오에 지분 13.8%로 투자하게(대한민국 특허기술이 무단으로 팔려 넘겨지게) 되었는지 투자 목적이 숨겨져 밝혀지지 않았다.

　그 기술을 전수 받은 '카카오톡의 복제본'이 인민통제 수단으로써 최고일 수밖에 없다는 사실이며, 지금도 대한민국 국민의 일상대화(소통 정보)의 일거수 일투족(개인 신분 및 사생활 정보)을 빤히 들여다 엿보고 있음에도 대한민국의 '카카오톡' 사용자로서의 국민들은 눈뜬장님이 되어 몰라보고 있다.

그런데 오히려 카톡(카카오톡)과 ㈜카카오(창업자 김범수)의 존재를 영웅 대접하며 열광하고 있고 심지어 관공서 및 금융과 언론사까지도 연동되어 활용하고 있으니 심히 염려스럽다 할 것이다(보도기사 http://www.inews24.com/view/648458 참조).

아래 [그림 4-3]은 오준수의 '앱'(발명특허 기술)을 ㈜카카오가 무단 도용한 후 사용 형태의 그림을 도식화하였다.

카카오 먹통 4일째인데 아직도 복구중, 피해 속출 - TV조선뉴스 (2022.10.18.)
(http://news.tvchosun.com/site/data/html_dir/2022/10/18/2022101890011.html)

다음 카페·톡채널 아직도 복구 안돼...(2022.10.18.)
(https://www.chosun.com/economy/tech_it/2022/10/18/USEQLOZSIJEHPGZ6Y3Q2HISQPE/)

"카카오택시 호출 복구...카톡 이미지 전송은 아직"(2022.10.16.)
(https://news.mt.co.kr/mtview.php?no=2022101615104230993)

먹통
데이터 센터 화재로 카카오 서비스 아직도! 복구중

2022.10.17. 오전 8:55

지난 15일 이후 SK C&C 판교 데이터 센터 화재로 카카오 서비스 장애가 발생해 카카오 서비스 다수에 장애가 발생했습니다. 카카오톡, 다음/ 뷰 서비스, 카카오페이, 카카오뱅크등의 카카오 계정 로그인 서비스가 사용이 불가능했는데요. 네이버는 화재 후 4시간만에 정상화를 했지만 카카오 서비스는 17일인 지금까지도 완전한 정상화가 되지 않았습니다.

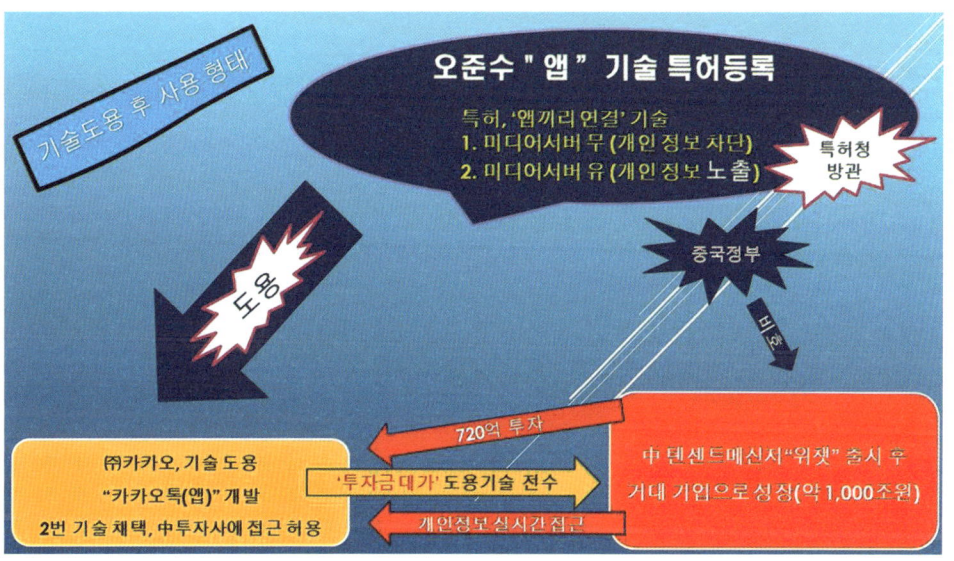

[그림 4-3]은 오준수의 '앱'(발명특허 기술)을 카카오가 무단도용한 후 사용 형태

제4부 해당기관은 과연 '기술 보호' 및 '유출 방지'에 총력을 기울였는지?

매일경제 보도기사와 관련된 사건(서울고등법원 2022나2036118 정정보도)에 대하여 최근(2023. 1. 2.)에 법정에 제출한 문서(증거와 그 설명서)의 내용을 그대로 실었다.

[증거제출서]
사건   서울고등법원 2022나2036118 정정보도
원고   오준수
피고   1. 주식회사 매일경제신문사
       2. 주식회사 매경닷컴

위 사건에 관하여 원고는 다음과 같은 이유와 함께 첨부의 붙임과 같이 증거를 제출합니다.

- 이 유 -

1. '발명'은 사람(자연인)만이 할 수 있으며 '주식회사 카카오'와 같은 법인체는 '발명'을 결코 할 수 없을 뿐만 아니라 '발명자'도 결코 될 수 없다는 지극히 상식적인 사실에 비추어도 "1심판결의 내용, 즉 『'카카오톡'이 원고가 보유한 특허 기술을 모방하는 등으로 원고의 신용이나 명예를 침해하는 것이 아닌 한 이에 대한 정정을 구하는 것이 원고나 원고가 보유한 특허 기술과 직접적인 관련

성이 있다고 보기 어렵다. 이 사건 각 기사에서 소개하고 있는 '21세기 한국이 낳은 발명품'은 '발명'의 사전적 정의나 법률적 정의, 특허의 보유 여부 등에 제한되지 않았다.』은 사실과 다르며 잘못된 법리를 적용했음"이 쉽게 이해(납득)될 수 있다.

즉 '주식회사 카카오'라는 법인체 내에는 '카카오톡'이라고 명명된 '모바일 인터넷상의 무료통화(문자나 음성 등의 데이터 무료전송) 기술'을 발명한 사람(자연인)이 여태껏 전혀 없었으므로(즉, '카카오톡'보다 이미 한 달 앞서 출시된 엠앤톡m&talk처럼 한낱 남의 것=공개된 특허기술을 베껴 모방한 결과물에 불과하므로) 당연히 그 기술이 실시된 결과인 '카카오톡'이라는 앱(응용프로그램)도 역시 '발명품'이 될 수 없음은 지당하다.

게다가 세계 최초 기술(발명품)이라고 법적 인정해주는 전 세계적 제도가 특허법에 의한 특허권인 사실에 비추어도 '모바일 인터넷상의 무료통화(문자나 음성 등의 데이터 무료전송) 기술'에 대한 특허가 전혀 없는 '엠앤톡m&talk(2010년 2월 출시)'이든 '카카오톡(2010년 3월 출시)'이든 '왓츠앱(WhatsApp)(2009년 1월 출시)'이든 할 것 없이 모두 다 '발명품(세계 최초 기술)'이 아님은 자명한 이치이다.

따라서 피고(매일경제 신문사, 매경닷컴)의 보도처럼 "우리 주변의 불편함('유료' 문자나 음성대화)을 일상생활에 녹아들어(유용하게 사용되고) 있을 만큼 해소해('무료'의 편리함으로 바꿔) 준 발명품(세계 최초 기술)을 선정하는 행사의 개최(발명진흥법 제6조에 의거한 특허청장의 사업 및 이를 대행하는 한국발명진흥회의 업무)에 있어서는 '세계 최초 기술(발명품)'만을 선정행사의 참여 대상으로 삼을 수 있음(업무적 의무)에 비추어 '카카오톡'은 결코 참여대상(자격)조차 될 수 없었음을 알 수 있다.

결국, '카카오톡'은 발명품(세계 최초 기술)이 결코 아님이 너무나 자명하며 이와 관련된 보도기사의 내용(갑 제5호증)에서도 명백히 입증(뒤받침)하여 증명해주고 있다. [그림 4-4]는 입증할 수 있는 증거설명 자료이다.

- 입 증 서 류 -

1. 갑 제5호증 '카카오톡'은 세계 최초가 아님의 보도기사 사본
<http://www.technoa.co.kr/news/articleView.html?idxno=72900>
<http://www.itdaily.kr/news/articleView.html?idxno=22420>
<https://www.ddaily.co.kr/news/article/?no=59979>
<https://n.news.naver.com/mnews/article/003/0004127409?sid=101>
<https://www.segye.com/newsView/20110403001976>

[증거설명서] [담당재판부: 제13민사부(가)]

사 건   서울고등법원 2022나2036118 정정보도
원 고   오준수
피 고   주식회사 매일경제신문사 외 1명

호증	서증명	작성 일자	작성자	입증취지	비고
갑5	'카카오톡'은 세계 최초가 아님의 보도기사 사본			'카카오톡'은 발명품(세계 최초 기술)이 결코 될 수 없다는, 즉 '카카오톡' 출시보다 앞서 2010년2월에 엠앤톡(m&Talk)(스마트폰 무료메신저)이 먼저 출시되었다는 언론보도기사	언론 보도 사실
5-1	〃	2010. 07. 27.	테크노아 (http://www technoa.co.kr)	〃	〃
5-2	〃	2010. 02. 22.	IT DAILY 김두탁 기자	〃	〃
5-3	〃	2010. 02. 22.	디지털데일리 이민형기자	〃	〃
5-4	〃	2011. 10. 11.	뉴시스 강세훈 기자	〃	〃
5-5	〃	2011. 04. 03.	세계일보 이상혁 기자	〃	〃

[그림 4-4] 증거 자료

특허기술이 무단도용 당한 대표적 거대 사례 ('카카오톡', Kakaotalk)의 요약

㈜카카오가 2011년경 특허권자(오준수)의 원천특허기술(등록번호: 10-0818599, 상표명: O2TALK, 전 세계적 모바일 메신저 '앱=응용프로그램=Application')을 무단도용(2010. 3. 18. '카카오톡=Kakaotalk' 출시)하여 마치 자기 기술인 양 사칭하고 중국(텐센트)에 지분 13.8%를 주면서 720억 원을 받아 2012년경에 팔아넘김으로 인하여 이에 중국은 '위챗'(WeChat)을 만들어(2011년 1월 출시) 1천조 원을 벌어들였고, 또한 마찬가지의 무단 '모방=도용'에 의해 '틱톡'(TikTok)도 이어서 '개발=탄생'(2012년)되게 되어 전 세계적인 국가 사이버 안보와 공공질서에 심각한 위협(해킹 공격=침해)을 가하니, 즉 안드로이드와 iOS기반의 플랫폼(mSNS)에서 승인받지 않은 방식으로 사용자 개인 일상생활을 엿본 정보를 각 국가의 밖에 있는 서버(중국 내)로 무단 전송하다 보니 오늘날 이러한 중국에 맞서기 위해 각

나라마다(2020년 6월 29일 인도, 미국 등) 사용의 영구 전면금지(퇴출)라는 중대한 조치를 취하게 되었다. 반면 한국은 여전히 그 위챗과 틱톡의 근원 기술인 '카카오톡'이 전 국민(눈뜬장님 꼴)을 지배·통제하고 있어 대한민국 사이버 보안·안보에 심각한 영향·위협을 끼치고 있다.

게다가 '카카오톡'(Kakaotalk)이 특허권자(오준수)의 원천특허기술(전 세계적 모바일 SNS 세계 최초 앱 기술)을 무단 도용함에도 대한민국의 사법제도와 행정기관에서는 헌법 제22조제2항(발명가·과학기술자의 권리는 법률로써 보호한다)을 철저히 엄수하여 이를 막아 특허를 보호하기는 고사하고 오히려 헌법과 법률을 위반하여 퀄컴 CDMA 원천기술보다 더 많이 국제적 로열티를 천문학적으로 거둬들일 수 있는 대한민국의 원천특허를 무시·묵살하고 불법무법부당 세력(주식회사 카카오 무리집단)에게 그 무단 도용을 허용하게 하다 보니 그 원천특허기술이 마치 공지공용의 공통된 기술인 양 잘못 인식되어 버려 전 세계적으로 너도 나도 함부로 모방하여 베낀 수많은 '짝퉁=모방품' 앱들(Whatsapp, M&Talk, 햇살, 필윙, 마이피플, 네이버톡, 조인, 챗온, WeChat, Telegram, Instagram, LINE, TicToc, Facebook, Band, Viber, Skype, Snapchat 등)의 출시(탄생)에 기인한 플랫폼들(뱅킹, 쇼핑, 게임, 페이, 모빌리티, 배달, 가상자산 거래와 같은 모든 거래와 중계 비즈니스, 메타버스 등)이 도처에 남발하여 넘치게 되었다.

특히, ㈜카카오와 그 계열사들은 물론이고 심지어 그 대리인(2012년 당시 몇 명에서 오늘날 수백 명 가까이 불어난 특허법인 무한, 대표

변리사 천성진)까지도 '카카오톡'(Kakaotalk) 플랫폼을 앞세운 기반으로 펼쳐 무지막지한 문어발식의 무서운 속도로 덩치를 키운 사업들(카카오 페이, 뱅크, 모빌리티, 그라운드X, 게임즈, 엔터테인먼트, 커머스, 픽코마 등)에서 여태껏 장내상장을 비롯한 막대한 이익을 챙겨왔고 이후 계속해서 챙기고 있음이 다음과 같이 언론보도를 통해서도 증명되고 있다.

㈜카카오가 '무료통화'의 처음분야(문자 + '음성 mVoIP')를 출시(건당 과금이 되는 SK 서비스의 사용이 급격히 줄어듦) 후 대리운전·택시호출·주차·내비게이션에 이어 철도·항공·퀵서비스, 쇼핑, 금융결제, 음원 플랫폼 등의 분야로 사업영역을 확장(특허기술의 무료통화 범위에 포함됨)했으며, 이에 못 이겨 SK가 어쩔 수없이 경쟁을 포기.

즉, ㈜카카오가 신주(1.6%)를 SK텔레콤에 주고, SK텔레콤은 자기 주식(2.5%)을 ㈜카카오에 주는 맞교환으로 지난 2019년에 3,000억 원 규모가 ㈜카카오와 SK텔레콤 간의 지분 맞교환이 단행되었다. 이에 따라 SK텔레콤은 ㈜카카오의 주가 상승에 힘입어 2배가량 이익(대박)을 낸 반면, ㈜카카오가 보유한 SK텔레콤의 주식 가치는 약 3년째 제자리걸음이었다(SKT·카카오, 3000억 지분교환 '희비교차'… SKT만 '웃고' 카카오 '울상'). 이후 양사는 통신·커머스·콘텐츠·미래 사업부문에서 전방위적으로 협력키로 했지만, [그림 4-4]와 같이 ㈜카카오가 다양한 분야로 사업을 확장하면서 SK그룹과 경쟁을 벌여왔다.

<https://biz.chosun.com/it-science/ict/2022/10/23/P23KBV5YVRCD7NSYT4JAUPU4XM/>

[그림 4-5] '3000억 지분 혈맹' 균열… SK·카카오, '디지털 셧다운' 2라운드
출처: 박성우 기자, ChosunBiz(2022. 10. 23.)

2021. 7. 5. 보도에 따르면, ㈜카카오의 계열사인 '카카오 모빌리티'는 이미 구글, TPG컨소시엄, 칼라일에서 유치한 누적 투자금이 9200억 원에 달했으며, 또한 여기에 이어 추가로 ㈜LG로부터도 1000억 원을 받고 지분 2.5%를 주는 지분투자도 단행되면서 누적 투자액 1조원을 넘어섰다.

[그림 4-5]는 카카오모빌리티 지분구조를 도식화한 그림이다.

<https://www.dnews.co.kr/uhtml/view.jsp?idxno=202107041617382630245>

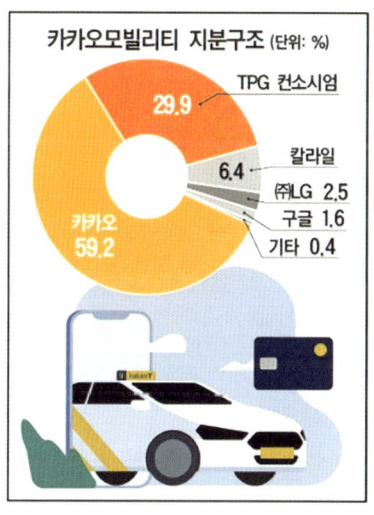

[그림 4-6] 카카오에 LG가 지분투자, 2.5%에 1000억 유치
출처: 박흥순 기자, 대한경제(2021. 7. 5.

제 5 부

결 론

'원천기술'을 입증할 자료는 무엇인지?

　　14억 인구의 인도 및 3억 미국 등이 국가적 사이버 보안위협의 문제로 자국 내 영구 전면 사용금지 발동한 '위챗'이나 '틱톡'을 비롯해 전 세계적으로 이미 출시되어 있는 수많은 '모바일 SNS'(인터넷상의 사용자 앱들 간 사회적 관계를 실시간으로 형성할 수 있게 해주는 Service)들, 즉 왓츠앱, M&Talk, 카카오톡, 페이스북, 트위터, Telegram, Instagram, Band, 조인, 챗온, LINE 등의 핵심기술(알맹이 방법기능)을 살펴보면, 모두 다 똑같이 공통된(세계 최초=원천) 기술(발명)을 기반으로 탄생(베껴 모방)되었다는 객관적 사실이다.

　　즉, 조선 5대 왕 '문종'이 발명한 '측우기'(강우량 측정 기술)가 해당 분야의 '세계 최초'(발명)인 것처럼, '모바일 SNS'분야에서도 마찬가지로 '세계 최초'기술(발명)이 있을 수밖에 없으며 이것을 전 세계적으로 인정해주는 법적 제도가 'WIPO'가 관장하는 국제조약에 의한 각국의 '특허'제도인 것이다. 따라서 만약 '특허로 등록'된 기술이라면 이것이 바로 '세계 최초'(발명)가 되는 것이고 이외의 것들은 모두 다 한낱 그 특허(세계 최초)를 모방하여 베낀(무단 도용한) 짝퉁(모방품)에 불과할 수밖에 없는 것이다. 그렇지 않다고 입증하려면 그 특허를 소멸(무효)시켜야만 한다. 즉, 무효(소멸)시키기 전까지는 '세계 최초'(발명)일 수밖에 없는 것이다.

　　이와 같은 사실에 비추어, 잘 모르는 사람들은 남들도 하니까 마치 오픈기술('발명 특허'가 아니라 스스로 생겨 공개된 공통기술)인 양 착각하여 막무가내로 따라해 모방한다면 그대로 특허침해 한(징벌적 손해배상과 다 몰수 및 형사처벌 받아야 되는) 것일 수밖에 없다.

결론적으로 국내 특허청과 'WIPO'조직이 인정하는 특허등록번호(10-0818599)가 존재하는 한 오준수의 발명이 '세계 최초'(원천기술)이며 나머지는 모두 짝퉁(모방품)일 수밖에 없는 것이다.

게다가 특허의 등록(세계최초임의 법적 증명)여부를 떠나 2006년도에 오준수(창업기업 MIU의 대표자)가 정부에 제출한 사업계획서의 제목('무선=모바일' 인터넷상의 휴대폰끼리 무료통화를 가능케 하는 설치 운영 프로그램의 사업화)만 보더라도 이보다 앞서 나타난 선행기술이 전혀 존재하지 않았다는 사실에 비추어도 '세계 최초'(원천기술)임을 알 수 있는 것이다.

'O2TALK'(MIU톡)의 원리와 타사 앱(App) 대비 특장점은 무엇인지?

2005년 처음 창조된 'O2TALK'특허기술과 대비된 타사 앱(모바일 메신저 기술)들을 비교하면, 대표적으로 텔레그램(Telegram, 2013년 출시)처럼 데이터의 암호화된 송수신을 서비스하는 것과 이와 반대로 그런 데이터의 암호화조차 없이 송수신 서비스하는 것으로 대분류된다.

그러나 'O2TALK' 이외의 모든 것들은 전송로(End-to-End 통신 채널) 상의 보안(해커의 위협으로부터 자유로움, 즉 '도청 불가능'='통신 무결성')을 보장할 수 없다는 취약점이 있다. 즉, 해커(특히 공산세력)가 언제든 엿보아 가로챌(특히, 카카오톡이나 위챗과 같이 중간에 중계서버까지 운영하여 '개인 정보'가 은연중에 탈취당할) 수 있다는 맹점이다. 이로 인해 카카오톡이나 위챗, 틱톡과 같은 앱들은 공산세력에 의한 전 인민(국민) 통제 수단으로 전락될 수 있는 것이고, 이미 그렇게 전락되다보니 미국과 인도 등의 국가에서는 전면 사용중단 조치했는데도 한국은 오히려 관공서 및 언론사 등이 앞장서서 촉진 조장을 하고 있는 형국이다.

반면, 'O2TALK'은 그런 중계서버를 운영하지 않으며, 게다가 가입자 인증부터 전송로(End-to-End 트래픽 구간) 상의 보안까지도 완벽하다.

즉 'O2TALK'은 '블록체인 기술'을 전혀 도입하지 않고도 정보 누출을 원천 차단할 수 있다.

다시 말해, SK텔레콤의 양자(Quantum)암호기술의 가장 치명적인 문제는 양단의 누구끼리 키를 교환했는지 증명할 수 없지만(양단 교환자 확인, 즉 가입자 인증의 보장이 불가하지만), 다시 말해 해커랑 암호화된 통신(송수신)도 할 수 있는 반면, 'O2TALK'은 양단(End-to-End) 간에 부여된 고유식별자를 사용하여 가입자 인증부터 데이터의 송수신 과정까지 전 구간을 암호화하기 때문에 만약 중간에서 개인정보를 탈취하려는 시도가 있다면 데이터 전송 자체가 불가능하다(현존하는 최고 보안기술).

한마디로 말하면 'O2TALK'은 신분이 확실히 검증된 수신자에게만 상대방의 고유식별주소가 'Visible(보이는)기술'이면서 또한 반대로 검증되지 않은 익명의 수신자에게는 상대방이 마치 처음부터 존재하지 않는 것처럼 온라인(SNS서비스) 상에서 보이지 않는 (Invisible, 송신자와 수신자만 암호해독이 가능한) 기술이다.

따라서 'O2TALK'은 단말의 종류와 관계없이 어떤 형태이든 모두 적용할 수 있는 범용성이 있는 반면 SK텔레콤의 양자암호기술은 칩(반도체 부품)이 실장 된 단말기(스마트폰, 서버, IoT기기 등)에 한정해서만 적용이 가능하여 폐쇄적이다. 따라서 'O2TALK'기술은 공산세력의 인민통제 수단으로 사용될 수 없는 특징이다.

그런데 재판에서 패소한 이유는 무엇인지?

WIPO가 관장하는 국제조약(24개)으로 세계 최초(발명)임이 보장된 특허기술을 어떤 누가 죽이는(소멸=무효시키는) 시도(특허심판원에 무효소송을 제기)는 형사적 범죄혐의(경찰·검찰에 허위신고·고소하면 10년 이하의 징역에 처벌되는 무고죄)에 해당함이 분명한데도 현행 특허제도는 민사적 소송사건으로 취급되고 있다.

이로 인하여 특허법정에서는 해당 분야의 전문 대리인(특히, 변리사)이 오로지 특허를 죽일 목적만의 거짓(허위)된 주장이나 거짓증거(선행기술이라고 억지 떠는 비교대상발명)를 함부로 남발하여 소를 제기해도 무조건 받아주는(접수와 사건 번호를 부여하는) 실정이다.

그렇다고 심판관이나 판사가 전문성이 탁월하여 그 대리인의 교묘한 거짓주장(소송 사기)을 알아채 잘 골라내주지도 못하는 실정이다. 오히려 오늘날 '대장동 김만배' 사건에 의해 재판거래의 실상(대법관까지 썩었음의 민낯)이 적나라하게 낱낱이 드러난 것처럼 ㈜카카오의 특허침해 사건에서도 대리인(검찰에 송치된 천○진, 김○훈 변리사)의 소송사기가 거침없이 접수되어 1심(특허심판원)에서는 특허무효가 결코 될 수 없음을 심결 한 반면, 2심(특허법원 2021허1196)에서는 황당한 어불성설, 즉 『①'사설=로컬=private IP대역 망'과 '공인=인터넷=Public IP대역 망'은 서로 똑같은 통신망이다. ② SMS문자를 전송 가능한 SMS망도 포함하여 ③'디지털화 된=A/D변환에 의한 2진 형태의' 데이터를 전송 가능한 통신망이라면 무조건 모두 다 '인터넷망'에 해당한다. ④입력장치에 의한 A/D변환의 '디지털화' 과정은 TCP/IP스택에 의한 '캡슐화=코드화' 과정과 똑같다.』라는 터무니없는 말장난을 빌미로 선행기술이 존재한다는 거짓의 위법판단으로 특허는 '무효'되어야 한다(세계 최초가 될 수 없다)는 불법판결을 저질렀다.

그런데 더 기막힌 것은 이러한 특허법원의 위법판결에 대한 상고를 이○구 주심 대법관(2021후10923)이 심리조차 전혀 하지 않는 심리불속행기각(2021.12.30.) 판결을 저질렀다는 것이다.

이로 인해 재심의 소(2022재후36 등록무효) 제기가 있게 되었는데 현재 심리불속행기간이 도과(2022.12.02.)되어 있다.

또한 대법원의 무효판결(2021후10923)이 환송된 사건은 특허법원에서 재판(2022허2585)중에 있어 아직 미확정된 상태이다.

한편, ㈜카카오의 특허침해 사건은 1심과 2심(2021허18 권리범위확인) 모두 황당한 어불성설, 즉『인터넷상의 통화는 데이터의 종류를 구분하지도 차별이나 차등도 전혀 없는 '송수신 전송'=트래픽인 것이 일반상식인데도 이를 어겨 특허심판관과 판사가 완전 무시·묵살하고 오로지 송수화기가 반드시 딸려 수반되어야만 하는 음성전화VoIP통화뿐만이, 즉 송화자만 요금을 내야하는 전화통화가 인터넷상의 통화라고 판단했고, 이에 더하여 심판관과 판사는 인터넷상의 단말기에는 오로지 송수화기 기능을 수행할 수 있는 '스마트폰뿐'만 해당되고 서버는 결코 '해당되지 않는다'='결여된다'면서 이로 인하여 ㈜카카오의 미디어 서버는 인터넷상의 단말기에 결코 해당되지 않으므로 특허침해가 아니다』라는 터무니없는 말장난에 의해 불법부당하게 패소를 당했으나 이에 대한 상고심(대법원 2021후10916 권리범위확인)은 ㈜카카오의 황당한 허위주장(소송사기)을 알아챘는지 심리불속행기간(2022.01.30.)을 도과시킨 후 현재 1년이 넘도록 대법관(주심 이○구)이 판결을 내리지 않고 은

연중의 어떤 연유인지 늑장을 부리고 있다.

이후 재판 계획(전략)은 어떠한지?

'무효(죽임)' 사건(대법원 2021후10923)은 특허심판원에 정정청구한 사건(2022정102)의 심결로 인하여 결코 특허가 무효 될 수 없음이 결정·증명되었다.

따라서 이례적으로 심불기간이 도과(2022.12.02.)된 재심사건(2022재후36 등록무효)에서 그 위법 판결(2021.12.30. 대법원 2021후10923 사건의 심리불속행기각)에 대하여 그 책임을 물어 응분의 대가를 치르게 함이 마땅하다.

한편, '정정 사건'(특허심판원 2022정102)의 심결은 특허침해 사건(대법원 2021후10916)에 대해서도 ㈜카카오의 특허침해 성립을 확실하게 뒷받침하는 증거이다.

따라서 특허는 결코 무효 될 수 없다는 것과 아울러 ㈜카카오의 특허침해는 확실하다는 것이 법적으로 동시에 증명되고 보장된 것이므로, 이에 따라 ㈜카카오는 '카카오톡'을 비롯해 이를 기반으로 한 모든 관련 사업 전체의 전면중단뿐만 아니라 특허침해를 조성한 물건은 전부 특허권자에게 몰수되어야 함이며, 게다가 매우 무거운 형사(소송사기 및 특허권 침해)처벌(피해 금액이 50억 원 이상이므로 최소 5년 이상 혹은 최대로는 무기징역형까지 높은 처벌 수위)을 비롯해 2012년 2월 통고문(경고장) 이후 지금까지(약 10년 치) 분량의 손해배상 및 그의 징벌적 대가(손해로 인정된 금액의 3배까지 배상액이 정해짐)도 적용되는 것이다.

과거 이력과 연구 실적에 대하여

퀄컴社가 자체 보유한 원천(핵심)기술(특허)인 'CDMA방식의 통신이론'을 가지고 가만히 앉아서 전 세계적으로 거둬들이는 막대한 로열티보다도 훨씬 더 크고 막대하게 오준수(특허권자)가 대한민국 국가적 수익을 창출해 내고자 'O2TALK'특허기술을 2005년 처음 만들어 냈다.

게다가 OTT 서비스인 넷플릭스의 원천기술도 함께 창조했을 뿐만 아니라 이에 더하여 스마트폰의 원천기술(앱스토어 개념과 모바일 인터넷 기능이 동시에 탑재된 HDPC=MIU phone)도 역시 세계최초(발명특허)로 함께 발명(최초 창작)했다.

그러나 '카카오톡'(KakaoTalk)가 출시(2010년 3월 18일)된 지 2년 뒤(2012년) ㈜엠아이유(MIU 대표이사 오준수)는 ㈜카카오(대표자 김범수) 측에 해당 특허권료 지급을 요청했지만 거절당했고, 이후부터 오늘날까지 10년 넘게 특허권 침해소송이 진행 중에 있다.

즉, 원천기술을 가진 중소·벤처기업에게는 힘의 논리를 앞세운 (불법무법) 세력(카카오 집단)의 횡포(소송사기 형식의 특허무효소송 제기)에 대한 대응 역량이 취약하다 보니 제대로 꽃도 피워보지 못하고 비싼 비용을 들여 등록받은 특허, 즉 OTT(지난 2022년 말 기준 전체 2억3000만 명이 넘어섰고 세계 최대 온라인 동영상 서비스인 Netflix)의 원천기술(등록번호 '10-0735620')이 억울하게(힘의 논리에 의해 특허무효소송 제도가 악용되어) 무용지물(소멸)이 되고 말았고, 이로 인해 오준수의 사업체인 ㈜엠아이유(MIU)는 2012년부터 현 ㈜카카오로 인해 밑바닥에 고꾸라져 고사하는 상황에 처하게 되는 대신에 그 덕에 애플社 아이폰이 스마트폰 시장을 독차지 하게 되는 형국이 된 것이다.

즉, 그 여파로 ㈜엠아이유(MIU)의 창업자(오준수)가 세계 최초(특허)로 창조해 낸 발명품(진짜)인 HDPC(MIU Phone)와 T*free(티프리)도 함께 나락으로 고꾸라져 고사되었다.

그 반면 애플社 아이폰(iPhone)과 넷플릭스(Netflix)가 기세를 부릴 수 있게 되어 스마트폰 시장과 OTT(Over-The-Top)시장을 각각 잠식하고 석권할 수 있게 된 것이다.

그럼에도 불구하고 이에 특허권자는 굴복하거나 포기하지 않고 적당한 때(위법적 판결하는 판사도 고소 및 형사처벌 시킬 수 있는 시대)가 되면 반격(응분의 책임을 묻는 법적대응)하기 위해 지금까지 10년 넘는 긴 고통과 역경의 세월을 견디고 이겨내면서 전 세계 "모바일 메신저 겸 메타버스와 블록체인"의 원천기술을 지금까지도 힘겹게 특허등록유지 해온 것이다.

결국 ㈜카카오는 2012년 2월 29일('통고문=경고장' 도달일)로부터 현재에 이르기까지 10년 넘게 의도적 고의로 특허(전 세계에 공통된 원천기술)를 침해(무단도용)하여 온 것이다.

그동안의 성과와 향후 계획에 대하여

여태껏 한국에 상륙한 전 세계의 무료 모바일 메신저(SNS)들을 비롯해 단말기들 간 무료의(인터넷망을 이용한) 유/무선 인터넷 세션(TCP/IP 연결) 설정과 관련된 플랫폼들, 즉 『단지 '인터넷 데이터 통화'의 일종에 불과한 각종 거래, 각종 배달이나 운송, 각종 유통, 각종 페이나 뱅킹, 각종 모빌리티, 각종 쇼핑, 각종 가상자산 등 인터넷 상의 모든 비즈니스 플랫폼들과 메타버스를 포함하여 '앱스토어'(app store)에서 다운로드받아 설치되는 플랫폼들』은 모두 다 특허권자(오준수)의 특허를 침해한 것에 해당하여 그 손해배상액이 상당히 크다 할 것이다.

또한 오준수는 10년 넘는 고된 사투의 위기에서 절대 굴복하거나 포기하지 않고 오히려 그 짝퉁(모조품=가짜)들의 문제점을 근본적으로 해결하면서 그 가짜들보다 더 큰 혁신적 미래 가치의 세상을 만들어 전개할 원천(특허)기술을 다시 연구개발 노력 끝에 드디어 일궈 오늘날 확보해 내었고 또한 조속한 상용화(현 스마트폰을 대체 및 새 혁신기술의 SNS, 메타버스 서비스)를 앞두고 있다. 즉

> 한 손안의 크기 **일체형으로** "윈도OS 컴퓨터(크기와 성능이 '노트북화'로 돌변)+글로벌메신저(MVNO)보안폰+계정無해킹금융거래서비스+유통직거래플랫폼"이 조화된 新 혁신 폰! 'PALMPUTER'(팜퓨터), 즉 한 손 안에 '인터넷=가상세계(SNS와 메타버스 플랫폼)'가 서비스 되는 '5-in-1' 컴퓨터

'WIPO' 수상의 권위는 어느 정도인지?

세계 지식 또는 세계 지적 재산권기구(WIPO, World Intellectual Property Organization)의 본부는 스위스 제네바에 위치하고 있으며, 설립조약(1967년 성립, 1970년 발효)에 근거해 1974년 국제 연합(UN)의 특별기구 16개 중 전문기구의 하나로 설립·출범되었으며, 국제

적으로 지식재산권(특허권, 의장권, 상표권 등의 산업재산권, 즉 지적소유권과 저작권)을 전 세계적으로 보호·보장하고 창작 활동을 촉진하자는 목적·취지의 국제조약(24개)을 관장하는 전문기관이다.

2022년 6월 현재 193개국을 회원국으로 갖고 있으며, 대한민국은 1979년 3월 1일 정식으로 가입하였고, 2007년 9월 28일에는 WIPO가 한국어를 국제 공개어로 채택하였다.

'WIPO'는 한마디로 전 세계 특허청의 지적재산권을 관장하는 국제기구로 볼 수 있으므로 'WIPO'사무총장상의 수상은 특허기술 분야의 전문성과 그 미래 가치성에 있어서 전 세계적 최고 권위라 할만하다.

조속히 정직한 판결을 위해

중국(SNS 플랫폼의 개발사인 텐센트와 바이트댄스, 즉 중국 공산당의 꼭두각시 회사)이 2012년 새로운 '위챗'(WeChat, 한국의 '카카오톡'과 유사하고 메시지의 송수신, 모바일 결제 등의 다목적 SNS 앱으로 중국정부가 사용자의 온라인 활동과 위치 정보, 인터넷 검색 기록을 포함해 문자, 오디오, 사진과 같은 콘텐츠를 검열)의 출시와 더 나아가 '틱톡'(TikTok, 맞춤형 광고를 제공하려는 용도로 쓰이는 작은 파일='인터넷 활동한 사용자 데이터'인 '쿠

키'와 앱의 소스 코드에 포함된 'tracker'를 통해 광고가 주요 수익인 SNS 플랫폼, 2023년 2월 30억 명의 유저)을 탄생(2016년 혜성처럼 등장)시키기 위해 '㈜카카오'로부터 지분 13.8%에 720억 원을 주고 기술(카카오톡) 전수를 받은(대한민국의 특허기술을 모방하여 소유하게 된) 2012년 당시 왜 어째서 그렇게도 '카카오톡'(특허권자의 세계 최초 기술인 특허를 무단 도용한 모방품에 불과)에 매력을 갖게 되었는지(중국 정부의 매우 좋은 전 세계 '통제'='사용자의 실시간 일상 데이터를 자국 내·외의 서버에 수집 및 관리'의 수단)가 오늘날 전 세계의 각 국가(위챗과 틱톡을 통한 광범위한 감시 대상: 미국, 인도, 캐나다, 일본, 유럽연합, 호주, 한국 등)에서 몸살(중국 정찰풍선과 같은 '위챗'과 '틱톡'의 모회사와 중국 공산당의 밀접한 관계, 즉 중국 정부가 각국 내 사용자의 위치정보나 개인정보, 기밀 데이터에 회사 직원들을 통해 부적절하게 직접 접근하고 송수신되는 메시지=파이를 '열람=유출=갉아먹음'할 수 있게 허용개방 및 발각됨)을 앓는(사용자 기기에 설치된 모든 앱을 제어 및 정보수집 할 수도 있는 만큼 부적절한 콘텐츠를 노출하거나 범죄 모방 등 유해성 및 심각한 사회 문제와 국가안보에까지 큰 위험='안보 불안감의 고조'=위협을 초래하는) 현실로 나타나 적나라하게 증명되고 있음을 똑똑히 전 세계의 언론보도로 접하고 있다.

　　사용자(이동형 또는 고정형의 컴퓨터='서버, 노트북, 태블릿, 데스크톱, 스마트폰 등 여타 디지털 기기')들 간의 실시간 일상대화(송수신=전송)에 있어서 '㈜카카오'가 굳이 운영하지 않아도 되는 '미디어 서버' 또는 '메시지 서버'를 양자(종류의 구분 없는 컴퓨터들) 간의 중간에 삽입하여 끼워 넣어 개입(악의적 해킹 수단화)시켜서 일단 '미디어 서버'

를 경유(이용자들은 양쪽에서 '해커=미디어 서버'와 대화를 하는 꼴이 되어 해커가 이용자의 데이터와 사생활 심리를 '통제=침해=위협')해야만 대화(음성이나 영상비디오를 비롯한 멀티미디어 정보의 전송=송수신)가 성립될 수 있게 하는 의도적 목적(사용자 개인의 일상정보를 '중간=미디어 서버'에서 실시간 가로채기 및 그 당시 2대 주주가 되었던 중국에서도 늘상 들여다보게 할 수밖에 없음)으로 운영해 왔음을 '㈜카카오'가 법정(심판원 및 특허법원)에 제출한 기술문서를 통해서도 스스로 쉽게 증명되고 있다.

따라서 판단자(심판관, 판사, 대법관)는 이와 같은 심각하고 중대한 사실을 쉽게 넉넉히 이해되고 수긍할 수밖에 없을 터인데도 여태껏 엉터리(힘의 논리를 앞세운 불법무법의 카카오 세력에 동조하는, 즉 '미디어 서버' 또는 '메시지 서버'는 인터넷 세션 연결의 설정 과정을 수행하지 않고도 양자 간의 중계 기능을 수행할 수 있으며, 인터넷망상의 '통신'='데이터 통화'는 오로지 송수화기가 딸린 전화기=스마트폰뿐이 수행 가능한 것이기 때문에, 송수화기를 수반하지 않는 '미디어 서버' 또는 '메시지 서버'는 그 '유료VoIP전화대화'를 '시도=걸기'하여 요금을 지불하는 전화기에 '해당되지 않는다.'='결여된다.')의 위법한 심결과 판결로 '㈜카카오' 자체가 국민 일상생활에 침투하는 백도어(문자메시지 외에 이미지, 동영상 및 온라인 서비스 결제 등에서의 정보들도 모두 중국정부에 의해 감시와 실시간 자동검열이 이뤄지게 하는) 격인 '미디어 서버'와 '메시지 서버'가 세상에 활개를 치도록 그냥 방치·방조는 물론 특허권자의 인생 삶과 기업(MIU)을 송두리째 아사시켜 피폐의 늪으로 내몰았다. 또한 대한민국으로 들어 올 로열티는 국제적으로 거둬들이지 못하고 국부손실에 막대한 영향을 끼쳤으며, 그 대신 '㈜카카오'를 영웅칭송대접 받게 하여 대기업 군으로 급성장 진입시키는 작태를 이루었다.

　이뿐만이 아니다. 결국 전 세계가 중국(텐센트, 바이트댄스 등)의 위협적 공세(국가안전보장, 나아가선 데이터 안전성, 개인정보와 기밀의 보호, 온라인상 위해 등 관련 업계의 광범위한 문제: 사람들이 어떤 영상을 보고 댓글을 다는지, 위치 정보는 무엇인지, 전화기 모델은 무엇인지, 심지어 사람들이 문자를 어떻게 입력하는 지까지 수집)에 대항할 기술적 해결책을 전혀 내놓지 못하고 있다. 그래서 어쩔 수 없이 단편적 궁여지책으로 '온라인망(앱 스토어)에서 내려 받거나 사용하는 행위를 전면 금지' 하는 등의 행위로 맞대응(자국인들을 보호하기 위한 극단 철퇴 조치)할 수밖에 없는 처지에 몰려 오늘날 극심한 몸살을 앓고 있다(증거서류 참조).

　이럼에도 불구하고 대한민국의 대법원 특별3부(2021후10923 사건의 주심 이O구 대법관)는 '심리불속행기각'하여(위법적으로) 특허무효의 판결(2021.12.30.)을 저질렀고 이에 대한 불복의 재심(대법원 특별2부, 2022재후36 사건)이 '심리불속행기간' 도과(2022.12.02.) 중이며, 또한 특허침해 사건(대법원 특별3부, 2021후10916 사건의 주심 이O구 대법관)에서는 '심리불속행기간' 도과(2022.01.30.) 이후 1년이 훨씬 넘어 현재도 무슨 연유인지 손 안에 틀어쥐고 판결을 계속 유보하고(계류돼) 있다.

　이와 같이 ㈜카카오는 그동안 오로지 특허침해를 모면하고 특허권을 소멸(특허 무효)시키고자 해당 기술분야의 전문 대리인(천O

진, 김○훈 변리사)을 대동하여 형사(허위신고하면 무고죄로 10년 이하의 징역)소송이 아니라 민사소송제도(거짓 남발이 허용되는 현행 '특허무효' 제도)를 악용(특허법원 2021허1196)하여 온갖 교묘한 어불성설(거짓)의 말장난(거듭 제출한 '정보제출서 및 준비서면')과 거짓된 증거들(비교대상발명 1 내지 5)을 폭격하여 특허무효(소멸)화에 총력공격 해왔다.

그러나 최근 정정심판의 청구 사건(2022정102)이 2023. 2. 22. 확정(인용 심결: 비교대상발명 1 내지 5에 의하여 차이점을 쉽게 극복할 수 없고, 또한 도출 및 결합하기도 쉽지 않으며 어렵기 때문에 특허를 받을 수 있고 적법한 정정이다.)됨에 따라 그동안 ㈜카카오의 총공격 거짓과 아울러 특허법원(2021허1196 등록무효, 2021허18 권리범위확인) 및 대법원(2021후10923 등록무효)의 판결(심불기각)은 모두 소송사기(50억 원이 넘는 피해 금액인 경우에는 최소 5년 이상의 유기징역이나 최대로는 무기징역: 현재 서울중앙지방검찰청 '2023형제3278' 사건으로 송치되어 검사가 수사 중임)의 범주에 해당할 수밖에 없게 되었다. 게다가 '㈜카카오'의 확실한 특허침해(손해로 인정된 금액의 3배까지 배상 및 침해를 조성한 물건의 전부 몰수와 7년 이하의 징역 처벌) 성립이 보장될 수밖에 없다.

부 록

'심결문' 및 '판결문' 사본

특 허 심 판 원
제 89 부
심 결

심 판 번 호   2020당1381

사 건 표 시   특허 제818599호 『IP정보 전송에 의한 무료 통화 방법 및
             IP정보 전송에 의한 무료통화용 휴대 단말기』의
             권리범위확인(적극)

청 구 인   오준수

피 청 구 인   주식회사 카카오
             제주특별자치도 제주시 첨단로 242
             대리인 특허법인 무한
                지정된 변리사 김지훈, 천성진
                서울 강남구 언주로 560, 8층(역삼동,화물재단빌딩)

심 결 일   2020. 12. 15.

주 문

1. 이 사건 심판청구를 기각한다.
2. 심판비용은 청구인이 부담한다.

청 구 취 지

1. 확인대상 발명에 관한 설명서 및 도면에 기재된 '보이스톡 및 페이스톡을 포함하는 동영상과 음성의 서비스 방법 및 그 외에 메시지를 포함하는 데이터 서비스 방법(이하 상기 두 방법을 함축하여 '카카오톡의 무료통화 방법(절차,기능)'이라 합니다)'은 등록특허 제0818599호의 특허청구범위 제1항 및 제2항의 권리범위에 속한다.

2. 심판비용은 피청구인의 부담으로 한다.

이 유

1. 기초사실

가. 절차의 경위

① 발명의 명칭 : IP정보 전송에 의한 무료 통화 방법 및 IP정보 전송에 의한 무료통화용 휴대 단말기

② 출원일/출원번호 : 2006. 11. 17. / 제10-2006-113777호(우선권주장일 : 2005. 11. 28.)

③ 등록일/등록번호 : 2008. 3. 26. / 특허 제818599호

④ 권리범위확인심판청구 : 2020. 5. 1.

⑤ 심판청구보정 : 2020. 7. 20.

⑥ 보정요구 : 2020. 10. 14.

⑦ 심판청구보정 : 2020. 10. 19.

⑧ 심판청구보정 : 2020. 10. 21.

⑨ 보정요구 : 2020. 11. 9.

⑩ 심판청구보정 : 2020. 11. 13.

나. 이 사건 특허발명의 특허청구범위

2008. 3. 26. 등록된 특허청구범위(이하 '이 사건 특허발명'이라 하고, 청구항 1을

'이 사건 제1항 특허발명'이라 부른다.)는 【별지 1】과 같다.

다. 확인대상발명

2020. 10. 19. 보정된 확인대상발명의 설명서 및 도면은 【별지 2】와 같다.

라. 비교대상발명

비교대상발명은 갑 제4호증인 공개특허공보 제10-2005-0089258호(2005. 9. 8. 공개)에 게재된 '별도의 시스템을 추가하지 않고 무선망에서 단말기들 상호 간에 실시간 정보 전달 서비스 구현을 통해 음성신호를 전송할 수 있는 이동 통신 시스템'에 관한 것으로서, 그 주요 기술내용은 【별지 3】과 같다.

2. 당사자의 주장

가. 청구인의 주장

1) 확인대상발명의 '미디어 서버'는 이 사건 특허발명의 '발신 측'에 해당하며, 확인대상발명은 이 사건 제1항 및 제2항 특허발명과 동일한 구성요소를 구비하고 있으므로, 확인대상발명은 이 사건 제1항 및 제2항 특허발명의 권리범위에 속한다.

2) 이 사건 특허발명은 비교대상발명과 상이하여 특허무효 원인이 없으므로 확인대상발명은 이 사건 제1항 및 제2항 특허발명의 권리범위에 속한다.

나. 피청구인의 주장

1) 확인대상발명은 이 사건 특허발명에 기재된 구성 중 일부 구성요소를 결여하고 있으므로 확인대상발명은 이 사건 특허발명의 권리범위에 속하지 않는다.

2) 이 사건 특허발명은 비교대상발명에 의하여 신규성이 부정되어 특허무효 심결의 유무에 관계 없이 그 권리범위를 인정할 수 없으므로 확인대상발명은 이 사건 특허발명의 권리범위에 속하지 않는다.

3. 이해관계

이건 심판청구인은 갑 제1호증(특허등록원부) 및 갑 제2호증(특허등록공보)에 의하여 이 사건 특허발명의 특허권자라는 것을 알 수 있고, 갑 제3호증(조정분쟁종료 통지서)에 의하여 중소기업기술분쟁조정·중재위원회의로부터 특허분쟁 조정 사건 종료 통지를 받았다는 사실이 인정되므로, 이 사건 특허발명과 관련하여 이해관계가 있다 할 것이다.

4. 판단
가. 확인대상발명의 보정이 적법한지 여부
1) 판단기준

확인대상발명의 보정의 정도가 심판청구서에 첨부된 도면 및 설명서에 표현된 구조의 불명확한 부분을 구체화한 것이거나 처음부터 당연히 있어야 할 구성부분을 부가한 것에 지나지 아니하여 심판청구의 전체적 취지에 비추어 볼 때 그 발명의 동일성이 유지된다고 인정된다면 이는 요지변경에 해당되지 않는다(대법원 1995. 5. 12. 선고 93후1926 판결 참조).

2) 구체적 판단

이 사건 청구인은 2020. 5. 1. 최초로 제출한 확인대상발명의 설명서 및 도면에 대하여 2020. 10. 19. 자로 설명서 및 도면의 내용의 일부를 보정하는 보정서를 제출하였는데, 보정된 사항을 살펴보면 카카오톡의 무료통화 절차(절차 1 및 절차 2)에 대한 이해를 돕기 위하여 구체적인 설명 및 **무료통화** 절차를 도식화한 도면을 추가하고, 특허발명과 확인대상발명의 각 구성을 구체적으로 대비하여 판단한 내용을 추가한 것으로서, 심판 청구의 전체적인 취지에 비추어 볼 때 그 발명의 동일성이 유지된다고 인정되므로 요지변경에 해당되지 않은바, 이하에서는 2020. 10. 19. 자로 보정된 발명을 확인대상발명으로 하여 판단하기로 한다.

나. 확인대상발명의 특정 여부

청구인은 확인대상발명인 카카오톡 무료통화의 절차를 특허청구범위에 대응되도록 상세히 기술하였으므로, 확인대상발명은 이 사건 제1항 및 제2항 특허발명과 대비하여 차이점을 판단할 수 있을 정도로 적법하게 특정된 것으로 인정되고, 피청구인도 이 점에 대해서는 다투지 않는다.

다. 확인대상발명의 실시 여부

청구인은 2020. 10. 19. 자 보정서를 통하여 특허발명과 대비되는 확인대상발명의 구성 중 '메시지 서버' 및 '미디어 서버'를 각각 '메시지 서버(구동된 카카오톡 앱)' 및 '미디어 서버(구동된 카카오톡 앱)'라고 보정한바, 보정된 확인대상발명이 카카오톡의 실시발명과 동일한지 여부를 살핀다.

살피건대, 피청구인은 2020. 10. 21. 자 구술심리에서 ㈜카카오톡의 메시지 서버 및 미디어 서버에는 카카오톡과 통신하기 위한 앱이 실행되고 있을 뿐, '카카오톡 앱' 자체가 실행되고 있는 것은 아니라고 주장한 바, 청구인이 확인대상발명에 기재한 '구동된 카카오톡 앱'은 '단말과 통신하기 위하여 구동된 애플리케이션'의 의미인 것으로 간주하고, 피청구인이 확인대상발명을 실시하고 있는 것으로 인정하기로 한다.

라. 확인대상발명이 이 사건 제1항 특허발명의 권리범위에 속하는지 여부

이 사건 제1항 특허발명의 핵심적 특징은 발신 측과 수신 측이 각각 상대측의 인터넷 주소정보를 획득하여 인터넷 통화를 하는 것으로서, 발신 측과 수신 측이 인터넷 통화를 수행하는 각 단계를 도식화하면 다음과 같다.

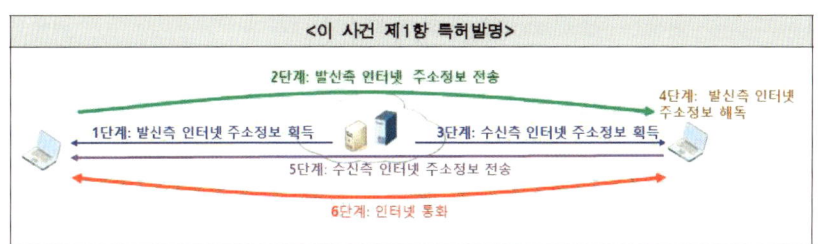

이 사건 제1항 특허발명에서 '발신 측'과 '수신 측'은 상대방에게 인터넷 주소정보를 전달하는 반면, 확인대상발명에서는 아래 도시한 바와 같이, '발신 스마트폰'과 '수신 스마트폰'이 직접 상대방 스마트폰과 접속하지 않고, '미디어 서버'를 경유하여 인터넷 통화를 수행하므로, '발신 스마트폰'과 '수신 스마트폰'이 상대방 스마트폰의 IP 주소를 보유하거나 상대방 스마트폰에 IP 주소를 전달할 필요가 없다.

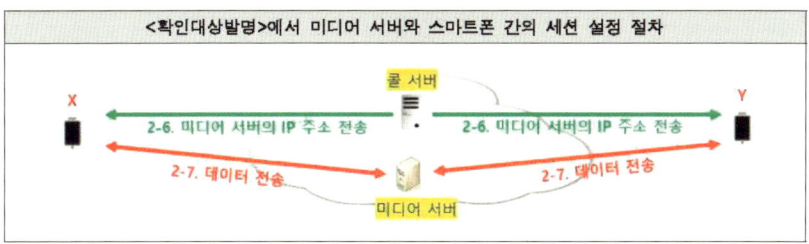

즉, 확인대상발명에서 '발신 스마트폰' 및 '수신 스마트폰'는 **인터넷 통화를 하기 위하여 '미디어 서버'의 IP 주소만 필요할 뿐**, 상대방 스마트폰의 IP 주소가 필요하지는 않으므로, 스마트폰 사이에는 IP 주소가 전달되지 않으며, **스마트폰과 '미디어 서버' 사이에서만 상대방에게 IP 주소가 전달된다.**

한편, 이 사건 청구인은 확인대상발명의 미디어 서버와 스마트폰 간에는 서로 IP 주소를 전달하는 절차가 필요하다는 사실에 기초하여, 이 사건 제1항 특허발명의 '발신 측이 자신의 인터넷 주소정보를 수신 측에 전송하는 제2 단계'가 확인대상발명의 '콜 서버가 미디어 서버의 IP 주소를 스마트폰(X, Y)에 전송하는 2-6 단계'에 해당되어, 결과적으로 '미디어 서버'가 이 사건 제1항 특허발명의 발신 측에 해당하고, 스마트폰(X, Y)는 수신 측에 해당한다고 주장하고 있다.

이에 대하여, 피청구인은 2020. 10. 21. 자 구술심리에서 확인대상발명의 미디어 서버가 발신 측에 해당한다면 확인대상발명은 이 사건 제1항 특허발명의 권리범위에 속한다고 볼 수 있으나, 확인대상발명의 미디어 서버는 이 사건 제1항 특허발명의 발신 측과 결코 동일하지 않으므로, 이 사건 특허발명의 권리범위에 확인대상발명이 속하지 않는다는 주장을 하고 있다.

양 당사자가 모두 확인대상발명의 미디어 서버가 발신 측에 해당한다면, 확인대상발명이 이 사건 제1항 특허발명의 권리범위에 속한다고 볼 수 있다는 데 대하여 이견이 없으므로, 권리의 속부 여부는 '미디어 서버'가 '발신 측'에 해당하는지의 여부에 의하여 결정될 것인바, 이를 쟁점으로 하여 구체적으로 살핀다.

1) 이 사건 제1항 특허발명에 기재된 용어(발신 측/수신 측)의 해석

먼저, 당사자 간에 '발신 측/수신 측'의 용어의 해석에 있어서 다툼이 있는바 이에 대하여 살핀다.

가) 판단기준

특허청구범위에 기재된 사항은 발명의 상세한 설명이나 도면 등을 참작하여야 그 기술적인 의미를 정확하게 이해할 수 있으므로, 특허청구범위에 기재된 사항은 그 문언의 일반적인 의미를 기초로 하면서도 발명의 상세한 설명 및 도면 등을 참작하여 그 문언에 의하여 표현하고자 하는 기술적 의의를 고찰한 다음 객관적·합리적으로 해석하여야 한다(대법원 2007. 10. 25. 선고 2006후3625 판결 참조).

나) 구체적인 판단

'발신' 및 '수신'의 사전적 의미는 각각 '소식이나 우편 또는 전선을 보냄' 및 '우편이나 전보 따위의 통신을 받음'이다. 또한, '측'의 사전적 의미는 '어떤 무리의 한쪽을 상대적으로 이르는 말'이다(네이버 국어사전 참조).

그런데, 이 사건 출원발명의 기술 분야가 'IP 전송 휴대 단말 간의 무료 통화 방법'에 관한 것이라는 점을 고려해볼 때, '발신 측' 및 '수신 측'의 문언적 의미는 '인터넷 통화를 위한 음성 데이터를 보내는 측' 및 '인터넷 통화를 위한 음성 데이터를 받는 측'으로 해석된다.

한편, 이 사건 특허발명의 상세한 설명에는 다음과 같이 기재되어 있다.

> [0040] 본 발명의 무료통화 방법기능이 탑재되어 있는 일반 핸드폰을 포함한 모든 휴대단말기(100)(예: PDA, 스마트폰, Web Pad, Tablet PC, 일반 노트북, 서브 노트북, PMP, UMPC, 기타 핸드헬드 단말기 등)가 발신 측으로 작동하는 경우에 관하여 도 1a를 참조하여 설명한다.
> [0056] 한편, 수신 측으로 작동하는 경우에 관하여 도 1b를 참조하여 설명한다.

이에 따르면, '발신 측'과 '수신 측'은 '일반 핸드폰을 비롯한 모든 휴대단말기'로서 '무료 통화를 수행할 수 있는 장치'라는 것을 알 수 있다.

또한, 청구인은 이 사건 특허발명을 등록받는 과정에서 2007. 10. 29. 자 의견제출통지서에서 지적한 '발신 측에 대한 구체적인 기재가 없어 발신 대상이 의미하는 바가 불명확하다'는 거절이유에 대하여, 2007. 11. 23. 자 의견서에서 이 사건 제1항 특허발명에 'IP 정보 전송에 의한 무료 통화 방법에 있어서'라는 전제부를 추가하면서 '발신 측'은 '무료 통화를 하고자 하는 측'이고 '발신 대상'은 'IP 정보'라고 주장한 바 있다.

그런데, 유무선 통화에서 통신 서비스에 대한 요금은 통화를 시도하는 측에서 지불하는 것이 일반적이고, 통화를 받는 측은 별도의 요금을 지불하지 않는다는 사실을 고려해볼 때, '통화를 받는 측'은 굳이 무료 통화를 하고자 할 이유가 없을 것이므로, '무료 통화를 하고자 하는 측'은 '통화를 시도하는 단말'이라는 것을 알 수 있다.

- 8 -

결국, 이 사건 특허발명의 인터넷 통화에 있어서, '발신 측'은 '통화를 시도하는 휴대 단말'이고 '수신 측'은 '통화를 받는 휴대 단말'이라고 할 수 있다.

2) 확인대상발명의 '미디어 서버'가 이 사건 제1항 특허발명의 '발신 측'에 해당하는지 여부

앞서 살핀 바와 같이, '발신 측'은 '통화를 시도하는 휴대 단말'이라고 해석될 수 있는데, 확인대상발명의 '미디어 서버'는 통화를 시도하는 스마트폰과 통화를 받는 스마트폰과 접속되어 일방의 스마트폰이 전송하는 통화 데이터를 수신하여 타방의 스마트폰에 전달하는 역할을 수행할 뿐, '미디어 서버'가 통화의 주체로서 통화를 시도하지는 않으므로, '미디어 서버'가 '발신 측'에 해당한다고 할 수 없다.

이에 대하여, 청구인은 '발신 측'은 인터넷 통신망에서 직접 세션을 연결하여 P2P 방식의 통화 경로를 형성하는 모든 종류의 컴퓨터를 포함하는 개념이므로, 확인대상발명의 '미디어 서버'는 당연히 '발신 측'에 해당한다고 주장한다.

살피건대, 이 사건 특허발명의 상세한 설명에 기재된 아래의 내용을 살펴보면, '발신 측'은 호출신호의 입력에 의하여 통화 걸기의 기능을 수행한다는 것을 알 수 있는데, '미디어 서버'는 데이터를 중계하는 기능을 수행할 뿐, 직접 상대방 단말의 전화번호를 입력하여 통화 걸기를 수행하는 주체가 될 수 없는바, '미디어 서버'가 '발신 측'에 해당한다고 보기 어렵다.

> [0040] 본 발명의 무료통화 방법기능이 탑재되어 있는 일반 핸드폰을 포함한 모든 휴대단말기(100)(예: PDA, 스마트폰, Web Pad, Tablet PC, 일반 노트북, 서브 노트북, PMP, UMPC, 기타 핸드헬드 단말기 등)가 발신 측으로 작동하는 경우에 관하여 도 1a를 참조하여 설명한다.
> [0043] 휴대단말기(100)의 전원이 켜지면(S101 참조), 유/무선인터넷기능부 (120)가 인터넷에 접속되었는지를 일정주기(예: 0.01초)로 감시를 한다(S102 참조). 이 때에 인터넷에 접속되지 않은 상태에서 호출신호의 입력이 있는지 점검한다(S103 참조). 즉 호출신호는 호출번호[휴대단말기의 고유식별 번호(예: 012-123-1234)이며 "Your_식별번호"와 "My_식별번호"가 있을

> 수 있음] 및 통화(걸기/받기)버튼의 입력신호로 이루어지며, 인터넷이 접속되지 않은 상태에
> 서 상기의 호출신호가 있으면, 무료통화 불가(Your_IP정보 사용불가, 즉 무효)를 통지하고,
> 유료통화를 허락받는 절차로 진입한다(S104 참조).
> [0044] 한편, 휴대단말기(100)가 인터넷에 접속된 상태가 되면 유/무선인터넷기능부(120)로
> 부터 자신의 인터넷주소(My_IP)정보를 획득 후 획득된 My_IP정보를 메모리부(140)에 갱신
> 저장하며(S105 참조), 상기 메모리부(140)에 갱신 저장된 My_IP정보를 유/무선인터넷기능부
> (120)를 통하여 "무료목록"상대편(들)에게 브로드케스팅 전송하여 알린다(S106 참조). 이 때
> 에 "무료목록"이라 함은 무료통화가능한 상대편(Your_) 호출번호와 상대편(Your_) IP정보, 그
> 리고 선택적으로 있을 수 있는 부가정보 등의 조합(들)의 목록을 말한다.

또한, 이 사건 특허발명의 상세한 설명에는 휴대단말기가 상대방과 P2P 접속하여 직접 통화를 하는 실시예만 개시되어 있을 뿐, 데이터를 중계하는 '서버'에 대하여 명시적으로 개시되어 있지 않고, 이에 대응되는 구성도 개시되어 있지 않으므로, '발신 측'이 데이터를 중계하는 '서버'를 포함하는 것으로 확장하여 해석할 수 없다.

게다가, '발신 측'이 '통화 기능'를 수행한다는 것은 음파를 음성 전류로 변환하는 송화기와 음성 전류가 음파로 변환되는 수화기의 기능을 수행하는 것을 전제로 하는데, '미디어 서버'는 일방의 휴대 단말이 전송하는 통화 데이터를 그대로 타방의 휴대 단말로 전달할 뿐, 음파와 음성 전류 간의 변환을 수행하지는 않은 바, '통화 기능'을 수행한다고 보기 어려우므로, '미디어 서버'가 '발신 측'이라고 할 수 없다.

나아가, 이 사건 특허발명은 '발신 측'과 '수신 측'의 P2P 직접 통신을 수행하는 기술적 사상에 기초하고 있는데, '발신 측'과 '수신 측' 만으로 인터넷 통신이 가능하다면 굳이 '미디어 서버'를 추가적으로 구비하여 인터넷 통신을 수행할 이유가 없으며, 이 사건 특허발명에 '미디어 서버'를 도입하는 것은 P2P 직접 통신이라는 이 사건 특허발명의 기술적 의미를 잃게 하는 것이므로 쉽사리 상정할 수 없다는 점을 고려해 보면, '미디어 서버'가 '발신 측'의 역할을 수행하는 개념을 도출할 동기도 없으므로, 위 청구인의 주장은 이유 없다.

3) 대비결과 정리

　이상 살핀 바와 같이, 확인대상발명의 미디어 서버는 이 사건 제1항 특허발명의 발신 측과 동일하다고 볼 수 없으며, 확인대상발명은 이 사건 제1항 특허발명의 필수 구성요소인 '발신 측'에 해당하는 구성을 결여하고 있으므로, 확인대상발명은 이 사건 제1항 특허발명의 권리범위에 속하지 않는다.

마. 확인대상발명이 이 사건 제2항 특허발명의 권리범위에 속하는지 여부

　이 사건 제2항 특허발명은 이 사건 제1항 특허발명에 구성요소를 부가하거나 한정하여 구체화한 종속항으로서, 확인대상발명이 독립항인 이 사건 제1항 특허발명에 속하지 않은 이상, 당연히 확인대상발명은 이 사건 제2항 특허발명의 권리범위에도 속하지 아니한다.

바. 소결

　이상 살펴본 바와 같이, 확인대상발명은 이 사건 제1항 및 제2항 특허발명의 필수구성요소인 '발신 측'에 해당하는 구성을 결여하고 있으므로, 특허발명이 비교대상발명에 의하여 신규성이 부정되는지 여부를 살필 필요도 없이 확인대상발명은 이 사건 제1항 및 제2항 특허발명의 권리범위에 속하지 않는다.

5. 결론

　그러므로 이 사건 심판청구를 기각하고, 심판비용은 청구인이 부담하기로 하여 주문과 같이 심결한다.

심판장	심판관	김희태	*(인)*
	심판관	이정수	*(인)*
	심판관	인치복	*(인)*
	심판관	선동국	*(인)*
	심판관	유병철	*(인)*

특 허 심 판 원
제 8 9 부
심　　결

심 판 번 호　　2020당2197

사 건 표 시　　특허 제818599호 『IP정보 전송에 의한 무료 통화 방법 및
　　　　　　　　IP정보 전송에 의한 무료통화용 휴대 단말기』의 무효

청 구 인　　　주식회사 카카오
　　　　　　　제주특별자치도 제주시 첨단로 242(영평동)
　　　　　　　대리인 특허법인 무한
　　　　　　　　지정된 변리사 김지훈, 천성진
　　　　　　　　서울 강남구 언주로 560, 8층(역삼동,화물재단빌딩)

피 청 구 인　　오준수

심 결 일　　2020. 12. 15.

주　　문

1. 이 사건 심판청구를 기각한다.
2. 심판비용은 청구인이 부담한다.

청 구 취 지

1. 이 사건 특허발명 제10-0818599호의 특허청구범위 제1항 내지 제8항은 그 등록을 무

효로 한다.

2. 심판비용은 피청구인의 부담으로 한다.

이 유

1. 기초사실

가. 절차의 경위

① 발명의 명칭 : IP정보 전송에 의한 무료 통화 방법 및 IP정보 전송에 의한 무료통화용 휴대 단말기

② 출원일/출원번호 : 2006. 11. 17. / 제10-2006-113777호(우선권주장일 : 2005. 11. 28.)

③ 등록일/등록번호: 2008. 3. 26. / 특허 제818599호

④ 무효심판청구 : 2020. 7. 21.

나. 이 사건 특허발명의 특허청구범위

2008. 3. 26. 등록된 특허청구범위(이하 '이 사건 특허발명'이라 하고, 청구항 1을 '이 사건 제1항 특허발명'이라 부른다.)는 【별지 1】과 같다.

다. 비교대상발명

비교대상발명 1은 갑 제4호증인 공개특허공보 제10-2005-0089258호(2005. 9. 8. 공개)에 게재된 '별도의 시스템을 추가하지 않고 무선망에서 단말기들 상호 간에 실시간 정보 전달 서비스 구현을 통해 음성신호를 전송할 수 있는 이동 통신 시스템'에 관한 것이고, 비교대상발명 2는 갑 제5호증인 미국 공개특허공보 US 2003/0128696(2003. 7. 10. 공개)에 게재된 '인터넷 전화 통신을 위한 보안을 제공하는 기법'에 관한 것이며, 비교대상발명 3은 갑 제6호증인 공개특허공보 제10-2004-0041747호(2004. 5. 20. 공개)에 게재된 '유무선 인터넷 전화용 통신 단말장치'에 관한 것으로, 그 주요내용은 【별지

2】와 같다.

2. 당사자의 주장

가. 청구인의 주장

이 사건 특허발명은 비교대상발명 1에 의하여 신규성이 부정되거나, 비교대상발명 1, 비교대상발명 1,2 또는 비교대상발명 1,3에 의하여 진보성이 부정되므로 그 등록이 무효이다.

나. 피청구인의 주장

이 사건 제1항 내지 제8항 특허발명은 비교대상발명 1과 동일하지 않고, 비교대상발명 1, 비교대상발명 1,2 또는 비교대상발명 1,3으로부터 쉽게 발명할 수 있지도 않으므로 신규성과 진보성이 인정된다.

3. 이해관계

이 사건의 피청구인은 이 사건의 청구인을 피심판청구인으로 하고 이 사건 특허발명에 기초하여 2020. 5. 1.자로 권리범위확인심판을 청구한 바 있으므로, 이 사건 청구인은 이 사건 특허발명의 존부에 따라 중대한 영향을 받는다(갑 제3호증: 이 사건 특허발명 제10-0818599호의 특허권자가 제출한 권리범위확인심판 청구서부본 참조).

따라서, 청구인은 이 사건 특허발명의 권리존속으로 인하여 직접적이고 현실적인 이해관계가 있는 자이므로 이 사건 심판청구는 특허법 제133조 제1항 규정의 이해관계인에 의한 적법한 청구로 인정된다.

4. 판단

가. 이 사건 특허발명에 기재된 용어의 해석

이 사건 특허발명에서는 다음과 같은 용어를 특허청구범위에 기재하고 있는바 비교대상발명들과의 대비에 앞서 이들의 기술적 의미를 우선 살펴보기로 한다.

1) 판단기준

특허청구범위에 기재된 사항은 발명의 상세한 설명이나 도면 등을 참작하여야 그 기술적인 의미를 정확하게 이해할 수 있으므로, 특허청구범위에 기재된 사항은 그 문언의 일반적인 의미를 기초로 하면서도 발명의 상세한 설명 및 도면 등을 참작하여 그 문언에 의하여 표현하고자 하는 기술적 의의를 고찰한 다음 객관적·합리적으로 해석하여야 한다(대법원 2007. 10. 25. 선고 2006후3625 판결 참조).

2) 구체적인 판단

가) IP 정보 전송 서비스가 가능한 통신망

피청구인은 답변서 및 의견서에서 일관되게 이 사건 특허발명의 'IP 정보 전송 서비스가 가능한 통신망'이 '인터넷 망'이라고 주장하고 있어, 'IP 정보 전송 서비스가 가능한 통신망'이 '인터넷 망'과 동일한 의미인지에 대하여 살핀다.

먼저, 이 사건 특허발명의 상세한 설명에 기재된 아래의 내용을 참작하여 살펴보면, 'IP 정보'는 '고정 또는 유동 IP 주소'와 'MAC 주소, 디폴트 게이트웨이, DHCP 서버, DNS 서버 등의 정보 중 하나 이상의 정보'로 파악되므로, 'IP 정보 전송 서비스가 가능한 통신망'은 '고정 또는 유동 IP 주소'와 'MAC 주소, 디폴트 게이트웨이, DHCP 서버, DNS 서버 등의 정보 중 하나 이상의 정보'를 전송할 수 있는 통신망이라는 것을 알 수 있다.

[0041] 상기 유내단말기(100)는 자체에 구비된 유선인터넷(예: ADSL, VDSL, Cable, 광LAN, HFC 등의 초고속인터넷망) 또는 무선인터넷(예: WiBro, HSDPA WiMAX, 무선랜, NESPOT, 무선PAN 등 및 무선 초고속인터넷접속서비스) 접속기능부(이하 "유/무선 인터넷 기능부(120)"라 한다)를 통하여 인터넷에 접속하여, ISP(인터넷정보 제공자, Internet Service

> Provider)로부터 IP정보(기본정보 + 선택적 추가정보)를 획득하여, 메모리부(140)의 특정영역에 저장한다.
> [0042] 상세히 서술하면 IP 정보의 기본정보는 고정 또는 유동 IP주소(IP Address)를 말하며, IP 정보의 선택적 추가정보는 MAC주소(Physical Address), Default Gateway, DHCP Server, DNS Servers 등의 정보들 중의 하나 이상으로 구성되는 IP 정보를 말한다.

즉, 이 사건 특허발명에서 'IP 정보 전송 서비스가 가능한 통신망'은 '고정 또는 유동 IP 주소와 MAC 주소 등을 전송할 수 있는 통신망'으로 특정될 수 있는데, 'IP 주소, MAC 주소 등'은 특별한 사정이 없는 한 데이터통신망을 이용하여 전송되는 것이 기술적 상식이다.

또한, 이 사건 특허발명의 상세한 설명에는 아래와 같이 '"통화요청신호"는 인터넷망의 데이터통신방법(예: FTP, 텔넷[Telnet], TCP/IP 등)으로 상대편에게 송출하기 위하여 "My_ IP정보+부가정보+Your_IP정보전송 요구신호(예:REQ)"등의 조합으로 구성되는 신호이다(식별번호 [0047] 참조).'라고 기재되어 있어, 'IP 정보'를 인터넷망에 의하여 전송한다는 것을 확인할 수 있으므로, 'IP 정보 전송 서비스가 가능한 통신망'은 'IP망' 또는 '인터넷망'으로 해석된다.

> [0044] 한편, 휴대단말기(100)가 인터넷에 접속된 상태가 되면 유/무선인터넷기능부(120)로부터 자신의 인터넷주소(My_IP)정보를 획득 후 획득된 My_IP정보를 메모리부(140)에 갱신 저장하며(S105 참조), 상기 메모리부(140)에 갱신 저장된 My_IP정보를 유/무선인터넷기능부(120)를 통하여 "무료목록"상대편(들)에게 브로드케스팅 전송하여 알린다(S106 참조). 이 때에 "무료목록"이라 함은 무료통화가능한 상대편(Your_) 호출번호와 상대편(Your_) IP 정보, 그리고 선택적으로 있을 수 있는 부가정보 등의 조합(들)의 목록을 말한다.
> [0046] 다음으로 휴대단말기(100)가 인터넷에 접속된 상태에서 Your_IP정보 또는 My_IP정보의 갱신이 이루어진 후에 호출신호의 입력이 있는지 점검하며(S110 참조), 만약 호출신호의 입력이 발생되면 무료통화 가능한 호출번호(줄여서 "무료통화 호출번호"라 한다)인지를 확인한 후 다음 단계를 진행한다(A 및 S111, S112 참조).
> [0047] 이 때 무료통화 호출번호가 입력되었다면 "통화요청신호"를 생성한다. 여기서 "통화요청신호"는 인터넷망의 데이터통신방법(예: FTP, 텔넷[Telnet], TCP/IP 등)으로 상대편에게 송출하기 위하여 "My_ IP정보+부가정보+Your_IP정보전송 요구신호(예:REQ)"등의 조합으로 구성되는 신호이다(S113 참조).

더욱이, 이 사건 특허발명에서는 아래와 같이 '인터넷에 접속되지 않은 상태에서 호출번호의 입력이 있을 때, 유료 통화를 허락받는다(식별번호 **[0058]** 참조).'라고 기재되어 있어, 무료 통화는 휴대단말기가 인터넷망에 접속되어 있는 것을 전제로 하고 있는데, **SMS** 망은 인터넷망에 속하지 않으므로, '**IP** 정보 전송 서비스가 가능한 통신망'은 '**SMS** 망'을 배제하는 것으로 보인다.

[0057] 상기 휴대단말기(100)의 전원이 켜지면(S201 참조), 유/무선인터넷기능부(120)가 인터넷에 접속되었는지를 일정주기(예: 0.01초)로 감시를 한다(S202 참조). 이 때에 인터넷에 접속되지 않은 상태에서 호출신호의 입력이 있는지 점검한다(S203 참조).
[0058] 즉 호출신호는 호출번호[휴대단말기의 고유식별 번호(예: 012-123-1234)이며 "Your_식별번호"와 "My_식별번호"가 있을 수 있음] 및 통화(걸기/받기)버튼의 입력신호로 이루어지며, 인터넷이 접속되지 않은 상태에서 상기의 호출신호가 있으면, 무료통화 불가(Your_IP 정보 사용불가, 즉 무효)를 통지하고, 유료통화를 허락 받는 절차로 진입한다(S204 참조).
[0059] 한편, 휴대단말기(100)가 인터넷에 접속된 상태가 되면 유/무선인터넷기능부(120)로부터 자신의 인터넷주소(My_IP)정보를 획득 후 획득된 My_IP정보를 메모리부(140)에 갱신 저장하며(S205 참조), 상기 메모리부(140)에 갱신 저장된 My_IP정보를 유/무선인터넷기능부(120)를 통하여 "무료목록"상대편(들)에게 브로드케스팅 전송하여 알린다(S206 참조).

결국, 이 사건 특허발명의 '**IP** 정보 전송 서비스가 가능한 통신망'은 '고정 또는 유동 **IP** 주소'와 '**MAC** 주소, 디폴트 게이트웨이, **DHCP** 서버, **DNS** 서버 등의 정보 중 하나 이상의 정보'를 전송할 수 있는 '**IP** 망'으로 해석될 수 있다.

나) 인터넷 주소정보

이 사건 특허발명의 상세한 설명에 기재된 아래의 내용을 참작하여 살펴보면, '인터넷 주소정보를 해독하여 **IP** 정보와 부가정보를 추출'하므로, '인터넷 주소정보'는 '**IP** 정보'와 '부가정보'를 포함하는 개념으로 파악된다.

[0024] 본 발명은 IP 정보 전송에 의한 무료 통화방법 및 IP 정보 전송에 의한 무료통화용 휴대 단말기에 관한 것으로, 더욱 상세하게는 바이너리 코드 데이터의 전송 서비스가 가능한 통신망 즉, 이동통신망, 무선호출망, LBS(위치기반서비스)망, 무선초고속인터넷망, 기타 유/무선의 데이터통신망을 이용하여, 발신 측 인터넷 주소정보를 바이너리 코드 데이터 형태

> 로 변환하여 수신 측으로 전송하고, 상기 수신 측에서는 발신 측으로부터 받은 바이너리 코드화된 인터넷주소정보를 해독(IP 정보와 부가정보를 추출)하며, 해독된 발신 측 인터넷 주소정보를 이용하여 상기 수신 측 인터넷 주소 정보를 유선 또는 무선 인터넷망을 통하여 발신 측에 전송함으로써 발신 측과 수신 측에서 각각 획득한 인터넷 주소정보를 이용하여 인터넷 스트리밍 통화 또는 인터넷 데이터전송(이하 통칭하여 "인터넷 통화"라 하며, 더 함축한 의미로는 "통화"라 한다)이 되도록 구성되는 IP 정보 전송에 의한 무료 통화 방법과 이러한 인터넷 통화가 가능하도록 구성된 IP 정보 전송에 의한 무료 통화용 휴대단말기에 관한 것이다.

또한, 'IP 정보'는 앞에서 살핀 바와 같이, '고정 또는 유동 IP 주소'와 '선택적 추가 정보'를 포함하므로, '인터넷 주소정보'는 '고정 또는 유동 IP 주소', '선택적 추가 정보' 및 '부가정보'를 의미하는 것으로 해석된다.

그런데, '선택적 추가정보' 및 '부가정보'는 '인터넷 주소정보'에 반드시 포함되어야 하는 정보가 아니고, 필요에 따라 생략될 수 있는 정보라고 할 수 있는 바, 만일 '선택적 추가정보' 및 '부가정보'가 제외된 경우에는 '인터넷 주소정보'가 'IP 주소'와 동일한 의미가 될 것이고, 이 사건 특허발명의 상세한 설명에 '부가정보'의 예시로서 'ACK'만 제시하고 있을 뿐 그 실체에 대하여 구체적인 설명이 없으므로, '인터넷 주소정보'를 'IP 주소'로 해석하기로 한다.

다) 인터넷 통화

이 사건 특허발명의 상세한 설명에는 '발신 측과 수신 측에서 각각 획득한 인터넷 주소정보를 이용하여 인터넷 스트리밍 통화 또는 인터넷 데이터전송(이하 통칭하여 "인터넷 통화"라 하며, 더 함축한 의미로는 "통화"라 한다)이 되도록 구성되는 IP 정보 전송에 의한 무료 통화 방법(식별번호 [0024] 참조)'이라고 기재되어 있어, '인터넷 통화'는 '인터넷 스트리밍 통화'와 '인터넷 데이터전송'을 모두 포함하는 개념으로 파악된다.

라) 무료 통화

'무료'의 사전적 의미는 '제품이나 서비스 제공에 대하여 비용을 받지 않는 것'을 의미하는데(네이버 지식백과 참조), 이 사건 특허발명의 상세한 설명에 아래와 같이 '인터넷 통화가 되도록 구성하여 통화빈도, 통화시간에 따른 통화요금을 절감할 수 있다(식별번호 [0027] 참조).'라고 기재되어 있다는 점을 참작해 보면, 이 사건 특허발명에서 '무료 통화'의 실체적 의미는 전혀 통화요금이 발생하지 않는 통화 뿐만 아니라, VoIP 기술을 활용하여 인터넷망으로 음성통화를 함으로써 기존의 서킷망에 의한 음성통화에 대비하여 통화요금을 절감할 수 있는 통화도 포함하는 것으로 파악된다.

> [0027] 본 발명은 상기와 같은 문제점을 해결하기 위하여 안출된 것으로, 이동통신망, 무선호출망, LBS(위치기반서비스)망, 무선초고속인터넷망 기타 유/무선 데이터통신망 등의 바이너리코드 데이터의 전송 서비스가 가능한 통신망을 이용하여 발신/수신 측의 인터넷 주소정보를 바이너리코드 형태로 변환하거나, 해독하여 각각 획득한 인터넷 주소정보를 이용하여 <mark>인터넷 통화가 되도록 구성하여 통화빈도, 통화시간에 따른 통화요금을 절감</mark>할 수 있는 IP정보 전송에 의한 무료 통화 방법 및 IP정보 전송에 의한 무료통화용 휴대단말기를 제공하는데 있다.

이에 대하여, 피청구인은 '비교대상발명 1은 유료의 패킷데이터 코어네트워크에 점대점 PPP 접속을 해서 PDSN 노드를 할당받는 것을 전제로 안출되었고, 할당받은 PDSN 노드의 IP 주소를 문자메시지 포맷으로 유료의 SMS 서버를 통해 전송하는 것에 기반을 두어 안출된 발명으로서, PDSN 노드 접속료를 지불하여야 하는바, 근본적으로 무료 통화가 불가능한 서비스시스템'이라고 주장한다.

살피건대, 이 사건 특허발명에서의 '무료 통화'는 발신 단말이 수신 단말과 접속된 이후에 '통화 과정'에서 인터넷망으로 음성통화를 한다는 의미로 파악된다. 그런데, 'IP 주소를 상대방에게 전송하는 과정'은 '통화를 수행하기 전에 진행되는 절차'로서 '통화'를 수행하기 위한 준비 과정이라고 할 수 있을 뿐, '통화 과정'이라고 할 수는 없으므로, IP 주소를 SMS 망 등을 통해 서킷망을 통하여 전송한다고 할지라도, 실제 통화 과정에서 **VoIP** 기술을 활용하여 인터넷망으로 음성 통화를 한다면 '무료 통화'의 범주에 속한다고 할 것이다.

따라서, 이 사건 특허발명에서의 **'무료통화'**는 **'VoIP'** 기술을 활용하여 수행되는 통화'를 의미하는 것이라고 할 수 있다.

나. 이 사건 제1항 내지 제4항 및 제7항 특허발명의 신규성 여부

1) 이 사건 제1항 특허발명이 비교대상발명 1에 의하여 신규성이 부정되는지 여부

가) 구성 대비표

이 사건 제1항 특허발명과 비교대상발명 1을 대비하면 다음과 같다.

	이 사건 제1항 특허발명	비교대상발명 1
전제부	IP정보 전송에 의한 무료 통화 방법에 있어서,	아이피주소 등을 전송하여 메신저 서비스를 수행하는 방법(식별번호 [0063] 및 [0068] 참조)
구성 1	발신 측에서 자신의 인터넷 주소정보를 획득하는 제 1 단계;	호스트 이동통신 단말기(100)가 아이피주소를 할당받는 단계(식별번호 [0062] 참조)
구성 2	상기 발신 측 인터넷 주소정보가 바이너리코드 형태로 변환되고, 상기의 변환된 인터넷 주소정보를 수신 측에 IP정보 전송 서비스가 가능한 통신망을 통하여 전송하는 제 2 단계와;	호스트 이동통신 단말기(100)는 할당된 아이피주소정보 등을 포함하는 대화 요청 메시지를 SMS 서버(200)를 경유하여 클라이언트 이동 통신 단말기(400)로 전송하는 단계(식별번호 [0063] 참조)
구성 3	수신 측에서 자신의 인터넷 주소정보를 획득하는 제 3 단계;	클라이언트 이동통신 단말기(400)가 아이피주소를 할당받는 단계(식별번호 [0065] 참조)
구성 4	상기 수신 측에서 발신 측으로부터 받은 인터넷 주소정보를 해독하거나, 바이너리 코드 데이터에서 IP정보를 추출하는 제 4 단계;	클라이언트 이동통신 단말기(400)는 대화 초청 메시지로부터 아이피주소정보 등 호스트 이동통신 단말기(100)의 정보를 검출하는 단계(식별번호 [0064] 참조)
구성 5	수신 측에서 해독된 상기 발신 측 인터넷 주소정보를 이용하여 상기 수신 측 인터넷 주소정보를 유선 또는 무선 인터넷망을 통하여 발신 측에 전송하는 제 5 단계; 및	클라이언트 이동통신 단말기들(420,440)이 호스트 및 클라이언트 이동통신 단말기의 IP 주소를 포함하는 등록요구메시지를 패킷 데이터 코어 네트워크(320)를 거쳐 호스트 이동통신 단말기(100)로 전송하는 구성(식별번호 [0041], [0054] 및 [0056] 참조)
구성 6	상기 발신 측과 수신 측에서 각각 획득한 인터넷 주소정보를 이용하여 인터넷 통화를 하는 제 6 단계; 로 구성되는 것을 특징으로 하는 IP정보 전송에 의한 무료 통화 방법.	호스트 이동통신 단말기(100)와 클라이언트 이동통신 단말기(400)는 상호간에 파일 및 음성 서비스를 전송하는 메신저 서비스를 수행하는 단계(식별번호 [0011] 및 [0068] 참조)

나) 구체적인 판단

(1) 전제부

이 사건 제1항 특허발명의 전제부는 'IP 정보 전송에 의한 무료 통화 방법'인데, 앞에서 살핀 바와 같이 'IP 정보'는 IP 주소와 선택적 추가정보를 포함하므로, 'IP 주소와 선택적 추가정보의 전송에 의한 무료 통화 방법'으로 해석된다.

이에 대비하여 비교대상발명 1에는 아래와 같이 '호스트 이동통신 단말이 클라이언트 이동통신 단말에 IP 주소 등의 정보를 전송하여 메신저 서비스를 수행함으로써 비용 부담을 줄일 수 있다(식별번호 [0046] 참조).'라고 기재되어 있고, 메신저 서비스는 오디오 정보 등 다양한 포맷의 데이터 전송을 포함하는 개념이므로, **VoIP** 기술에 의한 통화라고 할 수 있는바, 양 대응 구성은 모두 **'IP 정보 전송에 의한 무료 통화 방법'**이라는 점에서 실질적으로 동일하다.

> [0046] 또한 패킷 데이터 코어 네트워크(320)를 통해 호스트 이동 통신 단말기(100) 및 클라이언트 이동 통신 단말기들(420,440) 간에 상호 메신저 서비스를 수행함으로써, 단문 메시지를 이용하여 메신저 서비스를 수행하는 것보다 신속한 메시지 전송이 가능하고 전송 데이터 당 비용 부담을 줄일 수 있는 장점이 있다.
> [0063] 아이피주소를 할당받으면, 호스트 이동통신 단말기(100)는 할당된 아이피주소정보와 호스트 이동통신 단말기(100)의 아이디정보, 포트 번호 정보를 포함하는 단문메시지 포맷의 대화 요청 메시지를 SMS서버(200)로 전송한다(S160). SMS서버(200)는 호스트 이동통신 단말기(100)로부터 전송된 대화 초청 메시지를 클라이언트 이동 통신 단말기(400)로 전송한다(S170).
> [0068] 호스트 이동통신 단말기(100)와 클라이언트 이동통신 단말기(400) 간에 동일한 대화 대상 정보인 버디 리스트를 공유하게 되면, 호스트 이동통신 단말기(100)와 클라이언트 이동통신 단말기(400)는 상호간에 메신저 서비스를 수행한다(S270).
> [0080] 또한, 패킷 데이터 서비스 노드에 각각 점대 점 프로토콜 접속하여 호스트 이동통신 단말기와 클라이언트 이동통신 단말기들 상호간에 메신저 서비스를 수행함으로써, 텍스트 메시지 외에 오디오정보, 단말기에 저장된 데이터, 및 이미지 정보 등 다양한 포맷을 갖는 데이터를 상호간에 교환할 수 있다.

(2) 구성 1 및 구성 3

이 사건 제1항 특허발명의 구성1 및 구성 3은 '발신 및 수신 측에서 자신의 인터넷 주소정보를 획득하는 단계'이고, 앞에서 살핀 바와 같이 '인터넷 주소정보'는 'IP 주소'로 해석될 수 있으므로, '발신 및 수신 측에서 IP 주소를 획득하는 단계'로 파악된다.

이에 대비하여 비교대상발명 1에는 '호스트 및 클라이언트 이동통신 단말기가 아이피주소를 할당받는 단계(식별번호 [0062] 및 [0065] 참조)'가 개시되어 있고, '호스트 이동통신 단말기' 및 '클라이언트 이동통신 단말기'는 각각 '발신 측' 및 '수신 측'에 해당하므로, 양 대응구성은 발신 및 수신 측이 IP 주소를 획득하는 점에서 실질적으로 동일하다.

(3) 구성 2

구성 2는 '발신 측 인터넷 주소정보가 바이너리코드 형태로 변환되고, 변환된 인터넷 주소정보를 수신 측에 IP 정보 전송 서비스가 가능한 통신망을 통하여 전송하는 단계'인데, 앞에서 살핀 바와 같이 'IP 정보 전송 서비스가 가능한 통신망'은 'IP 망'이라고 할 수 있으므로, '발신 측 인터넷 주소정보가 바이너리코드 형태로 변환되고, 변환된 인터넷 주소정보를 수신 측에 IP 망을 통하여 전송하는 단계'로 파악된다.

이에 대비하여, 비교대상발명 1에는 '호스트 이동통신 단말기(100)가 할당된 아이피주소정보와 호스트 이동통신 단말기(100)의 아이디정보, 포트 번호 정보를 포함하는 대화 요청 메시지를 SMS 서버(200)를 경유하여 클라이언트 이동 통신 단말기(400)로 전송하는 단계(식별번호 [0063] 참조)'가 개시되어 있고, '아이피주소정보'는 '인터넷 주소정보'에 해당하고, SMS 서버에 의하여 전송되는 정보는 당연히 바이너리코드 형태로 변환되므로, 양 대응구성은 '발신 측 인터넷 주소정보가 바이너리코드 형태로 변환되어 수신 측에 전송되는 점'에서는 동일하다.

다만, 구성 2는 '아이피 주소가 전송되는 망이 IP 망'인데 반하여, 비교대상발명 1에서는 '아이피 주소가 전송되는 망이 SMS 망'이라는 차이가 있다. 즉, 구성 2와 비교대상발명 1은 아이피 주소가 전송되는 망이 서로 상이하므로, **양 대응구성은 동일하다고 할 수 없다.**

(4) 구성 4

구성 4는 '수신 측에서 발신 측으로부터 받은 인터넷 주소정보를 해독하거나, 바이너리 코드 데이터에서 IP 정보를 추출하는 단계'이다.

이에 대비하여, 비교대상발명 1에는 '클라이언트 이동통신 단말기(400)가 대화초청 메시지로부터 아이피 주소정보 등 호스트 이동통신 단말기(100)의 정보를 검출하는 단계(식별번호 [0064] 참조)'가 개시되어 있고, 대화초청메시지가 바이너리 코드 데이터 포맷인 것은 기술적 상식이며, 아이피 주소정보는 IP 정보에 해당하므로, 양 대응구성은 실질적으로 동일하다.

(5) 구성 5

구성 5는 '수신 측에서 해독된 발신 측 인터넷 주소정보를 이용하여 수신 측 인터넷 주소정보를 유선 또는 무선 인터넷망을 통하여 발신 측에 전송하는 단계'이다.

이에 대비하여, 비교대상발명 1에는 아래와 같이 '클라이언트 이동통신 단말기들(420,440)이 호스트 및 클라이언트 이동통신 단말기의 IP 주소를 포함하는 등록요구메시지를 패킷 데이터 코어 네트워크(320)를 거쳐 호스트 이동통신 단말기(100)로 전송하는 구성(식별번호 [0041], [0054] 및 [0056] 참조)'이 개시되어 있고, 클라이언트 및 호스트 이동통신 단말기는 각각 수신 측 및 발신 측에 해당하므로, '수신 측이 발신 측 IP 주소를 이용하여 수신 측 IP 주소를 인터넷망을 통하여 발신 측에 전송하는 구성'을 내포하고 있는바, 양 대응구성은 실질적으로 동일하다.

[0041] 클라이언트 이동 통신 단말기들(420,440)은 각각 할당된 아이피주소를 포함하는 등록요구메시지(register message)를 생성한다. 이때 클라이언트 이동 통신 단말기들(420,440)은 각각 등록요구메시지를 패킷 데이터 코어 네트워크(320)를 거쳐 호스트 이동 통신 단말기(100)로 전송한다.
[0054] 도시된 바와 같이, 등록요구메시지는 전송데이터의 종류정보(421), 아이피 주소정보(422), TCP(Transmission Control Protocol)/UDP(User Datagram Protocol)정보(423), 포트번호정보(424), 및 인증정보(425)로 구성된다.
[0056] 아이피 주소정보(422)는 호스트 이동 통신 단말기(100)와 각 클라이언트 이동 통신 단말기들(420,440)의 아이피 주소정보가 포함된다.

(6) 구성 6

구성 6은 '발신 측과 수신 측에서 각각 획득한 인터넷 주소정보를 이용하여 인터넷 통화를 하는 단계'이다. 이에 대비하여, 비교대상발명 1에는 '호스트 이동통신 단말기(100)와 클라이언트 이동통신 단말기(400) 상호간에 파일 및 음성 서비스를 전송하는 메신저 서비스를 수행하는 단계(식별번호 [0068] 참조)'가 개시되어 있고, 음성 서비스는 인터넷 통화에 해당하므로, 양 대응구성은 실질적으로 동일하다.

(7) 대비결과

위에서 살핀 바와 같이, 이 사건 제1항 특허발명과 비교대상발명 1은 전제부, 구성 1, 구성 3 내지 6은 동일하나, 구성 2는 동일하다고 볼 수 없으므로 이 사건 제1항 특허발명은 비교대상발명 1에 의하여 신규성이 부정되지 아니한다.

2) 이 사건 제2항 내지 제4항 및 제7항 특허발명이 비교대상발명 1에 의하여 신규성이 부정되는지 여부

이 사건 제2항 내지 제4항 및 제7항 특허발명은 제1항 특허발명의 구성에 추가적인 구성요소들을 부가·한정한 것이므로, 이 사건 제1항 특허발명이 비교대상발명 1에 의하여 신규성이 부정되지 않는 한 제2항 내지 제4항 및 제7항 특허발명도 비교대상발명 1에 의하여 신규성이 부정되지 아니한다.

다. 이 사건 제1항 내지 제8항 특허발명의 진보성 여부

1) 이 사건 제1항 특허발명이 비교대상발명 1에 의하여 진보성이 부정되는지 여부

앞에서 살핀 바와 같이 이 사건 제1항 특허발명의 전제부, 구성 1, 구성 3 내지 6은 비교대상발명 1과 동일하나, 구성 2는 '아이피 주소가 전송되는 망이 IP 망인 점'에서, 비교대상발명 1에서 '아이피 주소가 전송되는 망이 SMS 망인 점'과 서로 차이가 있다.

가) 차이점에 관한 검토

위 차이점은 다음과 같은 사정을 종합하여 보면 이 사건 특허발명의 명세서에 기재된 내용을 이미 알고 있음을 전제로 하여 사후적으로 판단하지 아니하는 한 비교대상발명 1에 의하여 쉽게 극복할 수 있다고 보기 어렵다.

(1) 구성 2의 기술적 의의

구성 2는 '발신 단말은 자신의 인터넷 주소정보를 수신 단말에 IP 망을 통하여 전송하는 구성'인데, 이는 발신 단말이 수신 단말의 IP 주소에 대한 정보를 사전에 알고 있다는 것을 전제로 하여, 발신 단말과 수신 단말 간에 인터넷망을 이용한 무료통화를 수행할 수 있도록 하기 위하여, 발신 단말이 자신의 인터넷 주소정보를 수신 단말에 전송하는 것에 그 기술적 의의가 있다.

즉, 발신 단말과 수신 단말 간에 인터넷망을 이용한 무료통화를 수행하려면, 발신 단말과 수신 단말이 각각 상대 단말의 인터넷 주소정보를 사전에 알고 있어야 하는데, 구성 2는 발신 단말은 수신 단말의 인터넷 주소정보를 알고 있지만, 수신 단말은 발신 단말의 인터넷 주소정보를 알고 있지 못하거나 발신 단말의 인터넷 주소 정보를 잘못 알고 있는 상황에서, 수신 단말이 발신 단말의 인터넷 주소정보를 인식하게 함으로써 인터넷망을 이용한 무료통화를 가능하게 하기 위한 것임을 알 수 있다.

게다가, 이 사건 특허발명의 상세한 설명에는 아래와 같이 기재되어 있어, 발신 단말과 수신 단말이 서로의 IP 주소에 대한 정보를 알고 있는 상태에서도 IP 주소에 대한 정보를 다시 교환하여, 그 갱신된 IP 주소를 '무료 목록'에 반영하는데, 구성 2는 갱신된 IP 주소를 '무료 목록'에 반영하기 위하여 수신 단말의 갱신된 IP 주소를 요청하는 것으로 볼 여지가 있다.

[44] 한편, 휴대단말기(100)가 인터넷에 접속된 상태가 되면 유/무선인터넷기능부(120)로부터 자신의 인터넷주소(My_IP)정보를 획득 후 획득된 My_IP정보를 메모리부(140)에 갱신 저장하며(S105 참조), 상기 메모리부(140)에 갱신 저장된 My_IP정보를 유/무선인터넷기능부(120)를 통하여 "무료목록"상대편(들)에게 브로드케스팅 전송하여 알린다(S106 참조). 이 때에 "무료목록"이라 함은 무료통화가능한 상대편(Your_) 호출번호와 상대편(Your_) IP정보, 그리고 선택적으로 있을 수 있는 부가정보 등의 조합(들)의 목록을 말한다.
[45] 이후, 상기 휴대단말기(100)가 인터넷에 접속된 상태에서 상대편(Your_)(들)로부터 Your(상대편)_IP정보 갱신의 요청이 있는지를 점검하며(S107 참조), 그 요청에 따라 Your_IP정보를 수신하여 "무료목록"의 Your_IP정보를 갱신한다(S108 참조). 또한 내 자신(My_)IP정보의 변화가 발생했는지도 감시하고 있다가 My_IP정보의 변화가 있으면 상기 S105이후의 절차를 반복한다(S109 참조).

(2) 구체적 검토

비교대상발명 1은 아래와 같이 '호스트 이동통신단말기가 클라이언트 이동통신단말기에 자신의 IP 주소를 포함하는 대화초청메시지를 단문 메시지 서비스를 이용하여 제공하면, 클라이언트 이동통신단말기는 대화초청메시지를 수신한 후 PDSN으로부터 IP 주소를 할당받는다(식별번호 [26] 참조).'라고 기재되어 있어, 호스트 이동통신단말기가 클라이언트 이동통신단말기의 IP 주소를 알지 못하는 경우 호스트 이동통신단말기가 타 단말기에게 일방적으로 정보를 제공할 수 있는 문자메시지 기능을 이용하여 자신의 IP 주소에 대한 정보를 클라이언트 이동통신단말기에 전달하는 것에 그 기술적 특징이 있다고 할 것이다.

[0026] 한편, 상기와 같은 목적은 본 발명에 따라, 호스트 이동통신단말기, 적어도 하나의 클라이언트 이동통신단말기, 이동통신단말기들에 단문 메시지 서비스를 제공하는 단문메시지서버, 및 이동통신단말기들과 점대 점 프로토콜 통신 접속을 통해 각각 아이피주소를 할당하는 패킷 데이터 서비스 노드(Packet Data Serving Node: PDSN)를 포함하는 이동 통신 시스템을 이용한 이동통신단말기들 간에 메신저 서비스 제공 방법에 있어서, 호스트 이동통신단말기가 메신저 서비스를 위해 아이피주소를 할당받으면, 아이피주소를 포함하는 대화초청메시지를 단문메시지서버를 거쳐 클라이언트 이동통신단말기로 전송하는 단계; 클라이언트 이동통신단말기가 대화초청메시지를 수신한 후, 패킷 데이터 서비스 노드로부터 아이피주소를 할당받아 등록요구메시지를 패킷 데이터 서비스 노드를 거쳐 호스트 이동통신단말기로 전송하는 단계; 호스트 이동통신단말기가 등록요구메시지를 기초로 대화 상대에 대한 버디 리스트를 갱신하고, 갱신한 버디 리스트를 패킷 데이터 서비스 노드를 거쳐 클라이언트 이동통신단말기로 전송하는 단계; 및 호스트 이동통신단말기와 클라이언트 이동통신단말기가 갱신된 버디 리스트를 기초로 상호간에 메신저 서비스를 수행하는 단계를 포함하는 메신저 서비스 제공 방법에 의해 달성된다.

이에 따르면, 비교대상발명 1은 '서킷망에서 문자 메시지에 정보를 삽입하여 전송하는 기술'로서, 구성 2의 '패킷망에서 IP 패킷에 정보를 삽입하여 전달하는 기술'과는 명백히 구별된다.

다만, 구성 2는 비교대상발명 1의 '호스트 이동통신단말기가 클라이언트 이동통신단말기에 자신의 IP 주소를 포함하는 대화초청메시지를 단문 메시지 서비스를 이용하여 제공하는 구성'에 '인터넷망을 이용하여 발신 단말이 자신의 IP 주소를 IP 패킷에 삽입하여 수신 단말에 전송하는 기술적 사상'을 도입한 것이라 볼 여지도 있으나, 상대방 IP 주소를 알지 못하는 경우에는 상대방에게 IP 패킷을 전송할 수 없다는 점을 고려해볼 때, 문자 메시지 전송 기술을 패킷망에서의 IP 패킷 전송 기술로 대체하고자 하는 동기가 있다고 보기 어렵다.

게다가, 비교대상발명 1에 '인터넷망을 이용하여 발신 단말이 자신의 IP 주소를 IP 패킷에 삽입하여 수신 단말에 전송하는 기술적 사상'을 적용하는 것은 발신 단말이 수신 단말의 IP 주소를 알지 못하는 상태에서 자신의 IP 주소에 대한 정보를 수신 단말에 전달하고자 하는 비교대상발명 1의 기술적 의미를 잃게 하는 것이므로 쉽사리 상정할 수 없다.

또한, 비교대상발명 1은 단말 간에 무료 통화를 시작하기 전에 발신 단말의 IP 정보를 수신 단말에 전달하기 위하여 유료의 SMS 망을 이용하여야 하는 한계가 있지만, 구성 2는 IP 망을 이용하여 발신 단말의 IP 정보를 수신 단말에 전달하므로, 비교대상발명 1에 대비하여 요금이 절감되는 새로운 효과가 인정된다.

나) 검토 결과의 정리

이상에서 살펴본 내용들을 종합하면, 이 사건 제1항 특허발명은 통상의 기술자가 비교대상발명 1만으로는 쉽게 발명할 수 있다고 볼 수 없으므로, 이 사건 제1항 특허발명은 진보성이 부정되지 아니한다.

2) 이 사건 제2항 내지 제4항 및 제7항 특허발명이 비교대상발명 1에 의하여 진보성이 부정되는지 여부

이 사건 제2항 내지 제4항 및 제7항 특허발명은 제1항 특허발명의 구성에 추가적인 구성요소들을 부가·한정한 것이므로, 이 사건 제1항 특허발명이 비교대상발명 1에 의하여 진보성이 부정되지 않는 한 제2항 내지 제4항 및 제7항 특허발명도 비교대상발명 1만으로는 진보성이 부정되지 아니한다.

3) 이 사건 제5항 및 제6항 특허발명이 비교대상발명 1 및 2에 의하여 진보성이 부정되는지 여부

이 사건 제5항 및 제6항 특허발명은 제1항 특허발명을 한정한 종속항인데, 통상의 기술자가 비교대상발명 1 및 2로부터 쉽게 발명할 수 있는 것인지 살펴보면, 비교대상발명 2에는 '암호화의 터널 모드는 LAN 외부의 다른 디바이스로 전송되는 음성 패킷들을 인코딩하기 위해 이용될 수 있으며, 헤더 및 페이로드 데이터 둘 모두가 인코딩되게 한다(단락 [0040] 참조).'라고 개시되어 있어, 음성 패킷을 인코딩한다는 것을 알 수 있을 뿐, '발신 단말이 인터넷망을 통하여 자신의 IP 주소를 수신 단말에 전송하는 기술'이 직접적으로 개시되어 있거나 이를 도출하기 위한 동기나 암시도 있지 않으므로, 이 사건 제5항 및 제6항 출원발명은 통상의 기술자가 비교대상발명 1 및 2로부터 쉽게 발명할 수 있다고 보기는 어렵다.

4) 이 사건 제8항 특허발명이 비교대상발명 1 및 3에 의하여 진보성이 부정되는지 여부

이 사건 제8항 특허발명이 비교대상발명 1 및 3으로부터 쉽게 발명할 수 있는 것인지 살펴보면, 앞에서 살핀 바와 같이 비교대상발명 1에는 '발신 단말이 인터넷망을 통하여 자신의 IP 주소를 수신 단말에 전송하는 기술'이 직접적으로 개시되어 있지 않고, 비교대상발명 3에도 유무선 인터넷 전화용 통신 단말장치에 대하여 개시되어 있을 뿐, '발신 단말이 인터넷망을 통하여 자신의 IP 주소를 수신 단말에 전송하는 기술'을 도출하기 위한 동기나 암시도 있지 않으므로, 이 사건 제8항 출원발명은 통상의 기술자가 비교대상발명 1 및 3으로부터 쉽게 발명할 수 있다고 보기는 어렵다.

라. 소결

이상 살펴본 바와 같이, 이 사건 제1항 내지 제4항 및 제7항 특허발명은 비교대상발명 1만으로는 신규성이 부정되지 아니하고, 이 사건 제1항 내지 제8항 특허발명은 비교대상발명 1 또는 비교대상발명 1,2 또는 비교대상발명 1,3만의 결합에 의해서는 진보성이 부정되지 아니한다.

5. 결론

그러므로 이 사건 심판청구를 기각하고, 심판비용은 청구인이 부담하기로 하여 주

주문과 같이 심결한다.

심판장	심판관	김희태	*김희태* (인)
	심판관	이정수	*이정수* (인)
	심판관	인치복	*인치복* (인)
	심판관	선동국	*선동국* (인)
	심판관	유병철	*유병철* (인)

특 허 법 원

제 5 - 1 부

판 결

사 건	2021허18 권리범위확인(특)
원 고	오준수
피 고	주식회사 카카오
	제주시 첨단로 242 (영평동)
	공동대표이사 여민수, 조수용
	소송대리인 특허법인 무한 담당변리사 김지훈, 천성진
변 론 종 결	2021. 6. 10.
판 결 선 고	2021. 8. 24.

주 문

1. 원고의 청구를 기각한다.
2. 소송비용은 원고가 부담한다.

청 구 취 지

특허심판원이 2020. 12. 15. 2020당1381호 사건에 관하여 한 심결을 취소한다.

이 유

1. 기초사실

가. 이 사건 심결의 경위

1) 아래 나.항 기재 이 사건 특허발명의 특허권자인 원고는 2020. 5. 1. 피고를 상대로 특허심판원 2020당1381호로 아래 다.항 기재 확인대상발명이 이 사건 특허발명의 권리범위에 속한다는 확인을 구하는 적극적 권리범위확인심판을 청구하였다.

2) 그러나 특허심판원은 2020. 12. 15. "확인대상발명은 이 사건 특허발명의 구성요소 중 '발신 측'에 해당하는 구성요소가 결여되었으므로 균등 관계를 따져 보거나 이 사건 특허발명이 아래 라.항 기재 선행발명 1에 의하여 신규성이 부정되는지를 살필 필요도 없이, 이 사건 특허발명의 권리범위에 속하지 않는다."라는 이유로 원고의 청구를 기각하는 이 사건 심결을 하였다.

나. 이 사건 특허발명(갑 제2, 3호증)

○ 발명의 명칭 : IP정보 전송에 의한 무료통화방법 및 IP정보 전송에 의한 무료통화용 휴대단말기

○ 출원일/ 우선권주장일/ 등록일/ 등록번호 : 2006. 11. 17./ 2005. 11. 28./ 2008. 3. 26./ 특허 제0818599호

○ 특허권자 : 원고

○ 청구범위

【청구항 1】IP정보 전송에 의한 무료통화방법에 있어서(이하 '전제부'라 한다), 발

신 측에서 자신의 인터넷주소 정보를 획득하는 **제1 단계**(이하 '구성요소 1'이라 한다); 상기 발신 측 인터넷주소 정보가 바이너리코드 형태로 변환되고, 상기의 변환된 인터넷주소 정보를 수신 측에 IP정보 전송서비스가 가능한 통신망을 통하여 전송하는 **제2 단계**와(이하 '구성요소 2'라 한다); 수신 측에서 자신의 인터넷주소 정보를 획득하는 **제3 단계**(이하 '구성요소 3'이라 한다); 상기 수신 측에서 발신 측으로부터 받은 인터넷주소 정보를 해독하거나, 바이너리 코드 데이터에서 IP 정보를 추출하는 **제4 단계**(이하 '구성요소 4'라 한다); 수신 측에서 해독된 상기 발신 측 인터넷주소 정보를 이용하여 상기 수신 측 인터넷주소 정보를 유선 또는 무선 인터넷망을 통하여 발신 측에 전송하는 **제5 단계**(이하 '구성요소 5'라 한다); 및 상기 발신 측과 수신 측에서 각각 획득한 인터넷주소 정보를 이용하여 인터넷 통화를 하는 **제6 단계**(이하 '구성요소 6'이라 한다);로 구성되는 것을 특징으로 하는 IP정보 전송에 의한 무료통화방법(이하 '이 사건 제1항 발명'이라 하고 나머지 청구항도 같은 방식으로 부른다).

【청구항 2】 청구항 1에 있어서, 상기 제5 단계가 이루어진 후, 상기 발신 측과 수신 측에서 각각 획득한 인터넷주소 정보를 이용하여 인터넷 데이터 통신을 하는 단계;를 더 포함하여 이루어지는 것을 특징으로 하는 IP정보 전송에 의한 무료통화방법.

【청구항 3 내지 10】 (각 기재 생략)

○ 발명의 개요

① **발명이 속하는 기술 및 그 분야의 종래기술**
<24> 본 발명은 IP정보 전송에 의한 무료통화방법 및 IP정보 전송에 의한 무료통화용 휴대단말기에 관한 것으로, 더욱 상세하게는 바이너리 코드 데이터의 전송서비스가 가능한 통신망

즉, 이동통신망, 무선호출망, LBS(위치기반서비스)망, 무선초고속인터넷망, 기타 유/무선의 데이터통신망을 이용하여, 발신 측 인터넷주소 정보를 바이너리 코드 데이터 형태로 변환하여 수신 측으로 전송하고, 상기 수신 측에서는 발신 측으로부터 받은 바이너리 코드화된 인터넷주소정보를 해독(IP정보와 부가정보를 추출)하며, 해독된 발신 측 인터넷주소정보를 이용하여 상기 수신 측 인터넷주소 정보를 유선 또는 무선 인터넷망을 통하여 발신 측에 전송함으로써 발신 측과 수신 측에서 각각 획득한 인터넷주소 정보를 이용하여 인터넷 스트리밍 통화 또는 인터넷 데이터전송(이하 통칭하여 "인터넷 통화"라 하며, 더 함축한 의미로는 "통화"라 한다)이 되도록 구성되는 IP정보 전송에 의한 무료통화방법과 이러한 인터넷 통화가 가능하도록 구성된 IP정보 전송에 의한 무료통화용 휴대단말기에 관한 것이다.

<25> 기존의 휴대 전화에 의한 통신의 경우, 통화 빈도가 높거나 통화 시간이 길어지는 경우 많은 통화요금이 부과되었다. 이러한 통화요금을 절감하기 위한 시도로 인터넷과 개인용 컴퓨터를 이용한 통화 방법이 제시되고 실행되어 왔지만, 이러한 기존의 방법은 개인용 컴퓨터의 사용을 전제로 하고 있는 것으로 이동 중 통화는 불가능하다는 문제점이 있었다.

<26> 또한, 휴대용 노트북 컴퓨터를 이용하여 인터넷을 이용한 통화를 시도하는 경우에도, 일반적인 휴대용 전화기에 비하여 휴대용 노트북의 크기가 너무 크고 중량 또한 상당하여, 이동 중 인터넷을 이용한 통화는 실효성이 거의 없다는 문제가 있었다.

② 발명이 이루고자 하는 기술적 과제

<27> 본 발명은 상기와 같은 문제점을 해결하기 위하여 안출된 것으로, 이동통신망, 무선호출망, LBS(위치기반서비스)망, 무선초고속인터넷망 기타 유/무선 데이터통신망 등의 바이너리코드 데이터의 전송서비스가 가능한 통신망을 이용하여 발신/수신 측의 인터넷주소 정보를 바이너리코드 형태로 변환하거나, 해독하여 각각 획득한 인터넷주소 정보를 이용하여 인터넷 통화가 되도록 구성하여 통화빈도, 통화시간에 따른 통화요금을 절감할 수 있는 IP정보 전송에 의한 무료통화방법 및 IP정보 전송에 의한 무료통화용 휴대단말기를 제공하는 데 있다.

<28> 또한, 본 발명의 다른 목적은 무료통화를 위해 개인용 컴퓨터 단말기, 휴대용 노트북 단말기 및 개인용 휴대단말기 등 단말기의 종류에 관계없이 인터넷주소 정보를 바이너리코드 데이터 형태로 변환 가능여부가 확인되는 단말기에 대해 장소에 제한 없이 실시간으로 무료통화를 제공하는 IP정보 전송에 의한 무료통화방법 및 IP정보 전송에 의한 무료통화용 휴대단말기를 제공하는 데 있다.

3 발명의 구성 및 작용

<37> 본 발명의 IP정보 전송에 의한 무료통화용 휴대단말기(100)는 도 2에 도시된 바와 같이, 휴대단말기(100), 바이너리(Binary) 전송서비스 통신망 접속기능부(110), 유/무선 인터넷기능부(120), 바이너리(Binary) 전송서비스 기능부(130) 및 메모리부(140)로 기본 구성된다.

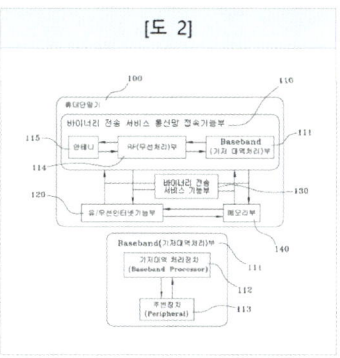

[도 2]

<38> 또한 상기의 바이너리(Binary) 전송서비스 통신망 접속기능부(110)는 보내고 싶은 전기적인 신호를 전파로 바꾸거나(발신) 수신된 전파를 전기적인 신호로 바꾸어 전달(수신)하는 안테나부(115)와, 발신되는 캐리어 신호에 데이터신호를 싣거나 수신되는 캐리어 신호로부터 데이터 신호를 추출하는 무선처리부(114)와, 주파수대역 변환 및 데이터 비트열화 기능 및 기타 처리 기능의 기저대역처리부(111)로 구성되며, 상기의 기저대역처리부(111)는 연산처리 기능의 기저대역처리장치(112)와 주변장치(113)(예: SD Card I/F, IDE I/F, USB OTG I/F, HDD I/F, LAN 10/100Mbps, DC Power Supply, I/F 등)로 구성된다.

<39> 또한, 본 발명의 IP정보 전송에 의한 무료통화방법의 일실시예는 도 1a 및 도 1b의 플로우차트에 도시된 바와 같다.

<40> 먼저, 본 발명의 무료통화방법기능이 탑재되어 있는 일반 핸드폰을 포함한 모든 휴대단말기(100)(예: PDA, 스마트폰, Web Pad, Tablet PC, 일반 노트북, 서브 노트북, PMP, UMPC, 기타 핸드 헬드 단말기 등)가 발신 측으로 작동하는 경우에 관하여 도 1a를 참조하여 설명한다.

[도면 삽입을 위한 여백]

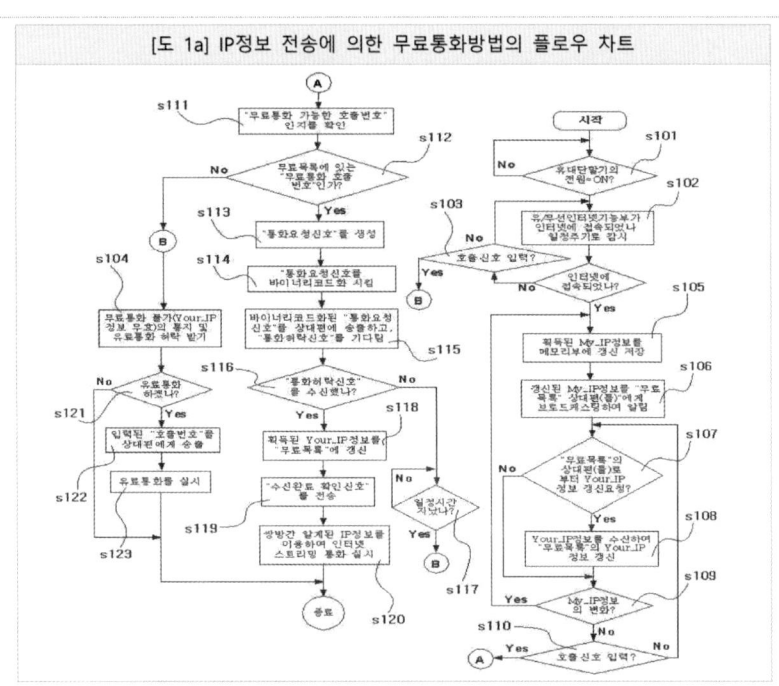

<41> 상기 휴대단말기(100)는 자체에 구비한 유선 인터넷(예: ADSL, VDSL, Cable, 광LAN, HFC 등의 초고속인터넷망) 또는 무선 인터넷(예: WiBro, HSDPA WiMAX, 무선랜, NESPOT, 무선PAN 등 및 무선 초고속인터넷접속서비스) 접속기능부(이하 "유/무선 인터넷기능부(120)"라 한다)를 통하여 인터넷에 접속하여, ISP(인터넷정보 제공자, Internet Service Provider)로부터 IP정보(기본정보+선택적 추가정보)를 획득하여, 메모리부(140)의 특정영역에 저장한다.

<42> 상세히 서술하면 IP정보의 기본정보는 고정 또는 유동 IP주소(IP Address)를 말하며, IP정보의 선택적 추가정보는 MAC주소(Physical Address), Default Gateway, DHCP Server, DNS Servers 등의 정보들 중의 하나 이상으로 구성되는 IP정보를 말한다.

<43> 상기 휴대단말기(100)의 전원이 켜지면(S101 참조), 유/무선인터넷기능부(120)가 인터넷에 접속되었는지를 일정주기(예: 0.01초)로 감시를 한다(S102 참조). 이때에 인터넷에 접속되

지 않은 상태에서 호출신호의 입력이 있는지 점검한다(S103 참조). 즉 호출신호는 호출번호[휴대단말기의 고유식별 번호(예: 012-123-1234]이며 "Your_식별번호"와 "My_식별번호"가 있을 수 있음] 및 통화(걸기/받기)버튼의 입력신호로 이루어지며, 인터넷이 접속되지 않은 상태에서 상기의 호출신호가 있으면, 무료통화 불가(Your_IP 정보 사용불가, 즉 무효)를 통지하고, 유료통화를 허락 받는 절차로 진입한다(S104 참조).

<44> 한편, 휴대단말기(100)가 인터넷에 접속된 상태가 되면 유/무선 인터넷기능부(120)로부터 자신의 인터넷주소(My_IP) 정보를 획득 후 획득된 My_IP 정보를 메모리부(140)에 갱신 저장하며(S105 참조), 상기 메모리부(140)에 갱신 저장된 My_IP 정보를 유/무선 인터넷기능부(120)를 통하여 "무료목록" 상대편(들)에게 브로드캐스팅 전송하여 알린다(S106 참조). 이때에 "무료목록"이라 함은 무료통화가능한 상대편(Your_) 호출번호와 상대편(Your_) IP 정보, 그리고 선택적으로 있을 수 있는 부가정보 등의 조합(들)의 목록을 말한다.

<45> 이후, 상기 휴대단말기(100)가 인터넷에 접속된 상태에서 상대편(Your_)(들)로부터 Your(상대편)_IP 정보 갱신의 요청이 있는 지를 점검하며(S107 참조), 그 요청에 따라 Your_IP 정보를 수신하여 "무료목록"의 Your_IP 정보를 갱신한다(S108 참조). 또한 내 자신(My_IP) 정보의 변화가 발생했는지도 감시하고 있다가 My_IP 정보의 변화가 있으면 상기 S105이후의 절차를 반복한다(S109 참조).

<46> 다음으로 휴대단말기(100)가 인터넷에 접속된 상태에서 Your_IP 정보 또는 My_IP 정보의 갱신이 이루어진 후에 호출신호의 입력이 있는지 점검하며(S110 참조), 만약 호출신호의 입력이 발생되면 무료통화 가능한 호출번호(줄여서 "무료통화 호출번호"라 한다)인지를 확인한 후 다음 단계를 진행한다(A 및 S111, S112 참조).

<47> 이때 무료통화 호출번호가 입력되었다면 "통화요청신호"를 생성한다. 여기서 "통화요청신호"는 인터넷망의 데이터통신방법(예: FTP, 텔넷[Telnet], TCP/IP 등)으로 상대편에게 송출하기 위하여 "My_IP 정보+부가정보+Your_IP 정보 전송요구 신호(예: REQ)" 등의 조합으로 구성되는 신호이다(S113 참조).

<48> 상기 절차에 이어서 통화요청신호를 바이너리코드화 시키며(S114 참조), 다음으로 바이너리코드화 된 "통화요청신호"를 상대편에 송출하고, "통화허락신호"를 기다린다(S115 참조). 여기서 "통화허락신호"는 통화요청신호에 대해 응답되는 신호이며 "호출번호(Your_식별번호)+Your_IP 정보+부가정보" 등의 조합으로 구성되는 신호이다.

<49> 이때에 "통화허락신호"가 수신되는지(S116 참조)를 일정시간(예: 0.1초) 기다리다가(S117 참조) 수신이 없으면 B의 절차 이후를 진행하며, 수신이 있으면 유/무선 인터넷기능부에서 획득된 상대편(Your_) IP 정보를 갱신할 필요가 있으면 "무료목록"에서 갱신한다(S118 참조).

<50> 여기서 B의 절차 이후는 즉, 무료통화 불가(Your_IP 정보 사용불가, 즉 무효)를 통지하고, 유료통화를 허락 받는 절차로 진입하는 것이며(S104 참조), 유료통화를 허락받으면(S121 참조) 입력된 "호출번호"를 상대편에게 송출하여(S122 참조) 유료통화를 실시하며 허락되지 못하면 통화를 절단(종료)하는 것이다(S123 참조).

<51> 한편으로 상기의 다음 절차에 의해서 인터넷망의 데이터통신방법(예: FTP, 텔넷[Telnet], TCP/IP 등)으로 상대편(Your_)에게 "통화허락신호"를 수신했다는 확인표시의 "수신완료확인신호"(예: ACK)를 전송한다.

<52> 이후 상기의 절차에 의해서 쌍방 간 알게 된 IP정보를 이용하여 유/무선 인터넷 통화경로(예:Peer-to-Peer통화경로)를 형성하여 인터넷 스트리밍 무료통화(음성통화를 기본으로 하여 어떠한 데이터의 송신 또는 수신도 가능)를 실시할 수 있게 된다(S120 참조).

<53> 한편, 본 발명의 무료통화방법 기능이 탑재된 상기 휴대단말기(100)는 도 1a에 도시된 바와 같이, 자신의(My_) IP 정보의 변화가 있는지를 일정주기(예: 0.01초)로 감시하여(S109 참조), My_IP 정보가 변경되었을 시에는 즉시 그 변경된 내용을 상기 메모리부(140)에 갱신하여 저장하고, "무료목록"("Your_호출번호+Your_IP 정보+선택적 부가정보 등"의 조합)에 저장된 상대편(들)에게 브로드캐스팅하여 송출할 수 있도록 하는 것이 바람직하다.

<54> 또한, 상대측으로부터 상대측의 Your_IP 정보 갱신의 요청이 있을 때는 갱신된 Your_IP 정보를 수신하여 자신의 무료목록을 갱신할 수 있도록 하는 것이 바람직하다.

<55> 또한, 평상시(휴대단말기가 켜져 있을 때) 사용자의 무료통화 식별번호의 생성작용(예: "식별번호 버튼+무료통화버튼+저장 버튼"의 입력)에 의해서 상기 메모리부(140)에 무료통화 식별번호가 생성되며, 생성된 식별번호를 "무료통화가능 상대편 식별번호 목록"에 신규 및 추가 저장을 할 수 있으며, 또한 편집(삭제 등)도 가능하도록 하는 것이 바람직하다.

<56> 한편, 수신 측으로 작동하는 경우에 관하여 도 1b를 참조하여 설명한다.

[도면 삽입을 위한 여백]

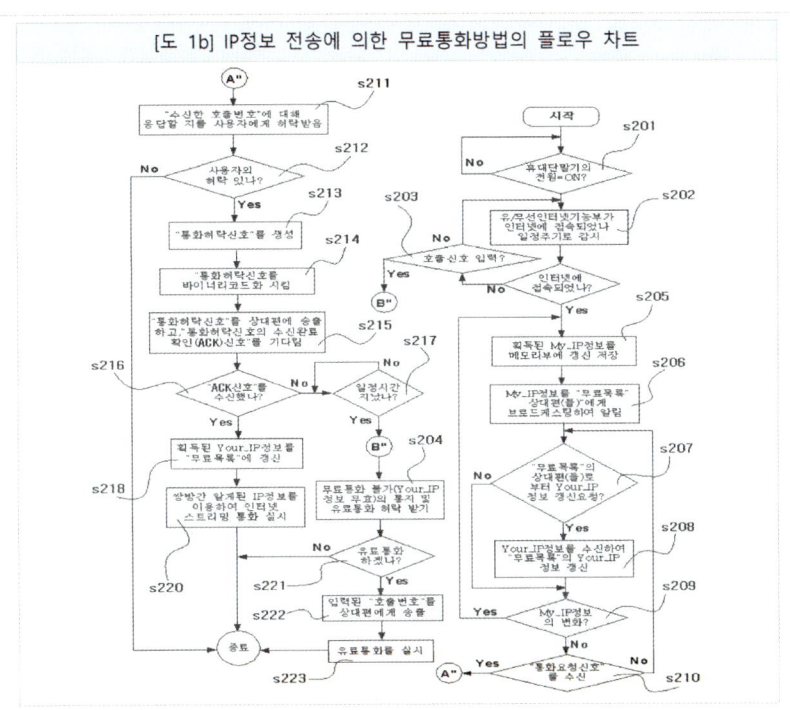

[도 1b] IP정보 전송에 의한 무료통화방법의 플로우 차트

<57> 상기 휴대단말기(100)의 전원이 켜지면(S201 참조), 유/무선 인터넷기능부(120)가 인터넷에 접속되었는지를 일정주기(예: 0.01초)로 감시를 한다(S202 참조). 이때에 인터넷에 접속되지 않은 상태에서 호출신호의 입력이 있는지 점검한다(S203 참조).

<58> 즉 호출신호는 호출번호[휴대단말기의 고유식별번호(예: 012-123-1234)이며 "Your_식별번호"와 "My_식별번호"가 있을 수 있음] 및 통화(걸기/받기)버튼의 입력신호로 이루어지며, 인터넷이 접속되지 않은 상태에서 상기의 호출신호가 있으면, 무료통화 불가(Your_IP 정보 사용불가, 즉 무효)를 통지하고, 유료통화를 허락받는 절차로 진입한다(S204 참조).

<59> 한편, 휴대단말기(100)가 인터넷에 접속된 상태가 되면 유/무선 인터넷기능부(120)로부터 자신의 인터넷주소(My_IP) 정보를 획득 후 획득된 My_IP 정보를 메모리부(140)에 갱신 저장하며(S205 참조), 상기 메모리부(140)에 갱신 저장된 My_IP 정보를 유/무선 인터넷기능부(12

0)를 통하여 "무료목록" 상대편(들)에게 브로드캐스팅 전송하여 알린다(S206 참조).

<60> 이때에 "무료목록"이라 함은 무료통화가능한 상대편(Your_) 호출번호와 상대편(Your_)IP 정보, 그리고 선택적으로 있을 수 있는 부가정보 등의 조합(들)의 목록을 말한다.

<61> 이후, 상기 휴대단말기(100)가 인터넷에 접속된 상태에서 상대편(Your_)(들)로부터 Your(상대편)_IP 정보 갱신의 요청이 있는 지를 점검하며(S207 참조), 그 요청에 따라 Your_IP 정보를 수신하여 "무료목록"의 Your_IP 정보를 갱신한다(S208 참조). 또한 내 자신(My_) IP 정보의 변화가 발생했는지도 감시하고 있다가 My_IP 정보의 변화가 있으면 상기 S205이후의 절차를 반복한다(S209 참조).

<62> 다음으로 휴대단말기(100)가 인터넷에 접속된 상태에서 Your_IP 정보 또는 My_IP 정보의 갱신이 이루어진 후에 통화요청신호의 수신이 있는지 점검하며(S210 참조), 만약 "통화요청신호"의 수신이 있다면 "수신한 호출번호"에 대해 응답할지를 사용자에게 허락받은 후 다음 단계를 진행한다(A" 및 S211, S212 참조).

<63> 이때 사용자에게 응답의 허락을 받았다면 "통화허락신호"를 생성한다. 여기서 "통화허락신호"는 인터넷망의 데이터통신방법(예: FTP, 텔넷[Telnet], TCP/IP 등)으로 상대편에게 송출하기 위하여 "호출번호(My_식별번호)+My_IP 정보+부가정보[통화허락신호의 수신완료 확인신호(예: ACK)등]" 등의 조합으로 구성되는 신호이다(S213 참조).

<64> 상기 절차에 이어서 "통화허락신호"를 바이너리코드화 시키며(S214 참조), 다음으로 바이너리코드화 된 "통화허락신호"를 상대편에 송출하고, "통화허락신호의 수신완료확인(ACK)신호"를 기다린다(S215 참조). 여기서 "통화허락신호의 수신완료확인(예: ACK)신호"는 "통화허락신호"에 대해 응답되는 신호이며 "호출번호(Your_식별번호)+Your_IP 정보+부가정보(예: ACK)" 등의 조합으로 구성되는 신호이다.

<65> 이때에 "통화허락신호의 수신완료확인(ACK)신호"가 수신되는지(S216 참조)를 일정시간(예: 0.1초) 기다리다가(S217 참조) 수신이 없으면 B"의 절차 이후를 진행하며, 수신이 있으면 유/무선 인터넷기능부에서 획득된 상대편(Your_)IP 정보를 갱신할 필요가 있으면 "무료목록"에서 갱신한다(S218 참조).

<66> 여기서 B"의 절차 이후는 즉, 무료통화 불가(Your_IP 정보 사용불가, 즉 무효)를 통지하고, 유료통화를 허락받는 절차로 진입하는 것이며(S204 참조), 유료통화를 허락받으면(S221 참조) 입력된 "호출번호"를 상대편에게 송출하여(S222 참조) 유료통화를 실시하며 허락되지

못하면 통화를 절단(종료)하는 것이다(S223 참조).

<67> 이후 상기의 절차에 의해서 쌍방 간 알게 된 IP정보를 이용하여 유/무선 인터넷 통화 경로(예:Peer-to-Peer통화경로)를 형성하여 인터넷 스트리밍 무료통화(음성통화를 기본으로 하여 어떠한 데이터의 송신 또는 수신도 가능)를 실시할 수 있게 된다(S220 참조).

<68> 한편, 만약 일정시간(예: 0.1초) 동안에도 "통화허락신호의 수신완료확인(ACK)신호"를 수신하지 못하면 재전송 요청하며, 그래도 수신하지 못하면 통화를 강제로 종료한다.

<69> 만일, 수신 측의 상기 휴대단말기(100)가 인터넷에 접속되어 있지 않다면 무료통화요청이 있음을 사용자에게 알리고(예: 무료통화 원합니다. 인터넷에 접속해 주세요.) 계속해서 "통화요청신호"가 수신되는지를 점검한다.

5 발명의 효과

<82> 상술한 바와 같이, 본 발명에 의한 바이너리코드(Binary digit Code) 전송에 의한 무료통화방법 및 바이너리코드(Binary digit Code) 전송에 의한 무료통화용 휴대단말기는 이동통신망, 무선호출망, LBS망, 기타 유/무선 데이터통신망 등으로 구성된 바이너리코드(Binary digit Code) 서비스가 가능한 통신망을 이용하여 발신/수신 측의 인터넷주소 정보를 바이너리코드 형태로 변환하거나 암호코드화, 해독하여 각각 획득한 인터넷주소 정보를 이용하여 인터넷 스트리밍 통화가 되도록 구성하여 통화빈도, 통화시간에 따른 저렴한 요금 또는 무료로, 소형의 단말기를 이용하여 이동 중에 간편하게 통화를 할 수 있다는 장점이 있다.

<83> 또한, 무료통화를 위해 개인용 컴퓨터 단말기, 휴대용 노트북 단말기 및 개인용 휴대단말기 등 단말기의 종류에 관계 없이 인터넷주소 정보를 바이너리코드 형태로 변환, 암호코드화 가능 여부가 확인되는 단말기에 대해 장소에 제한 없이 실시간적으로 무료통화를 제공할 수 있다.

다. 확인대상발명

원고가 특정한 '카카오톡(앱)의 무료통화 절차(기능)'에 관한 것으로 설명서 및 도면은 [별지]와 같다.

라. 선행발명들

1) 선행발명 1(갑 제11호증, 을 제4호증)[1]

2005. 9. 8. 공개된 대한민국 공개특허공보 제10-2005-0089258호에 게재된 "이동통신단말기들 간에 실시간 메신저서비스를 제공하기 위한 이동통신시스템 및 이를 이용한 메신저서비스 제공방법"이라는 명칭의 발명에 관한 것으로, 주요 내용은 아래와 같다.

① **발명이 속하는 기술 및 그 분야의 종래기술**

본 발명은 이동통신시스템에 관한 것으로서, 보다 상세하게는, 별도의 시스템을 추가하지 않고 무선망에서 단말기들 상호 간에 실시간 정보 전달 서비스 구현을 통해 문자 채팅, 파일 전송, 및 음성신호 전송할 수 있는 이동통신시스템 및 이를 이용한 메신저서비스 제공 방법에 관한 것이다(2면 19~21행).

최근에는 컴퓨터에서 이용하는 메신저(MESSENGER)라는 실시간 정보 전달 서비스 프로그램을 이동통신단말기에 인스톨시켜 이동통신단말기들 간의 데이터 교환을 가능하도록 하는 방법이 제안되고 있다. 여기서 메신저란 일종의 '실시간 정보전달 서비스'를 말하며, 현재 상태에서 상대방과의 대화에서 무전기와 같이 한쪽에서 말하면 한쪽에서 말을 못하는 것과 같은 반이중상태가 아닌 전화기와 같이 양쪽에서 함께 말을 할 수 있는 전이중적인 상태를 뜻한다. 이러한 메신저서비스는 기존의 단순 채팅만을 하던 것을 벗어나 파일전송, 음성 서비스, 및 음악이나 뉴스 등의 정보도 전송할 수 있는 멀티 기능을 갖추고 있다(2면 32행~3면 3행).

도 1은 종래에 이동통신단말기들 간의 실시간 메신저서비스 구현을 위한 이동통신시스템의 예를 도시한 도면이다(3면 4행).

[도면 삽입을 위한 여백]

---

1) 이 사건 심결의 비교대상발명 1에 해당한다.

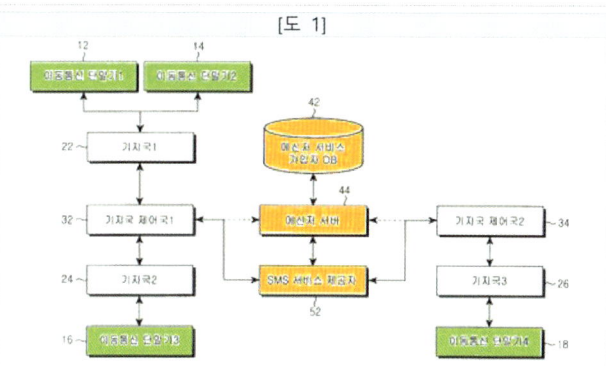

[도 1]

도시된 바와 같이, 이동통신단말기들(12, 14, 16, 18)은 해당 이동통신단말기들(12, 14, 16, 18)에 대한 이동무선망 서비스를 제공하는 기지국들(22, 24, 26) 및 해당 기지국들(22, 24, 26)을 제어하는 기지국 제어국들(32, 34)을 통해 상호간에 이동무선통신을 수행한다. 또한 이동통신단말기들(12,14,16,18)은 SMS(Short Message Service) 서비스 제공자(52)로부터 제공되는 단문 메시지 제공 서비스를 이용하여 상호간에 단문 메시지를 교환할 수 있다(3면 5~8행).

기존의 실시간 정보 전달 서비스를 위한 이동통신시스템은 상기에서 설명한 통신망 외에 메신저시스템을 추가로 구비해야 한다. 여기서 메신저시스템은 메신저서비스 가입자 DB(Data Base)(42) 및 메신저 서버(44)를 구비한다(3면 9~10행).

메신저서비스 가입자 DB(42)는 메신저서비스에 가입된 가입자들의 이동통신단말기에 대한 동작상태 정보, 등록된 대화상대리스트 정보 등을 저장한다. 메신저 서버(44)는 메신저서비스 가입자 DB(42)를 관리하고 이동통신단말기들(12, 14, 16, 18)에게 실시간 메신저서비스를 제공한다(3면 11~13행).

이러한 실시간 정보 전달 서비스를 위한 이동통신시스템은 이동통신단말기들(12, 14, 16, 18) 간의 메시지 전송 및 제어정보 전송 수단으로 단문 메시지를 이용한다. 따라서 단문 메시지 서비스를 제공하는 SMS 서비스제공자(52) 측에는 동시에 이동통신단말기들(12, 14, 16, 18) 간에 양방향 전송이 되지 않기 때문에, 메시지 전송을 위한 부하가 많이 걸리고 실시간성이 확보되지 않는 단점이 있다. 또한 기존의 실시간 정보 전달 서비스를 위한 이동통신시스템은 이동통신단말기들(12, 14, 16, 18)간에 단문 메시지를 전송하는 것에만 한정되는 단점이 있다(3면 14~18행).

또한, 메신저 서버(44)는 사용자의 이동통신단말기들(12, 14, 16, 18)에게 메신저서비스를 제공할 때 각각의 이동통신단말기들(12, 14, 16, 18)에 대한 동작 상태를 관리해야 하기 때문에 별도의 부하가 발생한다. 즉 메신저 서버(44)는 각 단말기들의 동작 상태를 파악하기 위해 이동통신단말기들(12, 14, 16, 18)을 호출하는데, 이에 따른 무선망에 부하가 발생하는 문제점이 있다(3면 19~22행).

② **발명이 이루고자 하는 기술적 과제**

상기와 같은 문제점을 해결하기 위한 **본 발명의 목적은 메신저서비스를 위한 별도의 메신저시스템을 추가하지 않고 이동통신단말기들 간에 메신저서비스를 수행할 수 있도록 하는 이동통신시스템 및 이를 이용한 메신저서비스 제공방법을 제공하는 데 있다**(3면 24~26행).

본 발명의 다른 목적은 이동통신단말기들 간에 메신저서비스를 실시간으로 수행할 수 있도록 하는 이동통신시스템 및 이를 이용한 메신저서비스 제공방법을 제공하는 데 있다(3면 27~28행).

본 발명의 또 다른 목적은 기존의 이동통신 무선망을 이용하여 이동통신단말기들 간에 실시간으로 메신저서비스를 수행할 수 있도록 하는 이동통신시스템 및 이를 이용한 메신저서비스 제공 방법을 제공하는 데 있다(3면 29~30행).

③ **발명의 구성 및 작용**

상기와 같은 목적은 본 발명에 따라, 이동통신단말기들 간에 메신저서비스를 위한 이동통신시스템에 있어서, 점 대 점 프로토콜 접속을 통해, 이동통신단말기들 각각에 아이피주소를 할당 및 이동통신단말기들 상호 간에 메시지 교환 서비스를 제공하는 **패킷 데이터 서비스 노드(Packet Data Serving Node: PDSN)**; 이동통신단말기들 간에 단문 메시지 전송서비스를 제공하는 **단문 메시지 서버**; 패킷 데이터 서비스 노드와 점 대 점 프로토콜 접속을 통해 아이피주소를 할당받고, 아이피주소를 포함하는 대화 초청 메시지를 단문 메시지 포맷으로 단문 메시지 서버에 전송 및 패킷 데이터 서비스 노드를 통해 수신한 등록 요구 메시지를 기초로 대화 대상 목록인 버디리스트를 갱신하여 패킷 데이터 서비스 노드로 전송하는 **호스트 이동통신단말기**; 및 대화 초청 메시지를 수신하면 패킷 데이터 서비스 노드와 점 대 점 프로토콜 접속을 통해 아이피주소를 할당받고, 아이피주소를 포함하는 등록 요구 메시지를 패킷 데이터 서비스 노드를 통해 호스트 이동통신단말기로 전송하며, 호스트 이동통신단말기로부터 전송된 갱신된 버디리스트를 수신하는 적어도 하나의 **클라이언트 이동통신단말기**를 포함하는 이동통신시스템에 의해 달성된다(3면 32~41행).

바람직하게는, 상기 대화 초청 메시지는, 전송 데이터의 종류정보, 호스트 이동통신단말기의 아이디정보, 호스트 이동통신단말기에 할당된 아이피 주소정보 및 포트 주소정보를 포함한다. 상기 등록 요구 메시지는, 전송데이터의 종류정보, 클라이언트 이동통신단말기에 할당된 아이피 주소정보, TCP(Transmission Control Protocol)/UDP(User Datagram Protocol) 정보, 포트번호정보, 및 인증정보를 포함한다(4면 8~11행).

도 2는 본 발명에 따른 이동통신단말기들 간에 실시간 메신저서비스가 가능하도록 하는 이동통신시스템의 바람직한 실시예를 도시한 블록도이다(4면 37~38행).

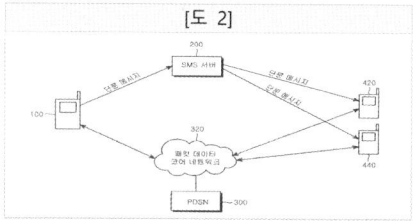

[도 2]

도시된 바와 같이, 호스트 이동통신단말기(100) 및 클라이언트 이동통신단말기들(420, 440[2]) 각각은 패킷 데이터 코어 네트워크(Packet Data Core Network)(320)를 통해 PDSN(Packet Data Serving Node)(300)과 점 대 점 프로토콜(Point To Point: PPP) 통신 채널을 설정하여 상호 패킷 데이터 통신을 수행한다(4면 39~41행).

호스트 이동통신단말기(100) 및 클라이언트 이동통신단말기들(420, 440[3])은 상호 간에 문자 및/또는 음성 대화, 및 데이터 교환이 가능한 메신저서비스를 수행할 수 있는 메신저 프로그램을 각각 구비한다(5면 1~2행).

PDSN(300)으로부터 아이피주소를 할당받으면, 호스트 이동통신단말기(100)는 할당받은 아이피주소를 포함하는 대화 초청메시지(invite message)를 단문 메시지(SMS) 포맷으로 각각의 각 클라이언트 이동통신단말기들(420, 440)로 SMS서버(200)를 통해 전송한다(5면 10~12행).

호스트 이동통신단말기(100) 및 클라이언트 이동통신단말기들(420, 440)이 기존의 무선 이동통신망인 패킷 데이터 코어 네트워크(320)를 통해 PDSN(300)과 점 대 점 프로토콜 접속하여 메신저서비스를 이용하여 대화를 수행함으로써, 별도의 메신저서비스를 위한 시스템을 구비할 필요가 없다(6면 1~3행).

또한, 패킷 데이터 코어 네트워크(320)를 통해 호스트 이동통신단말기(100) 및 클라이언트 이동통신단말기들(420, 440) 간에 상호 메신저서비스를 수행함으로써, 단문 메시지를 이용하여 메신저서비스를 수행하는 것 보다 신속한 메시지 전송이 가능하고 전송 데이터 당 비용 부담을 줄일 수 있는 장점이 있다(6면 4~6행).

뿐만 아니라 패킷 데이터 코어 네트워크(320)를 통해 호스트 이동통신단말기(100) 및 클라이언트 이동통신단말기들(420, 440) 간에 상호 메신저서비스를 통해 텍스트 메시지뿐만 아니라 파일 전송이 가능함으로써, 이동통신단말기들에 등록된 주소록, 벨소리, 사진 이미지 또는 동영상 이미지 등의 데이터 전송이 가능하다(6면 7~9행).

도 3은 도 2의 호스트 이동통신단말기(100)로부터 클라이언트 이동통신단말기들(420, 440)로 전송되는 대화 초청 메시지의 포맷을 도시한 도면이다(6면 10~11행).

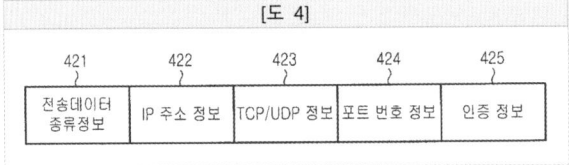

도시된 바와 같이, 대화 초청 메시지는 전송데이터 종류정보(110), 호스트 이동통신단말기(100)의 아이디정보(120), 호스트 이동통신단말기(100)에 할당된 아이피(IP) 주소정보(130) 및 포트 주소정보(140)를 포함하여 구성된다(6면 12~13행).

호스트 이동통신단말기(100)의 아이디정보(120)는 호스트 이동통신단말기(100)에 할당된 인증과 관련된 정보를 말한다. 이러한 인증정보의 예로는 전화번호정보를 예로 들 수 있다(6면 16~17행).

도 4는 도 2의 클라이언트 이동통신단말기들(420, 440)이 호스트 이동통신단말기(100)에 요청하는 등록 요구 메시지의 포맷을 도시한 도면이다(6면 20~21행).

도시된 바와 같이, 등록 요구 메시지는 전송데이터의 종류정보(421), 아이피 주소정보(422), TCP(Transmission ControlProtocol)/UDP(User Datagram Protocol)정보(423), 포트번호정보(424), 및 인증정보(425)로 구성된다(6면 22~23행).

포트번호정보(424)는 각 클라이언트 이동통신단말기들(420, 440)에 할당된 포트번호 정보이다. 인증정보(425)는 각 클라이언트 이동통신단말기(420, 440)의 인증에 필요한 가입자정보, 예를 들어 전화번호정보가 포함된다(6면 32~33행).

도 5는 본 발명에 따른 메신저서비스를 위한 이동통신시스템을 이용한 메신저서비스 제공 방법의 바람직한 실시예를 도시한 플로우도이다(6면 34~35행).

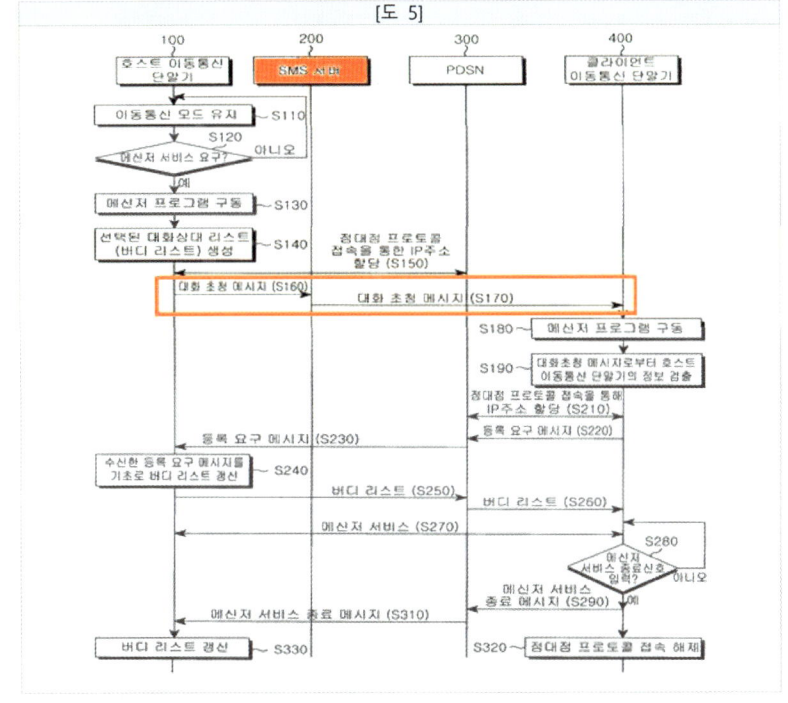

먼저, 호스트 이동통신단말기(100)는 평상시에 이동통신을 위한 모드를 유지한다(S110). 이동통신 모드를 유지하는 동안, 호스트 이동통신단말기(100)는 메신저서비스를 위한 명령의 입

력 여부를 판별한다(S120)(6면 36~37행).

메신저서비스를 위한 명령이 입력되면, 호스트 이동통신단말기(100)는 메신저서비스를 위한 메신저 프로그램을 구동시킨다(S130). 저장된 클라이언트 이동통신단말기들에 대응하는 사용자들 중 대화를 위해 사용자에 의해 선택된 신호가 입력되면, 호스트 이동통신단말기(100)는 선택된 대화 상대 리스트에 대응하는 버디리스트를 생성한다(S140)(7면 1~3행).

버디리스트의 생성이 완료되면, 호스트 이동통신단말기(100)는 PDSN(300)과 점대점 프로토콜 접속을 수행하여 PDSN(300)으로부터 아이피주소를 할당받는다(S150)(7면 4~5행).

아이피주소를 할당받으면, 호스트 이동통신단말기(100)는 할당된 아이피주소정보와 호스트 이동통신단말기(100)의 아이디정보, 포트번호 정보를 포함하는 단문 메시지 포맷의 대화 요청 메시지를 SMS서버(200)로 전송한다(S160). SMS서버(200)는 호스트 이동통신단말기(100)로부터 전송된 대화초청 메시지를 클라이언트 이동통신단말기(400)로 전송한다(S170)(7면 6~9행).

클라이언트 이동통신단말기(420)는 단문 메시지 포맷의 대화초청 메시지를 수신하면, 수신한 메시지의 종류가 메신저서비스를 위한 메시지임을 판단하고 메신저 프로그램을 구동시킨다(S180). 클라이언트 이동통신단말기(400)는 대화초청 메시지로부터 호스트 이동통신단말기(100)의 정보를 검출한다(S190). 여기서 호스트 이동통신단말기(100)의 정보란 호스트 이동통신단말기(100)의 아이피주소정보, 호스트 이동통신단말기(100)의 아이디정보, 및 포트번호 정보 등을 포함한다(7면 10~14행).

클라이언트 이동통신단말기(400)는 PDSN(300)과 점 대 점 프로토콜 접속을 통해 아이피주소를 할당받는다(S210). 아이피주소를 할당받으면, 클라이언트 이동통신단말기(400)는 아이피주소를 포함하는 등록요구 메시지를 PDSN(300)에 전송한다(S220). 여기서 등록요구 메시지에는 상기 아이피 주소정보 외에 TCP(Transmission Control Protocol)정보, 포트번호정보, 및 인증정보 등을 포함한다(7면 15~18행).

PDSN(300)은 클라이언트 이동통신단말기(400)로부터 수신한 등록요구 메시지를 호스트 이동통신단말기(100)로 전송한다(S230)(7면 19~20행).

호스트 이동통신단말기(100)는 수신한 등록요구 메시지를 기초로 대화 초청을 위해 선택된 버디리스트를 갱신한다(S240). 버디리스트를 갱신한 후, 호스트 이동통신단말기(100)는 갱신한 버디리스트를 PDSN(300)으로 전송한다(S250). PDSN(300)은 호스트 이동통신단말기(100)로부터 수신한 버디리스트를 클라이언트 이동통신단말기(400)로 전송한다(S260)(7면 21~24행).

호스트 이동통신단말기(100)와 클라이언트 이동통신단말기(400) 간에 동일한 대화 대상 정보인 버디리스트를 공유하게 되면, 호스트 이동통신단말기(100)와 클라이언트 이동통신단말기(400)는 상호간에 메신저서비스를 수행한다(S270). 메신저서비스를 수행하는 동안, 클라이언트 이동통신단말기(400)는 메신저서비스의 종료 신호가 입력되는지의 여부를 판별한다(S280). 메신저 종료 신호가 입력되지 않은 것으로 판단되면, 클라이언트 이동통신단말기(400)는 호스트 이동통신단말기(100)와 메신저서비스를 계속 수행한다(7면 25~29행).

메신저 종료신호가 입력된 것으로 판단되면, 클라이언트 이동통신단말기(400)는 메신저서비스 종료메시지를 PDSN(300)으로 전송한다(S290). 클라이언트 이동통신단말기(400)로부터 메신저서비스 종료메시지를 수신하면, PDSN(300)은 수신한 메신저서비스 종료메시지를 호스트 이동통신단말기(100)로 전송한다(S310)(7면 30~32행).

한편 메신저서비스 종료메시지를 전송한 후, 클라이언트 이동통신단말기(400)는 PDSN(300)과의 점 대 점 프로토콜 접속을 해제한다(S320). 또한 호스트 이동통신단말기(100)는 메신저서비스 종료메시지를 수신하면, 대화 상태로 선택된 버디리스트를 갱신한다(S330). 즉, 호스트 이동통신단말기(100)는 메신저서비스 종료메시지를 전송한 클라이언트 이동통신단말기(400)의 대화목록을 버디리스트에서 삭제한다(7면 33~36행).

④ 발명의 효과

본 발명에 따르면, 호스트 이동통신단말기가 단문 메시지를 이용하여 대화초청 메시지를 클라이언트 이동통신단말기로 전송하고 호스트 이동통신단말기와 클라이언트 이동통신단말기가 패킷 데이터 서비스 노드를 통해 상호 메신저서비스를 수행함으로써, 메신저서비스를 위한 시스템 구축이 간단하고 메시지의 신속한 전송이 가능하다(8면 20~22행).

또한, 패킷 데이터 서비스 노드에 각각 점 대 점 프로토콜 접속하여 호스트 이동통신단말기와 클라이언트 이동통신단말기들 상호 간에 메신저서비스를 수행함으로써, 텍스트 메시지 외에 오디오정보, 단말기에 저장된 데이터, 및 이미지 정보 등 다양한 포맷을 갖는 데이터를 상호간에 교환할 수 있다(8면 23~25행).

2) 선행발명 2(을 제5호증)[4]

---

[2] 선행발명 1에는 '4540'으로 기재되었으나, 이는 '440'의 오기로 보이므로, 이 판결에서는 '440'으로 고쳐 기재한다.
[3] 선행발명 1에는 '4540'으로 기재되었으나, 이는 '440'의 오기로 보이므로, 이 판결에서는 '440'으로 고쳐 기재한다.
[4] 피고가 이 사건 소송에서 새로 제출한 선행발명이다.

2005. 7. 5. 공개된 대한민국 공개특허공보 제10-2005-0068273호에 게재된 "이동통신망, 인터넷망, CATV망과 연동된 시스템에서 피어투피어 기반의 PDA2PDA, PDA2TV, TV2TV 비디오 IP폰서비스 제공 시스템 및 방법"이라는 명칭의 발명에 관한 것으로, 주요 내용은 다음과 같다.

1 발명이 속하는 기술 및 그 분야의 종래기술

본 발명은 이동통신망, 인터넷망, CATV망과 연동된 시스템에서 피어투피어(P2P: Peer To Peer) 기반의 PDA2PDA, PDA2TV, TV2TV 비디오 IP폰 서비스 제공 시스템 및 방법에 관한 것으로, 특히 CDMA 모뎀 또는 무선 LAN카드를 장착한 PDA 간에 IMT-2000 등의 이동통신망을 통해 피어투피어 방식의 PDA2PDA 비디오 IP폰(Video IP Phone) 서비스로 1:1 화상통화가 가능하고, 이동통신망, 인터넷망, CATV망과 연동된 시스템에서 양방향 서비스를 제공하는 셋탑박스(STB)에 연결된 대화형 TV를 이용하여 기존 A/V 방송 신호 외에 데이터 방송채널을 통해 인터랙티브한 PDA2TV, TV2TV 비디오 IP폰 서비스로 1:1 화상통화를 제공하는, 이동통신망, 인터넷망, CATV망과 연동된 시스템에서 피어투피어(P2P) 기반의 PDA2PDA, PDA2TV, TV2TV 비디오 IP폰 서비스 제공 시스템 및 방법에 관한 것이다(2면 19~25행).

최근, 웹 기반의 화상회의 기술의 발전과 함께 IMT-2000 등의 이동통신망에서 1:1 또는 1:N방식의 화상회의 기술이 연구 개발되고 있으며, 방송과 통신의 융합의 시나리오에 따라 이동통신망, 인터넷망, CATV망과 연동되어 양방향 TV 서비스를 제공하는 셋탑박스(STB: Set Top Box)에 연결된 대화형 TV(Interactive TV)가 미래의 정보통신 콘텐츠로 부각되고 있다(2면 26~29행).

그러나 현재는 CDMA 모뎀 또는 무선 LAN 카드를 장착한 PDA(Pocket-PC) 간에 IMT-2000 등의 이동통신망을 통해 PDA2PDA 화상회의가 아직 개발되지 않았으며, 양방향 서비스를 제공하는 셋탑박스(STB)에 연결된 TV인 대화형 TV에서 기존 방송 채널로부터 A/V 방송 신호 수신 외에 데이터 방송채널을 통한 PDA2TV 화상회의 서비스가 제공되지 않는 문제점이 있었다(3면 49~52행).

2 발명이 이루고자 하는 기술적 과제

본 발명은 종래 기술의 문제점을 해결하기 위해 제안된 것으로, 본 발명의 목적은 이동통신망, 인터넷망, CATV망과 연동된 시스템에서, CDMA모뎀 또는 무선 LAN카드를 장착한 PDA간에 IMT-2000 등의 이동통신망을 통해 피어투피어 방식의 PDA2PDA 비디오 IP폰(Video IP Phone) 서비스로 1:1 화상통화가 가능하고, 이동통신망, 인터넷망, CATV망과 연동된 시스템에서 양방향 서비스를 제공하는 셋탑박스(STB)에 연결된 TV의 리모컨이나 키입력부를 통해 양방향 서비스가 가능한 대화형 TV를 이용하여 기존 A/V 방송 신호 외에 데이터 방송채널을 통해 인터랙티브하게 피어투피어(P2P) 방식의 PDA2TV, TV2TV 비디오 IP폰 서비스로 1:1 화상통화를 제공하는 이동통신망, 인터넷망, CATV망과 연동된 시스템에서 피어투피어 기반의 PDA2PDA, PDA2TV, TV2TV 비디오 IP폰 서비스 제공 방법을 제공한다(3면 54행~4면 3행).

본 발명의 다른 목적은 상기 방법을 수행하는데 특히 적합한 이동통신망, 인터넷망, CATV망과 연동된 시스템에서 피어투피어 기반의 PDA2PDA, PDA2TV, TV2TV 비디오 IP폰 서비스 제공 시스템을 제공한다(4면 4~5행).

③ **발명의 구성 및 작용**

도 4a를 참조하면, 본 발명에 의한 피어투피어(P2P) 기반의 비디오 IP폰 서비스 시스템은 인터넷망을 통해 WWW 서버를 경유하여 웹 클라이언트에 연결할 수 있고, 상기 회원가입 정보와 IP 주소와 Port number를 관리하고, 유료서비스를 위한 과금 정보를 관리하는 데이터베이스를 포함한 IP Binder와, 이동통신망에 연결되도록 CDMA 모뎀(21)을 장착한 PDA(Pocket-PC)(22)와, 인터넷망에 연결된 무선 LAN의 AP(Access Point)에 무선으로 연결되는 무선 LAN 카드를 장착한 PDA(Pocket-PC)(22)와, 상기 대화형 TV(1)와 연결된 양방향 서비스를 제공하는 셋탑박스(STB)(2)의 메모리에 설치된 P2P방식의 PDA2PDA, PDA2TV, TV2TV 비디오 IP폰 클라이언트(client1, client2)로 구성된다(5면 4~12행).

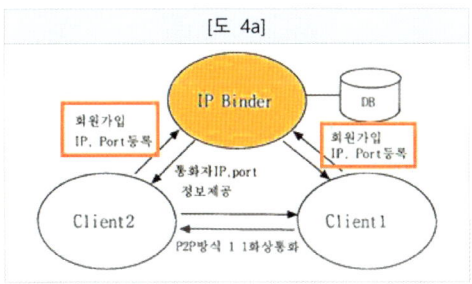

[도 4a]

상기 셋탑박스(STB)(2)에는 양방향서비스가 제공되며 MPEG2 비디오 코덱과 오디오 코덱을 포함한 비디오 IP폰 클라이언트 응용 프로그램이 탑재되고, 중략 D/A변환 후 상기 대화형 TV

의 스피커로 음성이 출력된다(5면 16~21행).

도 4b는 본 발명에 의한 이동통신망, 인터넷망, 광CATV망과의 연동망을 통해 P2P방식의 PDA2PDA, PDA2TV, TV2TV 비디오 IP폰 서비스를 위한 프로토콜 스택을 나타낸다(5면 22~23행).

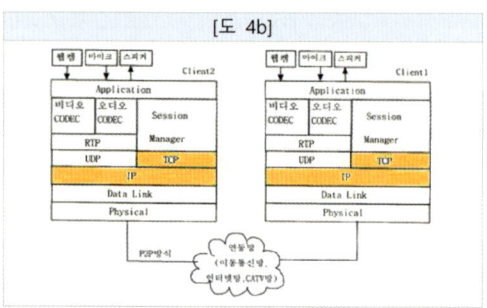

[도 4b]

이때, IP Binder로 IP address와 Port number등록 과정이후, 송수신자와 수신자간의 통화자 IP 주소, port 번호를 인지한 후, P2P방식으로 송신자와 수신자의 상기 PDA2PDA, PDA2TV, TV2TV 비디오 IP폰 클라이언트(client1, client2)간에 세션 설정을 위해 Source IP Address와 port number 및 Destination IP Address와 port number를 매칭하여 세션 매니저(Session Manager)에 의해 PDA2PDA, PDA2TV, TV2TV 비디오 IP폰의 TCP/IP 연결설정 단계 후, 송신자와 수신자의 1:1 동화상 음성 통화를 위해 RTP/UDP/IP를 통한 동영상과 음성 데이터 송수단계를 거쳐 1:1 비디오 IP폰 동화상 통화 후, 송신자와 수신자의 상기 PDA2PDA, PDA2TV, TV2TV 비디오 IP폰 클라이언트 간에 TCP/IP 연결해지 단계를 거쳐 비디오 IP폰 통화가 종료된다(5면 31~37행).

도 4c는 본 발명에 의한 P2P방식의 PDA2PDA, PDA2TV, TV2TV 비디오 IP폰 서비스 프리미티브(Service Primitive)를 나타낸다(5면 38~39행).

[도면 삽입을 위한 여백]

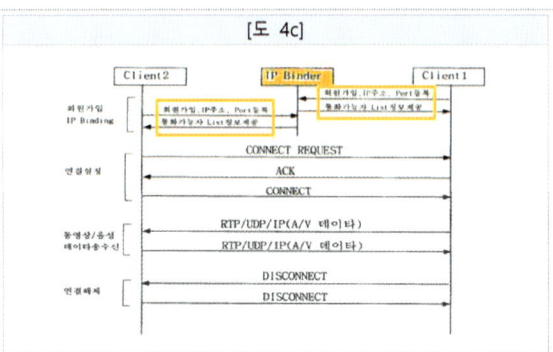
[도 4c]

피어투피어(P2P) 방식으로 PDA2PDA, PDA2TV, TV2TV 비디오 IP폰 서비스를 위해 무선 LAN카드나 CDMA 모뎀을 장착한 PDA(Pocket-PC)에 설치된 클라이언트(client2)와, 상기 PDA 또는 대화형 TV(1)에 연결된 양방향 서비스를 제공하는 셋탑박스(STB: Set Top Box)(2)에 설치된 비디오 IP폰 클라이언트(client1)에서 IP Binder의 DB로 유료서비스를 위한 회원ID, 패스워드, 사용자 성명, 주소, 주민번호, 연락처 등을 포함한 회원가입정보, 자신이 사용할 IP Address, Port number를 웹 클라이언트 또는 각 비디오 IP폰 클라이언트(client1, client2)에서 등록하면, 상기 IP Binder는 통화가능자 IP List 정보를 송수신자가 보유한 상기 PDA 및 상기 대화형 TV에 설치된 비디오 IP폰 클라이언트로 제공하는 회원가입 및 IP Binding 단계와; 1:1 화상통화 세션관리를 위한 PDA2PDA, PDA2TV, TV2TV 비디오 IP폰 클라이언트내의 세션 매니저(Session Manager)를 통한 송신자와 수신자의 IP Address, Port number의 입력에 의해 TCP/IP 소켓 연결하도록 CONNECT REQUEST, ACK, CONNECT 메시지를 주고받는 3-Way Handshake에 의한 PDA2PDA, PDA2TV, TV2TV 비디오 IP폰의 TCP/IP 연결 설정 단계와; 상기 TCP/IP 연결 설정 후, 송신자와 수신자 사이에 PDA2PDA, PDA2TV, TV2TV 비디오 IP폰에서 상대방의 얼굴을 보며 동영상 음성통화를 제공하기 위해 MPEG2 A/V 코덱을 통해 RTP/UDP/IP로 오디오/비디오(A/V) 데이터를 송수신하는 동영상 및 음성 데이터 송수신 단계와; 및 상기 데이터 송수신 후, 상기 피어투피어(P2P) 방식의 PDA2PDA, PDA2TV, TV2TV 비디오 IP폰의 종단 간(end-to-end) 통화를 종료하기 위한 TCP/IP 연결해제 단계를 포함한다(5면 40~55행).

도 4d는 본 발명에 의한 이동통신망, 인터넷망, CATV망과 연동된 시스템에서 피어투피어 기반의 비디오 IP폰 서비스 제공 방법을 설명한 흐름도이다(6면 1~2행).

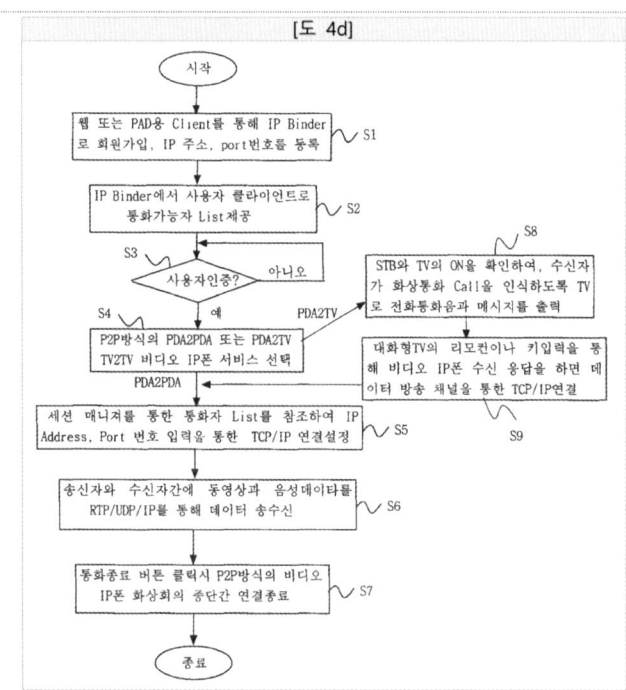

웹 클라이언트 또는 상기 PDA용 클라이언트를 통해 인터넷망 또는 이동통신망을 통해 상기 IP Binder로 회원가입정보, 자신이 사용할 IP Address, Port number를 등록하면(단계 S1), 상기 IP Binder는 이름, IP주소, port 번호가 포함된 통화가능자 IP List 정보를 송수신자가 보유한 상기 PDA 및 상기 대화형 TV로 제공한다(단계 S2)(6면 3~5행).

사용자 인증(단계 S3) 후, 피어투피어(P2P) 방식으로 PDA2PDA, PDA2TV, TV2TV 비디오 IP폰 서비스의 3가지 유형에서 하나를 선택한다(단계 S4)(6면 6~7행).

예를 들어 PDA2PDA 비디오 IP폰 서비스를 선택했다면, 1:1 화상통화 세션관리를 위한 PDA2PDA, PDA2TV, TV2TV 비디오 IP폰 클라이언트내의 세션 매니저(Session Manager)를 통한 송신자와 수신자의 IP Address, Port number의 입력에 의해 TCP/IP 소켓을 연결하도록 CONNECT REQUEST, ACK, CONNECT 메시지를 주고받는 3-Way Handshake에 의한 TCP/IP 연결

설정한다(단계 S5)(6면 8~11행).

상기 TCP/IP 연결 설정 후, 송신자와 수신자 사이에 PDA2PDA, PDA2TV, TV2TV 비디오 IP 폰에서 상대방의 얼굴을 보며 동영상 음성통화를 제공하기 위한 동영상과 음성, 텍스트 데이터를 송신 버퍼링 및 수신버퍼링을 통해 MPEG2 A/V코덱을 통해 RTP/UDP/IP로 송수신하여 1:1 동영상 음성 통화를 제공하는 오디오/비디오(A/V) 데이터 즉, 송신자와 수신자의 동영상 및 음성 데이터 송수신한다(단계 S6)(6면 12~15행).

상기 동영상 및 음성 데이터 송수신 후, 상기 피어투피어(P2P) 방식의 PDA2PDA, PDA2TV, TV2TV 비디오 IP폰의 종단 간(end-to-end) 통화를 종료하기 위한 TCP/IP 연결을 해제한다(단계 S7)(6면 16~17행).

④ 발명의 효과

상술한 바와 같이, 본 발명에 의한 이동통신망, 인터넷망, CATV망과 연동된 시스템에서 피어투피어(P2P) 기반의 PDA2PDA, PDA2TV, TV2TV 비디오 IP 폰 서비스 제공 시스템 및 방법은, CDMA 모뎀 또는 무선 LAN 카드를 장착한 PDA 간에 IMT-2000 등의 이동통신망을 통해 피어투피어 방식의 PDA2PDA 비디오 IP폰(Video IP Phone) 서비스로 1:1 화상통화가 가능하고, 이동통신망, 인터넷망, CATV망이 연동된 시스템에서 양방향 서비스를 제공하는 셋탑박스(STB)에 연결된 대화형 TV에서 리모컨이나 키입력부를 통해 기존 A/V 방송 신호 수신 외에 데이터 방송채널을 통해 T-Contents를 선택하여 PDA2TV, TV2TV 비디오 IP폰 서비스로 상대방의 동영상을 보면서 1:1 동화상 음성통화를 제공할 수 있는 효과가 있다(6면 32~38행).

【인정근거】 다툼 없는 사실, 갑 제1, 2, 3, 11호증, 을 제4, 5호증의 각 기재, 변론 전체의 취지

2. 이 사건 심결의 위법 여부

가. 원고 주장의 요지

1) 확인대상발명의 미디어서버와 스마트폰 X, Y는 각각 이 사건 제1항 및 제2항 발명의 발신 측과 수신 측에 해당하고, 이 사건 제1항 및 제2항 발명의 다른 구성요소도 확인대상발명에 그대로 포함되어 있으므로, 확인대상발명은 이 사건 제1항 및 제2항

발명의 권리범위에 속한다.

2) 이 사건 제1항 및 제2항 발명은 통화방법이 무료인 구성과 수신 측이 자신의 인터넷주소 정보를 인터넷망으로 발신 측에 전송하는 구성이 선행발명 1 또는 2의 대응 구성요소와 차이가 있으므로 신규성이 부정되지 않는다.

3) 이와 결론을 달리한 이 사건 심결은 위법하므로 취소되어야 한다.

나. 확인대상발명이 이 사건 제1항 발명의 권리범위에 속하는지 여부

1) 관련 법리

특허발명의 청구범위의 청구항이 복수의 구성요소로 된 경우에는 각 구성요소가 유기적으로 결합된 전체로서의 기술사상이 보호되는 것이지, 각 구성요소가 독립하여 보호되는 것은 아니므로, 특허발명과 대비되는 확인대상발명이 특허발명의 청구범위의 청구항에 기재된 구성요소들 중 일부만을 갖추고 나머지 구성요소를 결여한 경우, 원칙적으로 그 확인대상발명은 특허발명의 권리범위에 속하지 않는다. 특허발명의 청구범위의 청구항에 기재된 구성요소는 모두 그 특허발명의 구성에 없어서는 안 되는 필수 구성요소로 보아야 하므로, 구성요소 중 일부를 권리행사의 단계에서 특허발명에서 비교적 중요하지 않은 사항이라고 하여 무시하는 것은 사실상 청구범위의 확장적 변경을 사후에 인정하는 것이 되어 허용될 수 없다(대법원 2005. 9. 30. 선고 2004후3553 판결 등 참조).

2) 검토

가) 이 사건 제1항 발명의 주요 기술적 특징은 발신 측과 수신 측이 각각 자신의 인터넷주소 정보를 상대측에게 전송하여 교환하고 이를 이용하여 인터넷을 통해 서로 P2P(Peer to Peer)[5] 방식으로 접속하여 무료 통화를 하는 것이다. 이 사건 제1항 발명

의 각 단계를 도식화하면 다음과 같다.

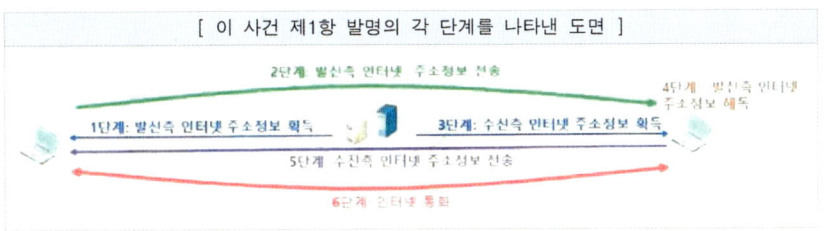

[이 사건 제1항 발명의 각 단계를 나타낸 도면]

나) 반면 확인대상발명의 주요 기술적 특징은 '통화신호를 발신하는 스마트폰 X'(이하 '스마트폰 X'라 한다)와 '통화신호를 수신하는 스마트폰 Y'(이하 '스마트폰 Y'라 한다)가 각각 콜서버로부터 전송받은 미디어서버의 IP주소 정보를 이용하여 인터넷을 통해 미디어서버에 C/S(Client/Server) 방식으로 접속하고 이 미디어서버를 이용(경유)하여 무료통화를 하는 것이다. 확인대상발명의 주요 단계를 도식화하면 다음과 같다.

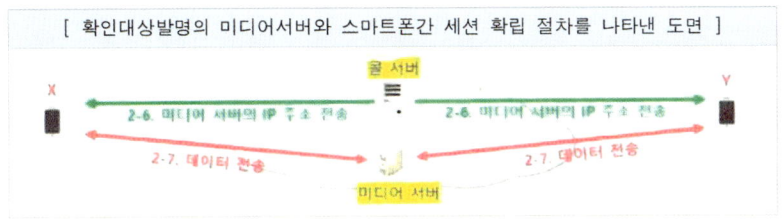

[확인대상발명의 미디어서버와 스마트폰간 세션 확립 절차를 나타낸 도면]

다) 이처럼 확인대상발명의 스마트폰 X와 스마트폰 Y는, 각각 미디어서버의 IP주소 정보만 확보하여 미디어서버에 C/S 방식으로 접속하여 미디어서버와 데이터 전송을 할 뿐이고, 이 사건 제1항 발명과 같이 P2P 방식의 접속에 필요한 상대측의 인터넷주소

---

5) P2P(Peer to Peer) : 인터넷에서 개인과 개인이 직접 연결되어 파일을 공유하는 것을 이야기한다. 기존의 서버와 클라이언트 개념이나 공급자와 소비자 개념에서 벗어나 개인 컴퓨터끼리 직접 연결하고 검색함으로써 모든 참여자가 공급자인 동시에 수요자가 되는 형태이다. 크게 2가지 방식이 있다. 하나는 어느 정도 서버의 도움을 얻어서 개인 간 접속을 실현하는 방식이고, 다른 하나는 클라이언트 상호 간에 미리 주소(IP address) 등의 개인 정보를 공유하여 서버 없이 직접 연결하는 방식이다. 앞의 경우에도 접속 및 검색 단계 이후는 뒤의 경우와 동일하게 개인끼리 식섭 정보를 공유하여 교환하게 된나[네이버 지식백과-두산백과]

정보를 확보하기 위해서 자신의 인터넷주소 정보를 상대측에 전송하여 교환하는 단계가 필요 없으므로6), 확인대상발명의 스마트폰 X와 스마트폰 Y는 각각 이 사건 제1항 발명의 발신 측과 수신 측에 대응하지 않을 뿐만 아니라, 확인대상발명은 이 사건 제1항 발명의 구성요소 1 내지 5와 동일하거나 이와 균등한 구성요소들을 포함하지 않는다고 봄이 타당하다.

따라서 더 나아가 살펴 볼 필요 없이 확인대상발명은 이 사건 제1항 발명의 권리범위에 속하지 않는다.

라) 이에 대하여 원고는, 확인대상발명에서도 미디어서버와 스마트폰 X 사이 및 미디어서버와 Y 사이에 서로 IP주소 정보를 전송하여 교환하는 절차가 있으므로, 확인대상발명의 미디어서버가 이 사건 제1항 발명의 발신 측에 대응하고, 확인대상발명의 스마트폰 X, Y가 이 사건 제1항 발명의 수신 측에 대응한다고 주장한다.

그러나 이 사건 제1항 발명에서 발신 측과 수신 측은 구성요소 6의 기재를 고려하면 인터넷통화를 하는 당사자를 가리킨다고 봄이 타당한데, 확인대상발명에서 인터넷통화를 하는 당사자는 스마트폰 X와 스마트폰 Y이지, 미디어서버와 스마트폰 X 또는 미디어서버와 Y가 아니므로, 이와 다른 전제에 선 원고의 위 주장은 받아들일 수 없다.

나. 확인대상발명이 이 사건 제2항 발명의 권리범위에 속하는지 여부

이 사건 제2항 발명은 이 사건 제1항 발명의 모든 구성요소를 포함하는 이 사건 제1항 발명의 종속항인데, 앞서 본 바와 같이 확인대상발명이 이 사건 제1항 발명의 구성요소 중 일부를 포함하고 있지 않아 이 사건 제1항 발명의 권리범위에 속하지 않는

---

6) 확인대상발명의 미디어서버는 발신 측 X와 수신 측 Y로부터 각각 수신한 UDP 패킷으로부터 발신 측 X와 수신 측 Y의 IP주소 정보를 확보한 후 이들과 클라이언트-서버 방식으로 접속하고, 발신 측 X와 수신 측 Y가 인터넷으로 음성통화를 할 수 있도록 일측에서 수신한 UDP 패킷을 타측으로 전송하는 중계기능을 수행한다.

이상, 이 사건 제1항 발명의 종속항인 이 사건 제2항 발명의 권리범위에도 속하지 않는다.

다. 소결

확인대상발명은 이 사건 제1항 및 제2항 발명의 기술적 특징을 이루는 주요 구성요소들을 결여하였으므로, 더 나아가 이 사건 제1항 및 제2항 발명이 선행발명 1, 2에 의하여 신규성이 부정되어 권리범위가 부정되는지 여부를 살필 필요 없이, 이 사건 제1항 및 제2항 발명의 권리범위에 속하지 아니한다. 이와 결론을 같이 한 이 사건 심결에 원고가 주장하는 바와 같은 위법이 없다.

3. 결 론

따라서 이 사건 심결의 취소를 구하는 원고의 청구는 이유 없으므로 이를 기각하기로 하여, 주문과 같이 판결한다.

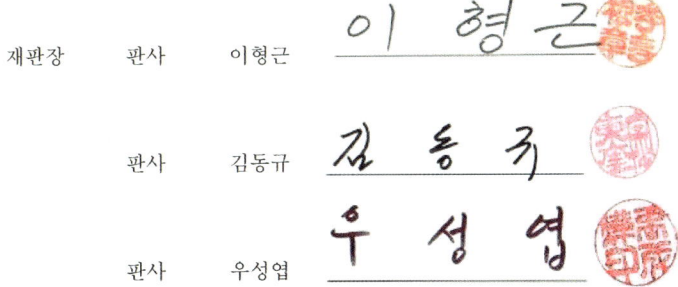

재판장   판사   이형근

판사   김동규

판사   우성엽

특 허 법 원

제 5 - 1 부

판　결

사　　건	2021허1196 등록무효(특)
원　　고	주식회사 카카오
	제주시 첨단로 242 (영평동)
	공동대표이사 여민수, 조수용
	소송대리인 특허법인 무한　담당변리사 김지훈, 천성진
피　　고	오준수

변 론 종 결　2021. 6. 10.

판 결 선 고　2021. 8. 24.

주　　문

1. 특허심판원이 2020. 12. 15. 2020당2197호 사건에 관하여 한 심결을 취소한다.
2. 소송비용은 피고가 부담한다.

청 구 취 지

주문과 같다.

이   유

1. 기초사실

가. 이 사건 심결의 경위

1) 원고는 2020. 7. 21. 아래 나.항 기재 이 사건 특허발명의 특허권자인 피고를 상대로 특허심판원 2020당2197호로 이 사건 특허발명에 대한 특허무효심판을 청구하고, 그 무효심판절차에서 '이 사건 특허발명이 각 청구항은 아래 다.항 기재 선행발명 1에 의하여 신규성이 부정되거나, 선행발명 1 또는 선행발명 1과 아래 다.항 기재 선행발명 2의 결합 또는 선행발명 1과 아래 다.항 기재 선행발명 3의 결합에 의하여 진보성이 부정되므로 그 특허가 무효로 되어야 한다'고 주장하였다.

2) 그러나 특허심판원은 2020. 12. 15. '이 사건 특허발명의 청구범위 제1항 내지 제4항 및 제7항은 선행발명 1에 의해 신규성이 부정되지 않고, 이 사건 특허발명의 청구범위 제1항 내지 제8항은 선행발명 1 또는 선행발명 1, 2의 결합 또는 선행발명 1, 3의 결합에 의하여 진보성이 부정되지 않는다'는 이유로 원고의 위 심판청구를 기각하는 이 사건 심결을 하였다.

나. 이 사건 특허발명(갑 제1, 2호증)

○ 발명의 명칭 : IP정보 전송에 의한 무료통화방법 및 IP정보 전송에 의한 무료통화용 휴대단말기

○ 출원일/ 우선권주장일/ 등록일/ 등록번호 : 2006. 11. 17./ 2005. 11. 28./ 2008. 3. 26./ 특허 제0818599호

○ 특허권자 : 피고

○ 청구범위

【청구항 1】 IP정보 전송에 의한 무료통화방법에 있어서(이하 '전제부'라 한다), 발신 측에서 자신의 인터넷주소 정보를 획득하는 **제1 단계**(이하 '구성요소 1-1'이라 한다); 상기 발신 측 인터넷주소 정보가 바이너리코드 형태로 변환되고, 상기의 변환된 인터넷주소 정보를 수신 측에 IP정보 전송서비스가 가능한 통신망을 통하여 전송하는 **제2 단계**와(이하 '구성요소 1-2'라 한다); 수신 측에서 자신의 인터넷주소 정보를 획득하는 **제3 단계**(이하 '구성요소 1-3'이라 한다); 상기 수신 측에서 발신 측으로부터 받은 인터넷주소 정보를 해독하거나, 바이너리코드 데이터에서 IP정보를 추출하는 **제4 단계**(이하 '구성요소 1-4'라 한다); 수신 측에서 해독된 상기 발신 측 인터넷주소 정보를 이용하여 상기 수신 측 인터넷주소 정보를 유선 또는 무선 인터넷망을 통하여 발신 측에 전송하는 **제5 단계**(이하 '구성요소 1-5'라 한다); 및 상기 발신 측과 수신 측에서 각각 획득한 인터넷주소 정보를 이용하여 인터넷 통화를 하는 **제6 단계**(이하 '구성요소 1-6'이라 한다);로 구성되는 것을 특징으로 하는 IP정보 전송에 의한 무료통화방법(이하 '이 사건 제1항 발명'이라 하고 나머지 청구항도 같은 방식으로 부른다).

【청구항 2】 청구항 1에 있어서, 상기 제5 단계가 이루어진 후, 상기 발신 측과 수신 측에서 각각 획득한 인터넷주소 정보를 이용하여 인터넷 데이터 통신을 하는 단계;를 더 포함하여 이루어지는 것을 특징으로 하는 IP정보 전송에 의한 무료통화방법.

【청구항 3】 청구항 1에 있어서, 상기 발신 측 인터넷주소 정보와 상기 수신 측 인

터넷주소 정보를 데이터베이스화 하여 무료통화 목록에 저장하는 단계;를 더 포함하여 구성되는 것을 특징으로 하는 IP정보 전송에 의한 무료통화방법.

【청구항 4】 청구항 3에 있어서, 상기 발신 측 인터넷주소 정보 또는 상기 수신 측 인터넷주소 정보가 갱신되는 경우, 갱신된 인터넷주소 정보를 상기 무료통화 목록에 갱신하여 저장하고, 상대방에게 갱신된 인터넷주소 정보를 전달하는 단계;를 더 포함하여 구성되는 것을 특징으로 하는 IP정보 전송에 의한 무료통화방법.

【청구항 5】 제1항에서 있어서, 상기 제2 단계에서 상기 발신 측 인터넷주소 정보가 암호코드화 변환되어서 수신 측으로 상기의 암호코드 된 인터넷주소 정보가 전송되는 것을 특징으로 하는 IP정보 전송에 의한 무료통화방법.

【청구항 6】 제1항에 있어서, 상기 제4 단계에서 발신 측으로부터 받은 인터넷주소 정보가 암호코드화 된 것을 특징으로 하는 IP정보 전송에 의한 무료통화방법.

【청구항 7】 제1항에 있어서, 상기 제3 단계에서 통신망은 이동통신망, 무선호출망, LBS망, 유/무선의 데이터통신망 중 어느 하나인 것을 특징으로 하는 IP정보 전송에 의한 무료통화방법.

【청구항 8】 휴대단말기(100)(이하 '구성요소 8-1'이라 한다); 상기 휴대단말기(100)의 내부에 내장되며, 주파수대역 변환 및 데이터 비트열화 기능을 하는 기저대역 처리부(111)(이하 '구성요소 8-2'라 한다)와, 상기 기저대역 처리부(111)에 연결되어 발신되는 캐리어 신호에 데이터신호를 싣거나 수신되는 캐리어신호로부터 데이터 신호를 추출하는 무선처리부(114)(이하 '구성요소 8-3'이라 한다)와, 상기 무선처리부(114)에 연결되어 전기적인 신호를 전파로 바꾸거나 수신된 전파를 전기적인 신호로 바꾸어 전달하는 안테나부(115)(이하 '구성요소 8-4'라 한다)로 구성

되는 **바이너리 전송서비스 통신망 접속기능부(110)**; 상기 바이너리 전송서비스 통신망 접속기능부(110)에 연결되며, 발신 측과 수신 측에서 각각 인터넷주소 정보를 획득할 수 있게 하고, 획득한 상기 인터넷주소 정보를 이용하여 인터넷 통화를 수행하는 **유/무선 인터넷기능부(120)**(이하 '구성요소 8-5'라 한다); 상기 바이너리 전송서비스 통신망 접속기능부(110) 및 상기 유/무선 인터넷기능부(120)에 연결되며, 상기의 유/무선 인터넷기능부(120)를 통하여 획득된 발신 측 인터넷주소 정보가 바이너리코드 데이터 형태로 변환되며, 상기의 바이너리코드 데이터 형태로 변환된 인터넷주소 정보를 수신 측에 IP정보 전송서비스 통신망을 통하여 전송하는 **바이너리 전송서비스 기능부(130)**(이하 '구성요소 8-6'이라 한다); 상기 바이너리 전송서비스 통신망 접속기능부(110) 및 상기 유/무선 인터넷기능부(120) 및 상기 바이너리 전송서비스 기능부(130)에 연결된 **메모리부(140)**(이하 '구성요소 8-7'이라 한다);로 기본 구성되는 것을 특징으로 하는 IP정보 전송에 의한 무료통화용 휴대단말기.

【청구항 9, 10】 (쟁점과 관련 없으므로 각 기재 생략)

○ 발명의 개요

① 발명이 속하는 기술 및 그 분야의 종래기술
<24> 본 발명은 IP정보 전송에 의한 무료통화방법 및 IP정보 전송에 의한 무료통화용 휴대단말기에 관한 것으로, 더욱 상세하게는 바이너리코드 데이터의 전송서비스가 가능한 통신망 즉, 이동통신망, 무선호출망, LBS(위치기반서비스)망, 무선초고속인터넷망, 기타 유/무선의 데이터통신망을 이용하여, 발신 측 인터넷주소 정보를 바이너리코드 데이터 형태로 변환하여 수신 측으로 전송하고, 상기 수신 측에서는 발신 측으로부터 받은 바이너리코드화된 인터넷주소정보를 해독(IP정보와 부가정보를 추출)하며, 해독된 발신 측 인터넷주소정보를 이용하여 상기 수신 측 인터넷주소 정보를 유선 또는 무선 인터넷망을 통하여 발신 측에 전송함으로써 발신

측과 수신 측에서 각각 획득한 인터넷주소 정보를 이용하여 인터넷 스트리밍 통화 또는 인터넷 데이터전송(이하 통칭하여 "인터넷 통화"라 하며, 더 함축한 의미로는 "통화"라 한다)이 되도록 구성되는 IP정보 전송에 의한 무료통화방법과 이러한 인터넷 통화가 가능하도록 구성된 IP정보 전송에 의한 무료통화용 휴대단말기에 관한 것이다.

<25> 기존의 휴대 전화에 의한 통신의 경우, 통화 빈도가 높거나 통화 시간이 길어지는 경우 많은 통화요금이 부과되었다. 이러한 통화요금을 절감하기 위한 시도로 인터넷과 개인용 컴퓨터를 이용한 통화 방법이 제시되고 실행되어 왔지만, 이러한 기존의 방법은 개인용 컴퓨터의 사용을 전제로 하고 있는 것으로 이동 중 통화는 불가능하다는 문제점이 있었다.

<26> 또한, 휴대용 노트북 컴퓨터를 이용하여 인터넷을 이용한 통화를 시도하는 경우에도, 일반적인 휴대 전화기에 비하여 휴대용 노트북의 크기가 너무 크고 중량 또한 상당하여, 이동 중 인터넷을 이용한 통화는 실효성이 거의 없다는 문제가 있었다.

② 발명이 이루고자 하는 기술적 과제

<27> 본 발명은 상기와 같은 문제점을 해결하기 위하여 안출된 것으로, 이동통신망, 무선호출망, LBS(위치기반서비스)망, 무선초고속인터넷망 기타 유/무선 데이터통신망 등의 바이너리코드 데이터의 전송서비스가 가능한 통신망을 이용하여 발신/수신 측의 인터넷주소 정보를 바이너리코드 형태로 변환하거나, 해독하여 각각 획득한 인터넷주소 정보를 이용하여 인터넷 통화가 되도록 구성하여 통화빈도, 통화시간에 따른 통화요금을 절감할 수 있는 IP정보 전송에 의한 무료통화방법 및 IP정보 전송에 의한 무료통화용 휴대단말기를 제공하는 데 있다.

<28> 또한, 본 발명의 다른 목적은 무료통화를 위해 개인용 컴퓨터 단말기, 휴대용 노트북 단말기 및 개인용 휴대단말기 등 단말기의 종류에 관계없이 인터넷주소 정보를 바이너리코드 데이터 형태로 변환 가능여부가 확인되는 단말기에 대해 장소에 제한 없이 실시간으로 무료통화를 제공하는 IP정보 전송에 의한 무료통화방법 및 IP정보 전송에 의한 무료통화용 휴대단말기를 제공하는 데 있다.

③ 발명의 구성 및 작용

<37> 본 발명의 IP정보 전송에 의한 무료통화용 휴대단말기(100)는 도 2에 도시된 바와 같이, 휴대단말기(100), 바이너리(Binary) 전송서비스 통신망 접속기능부(110), 유/무선 인터넷기능부(120), 바이너리(Binary) 전송서비스 기능부(130) 및 메모리부(140)로 기본 구성된다.

[도면 삽입을 위한 여백]

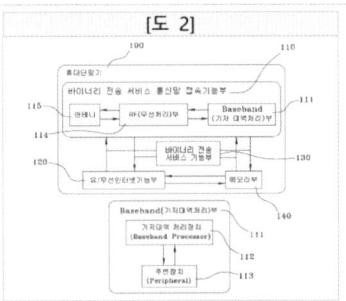

[도 2]

<38> 또한 상기의 바이너리(Binary) 전송서비스 통신망 접속기능부(110)는 보내고 싶은 전기적인 신호를 전파로 바꾸거나(발신) 수신된 전파를 전기적인 신호로 바꾸어 전달(수신)하는 안테나부(115)와, 발신되는 캐리어 신호에 데이터신호를 싣거나 수신되는 캐리어 신호로부터 데이터 신호를 추출하는 무선처리부(114)와, 주파수대역 변환 및 데이터 비트열화 기능 및 기타 처리 기능의 기저대역처리부(111)로 구성되며, 상기의 기저대역처리부(111)는 연산처리 기능의 기저대역처리장치(112)와 주변장치(113)(예: SD Card I/F, IDE I/F, USB OTG I/F, HDD I/F, LAN 10/100Mbps, DC Power Supply, I/F 등)로 구성된다.

<39> 또한, 본 발명의 IP정보 전송에 의한 무료통화방법의 일실시예는 도 1a 및 도 1b의 플로우차트에 도시된 바와 같다.

<40> 먼저, 본 발명의 무료통화방법기능이 탑재되어 있는 일반 핸드폰을 포함한 모든 휴대단말기(100)(예: PDA, 스마트폰, Web Pad, Tablet PC, 일반 노트북, 서브 노트북, PMP, UMPC, 기타 핸드 헬드 단말기 등)가 발신 측으로 작동하는 경우에 관하여 도 1a를 참조하여 설명한다.

[도면 삽입을 위한 여백]

- 7 -

[도 1a] IP정보 전송에 의한 무료통화방법의 플로우 차트

<41> 상기 휴대단말기(100)는 자체에 구비한 유선 인터넷(예: ADSL, VDSL, Cable, 광LAN, HFC 등의 초고속인터넷망) 또는 무선 인터넷(예: WiBro, HSDPA WiMAX, 무선랜, NESPOT, 무선PAN 등 및 무선 초고속인터넷접속서비스) 접속기능부(이하 "유/무선 인터넷기능부(120)"라 한다)를 통하여 인터넷에 접속하여, ISP(인터넷정보 제공자, Internet Service Provider)로부터 IP정보(기본정보+선택적 추가정보)를 획득하여, 메모리부(140)의 특정영역에 저장한다.

<42> 상세히 서술하면 IP정보의 기본정보는 고정 또는 유동 IP주소(IP Address)를 말하며, IP정보의 선택적 추가정보는 MAC주소(Physical Address), Default Gateway, DHCP Server, DNS Servers 등의 정보들 중의 하나 이상으로 구성되는 IP정보를 말한다.

<43> 상기 휴대단말기(100)의 전원이 켜지면(S101 참조), 유/무선인터넷기능부(120)가 인터넷에 접속되었는지를 일정주기(예: 0.01초)로 감시를 한다(S102 참조). 이때에 인터넷에 접속되지 않은 상태에서 호출신호의 입력이 있는지 점검한다(S103 참조). 즉 호출신호는 호출번호[휴대단말기의 고유식별 번호(예: 012-123-1234)이며 "Your_식별번호"와 "My_식별번호"가 있을 수 있음] 및 통화(걸기/받기)버튼의 입력신호로 이루어지며, 인터넷이 접속되지 않은 상태

에서 상기의 호출신호가 있으면, 무료통화 불가(Your_IP 정보 사용불가, 즉 무효)를 통지하고, 유료통화를 허락 받는 절차로 진입한다(S104 참조).

<44> 한편, 휴대단말기(100)가 인터넷에 접속된 상태가 되면 유/무선 인터넷기능부(120)로부터 자신의 인터넷주소(My_IP) 정보를 획득 후 획득된 My_IP 정보를 메모리부(140)에 갱신 저장하며(S105 참조), 상기 메모리부(140)에 갱신 저장된 My_IP 정보를 유/무선 인터넷기능부(120)를 통하여 "무료목록" 상대편(들)에게 브로드캐스팅 전송하여 알린다(S106 참조). 이때에 "무료목록"이라 함은 무료통화가능한 상대편(Your_) 호출번호와 상대편(Your_) IP 정보, 그리고 선택적으로 있을 수 있는 부가정보 등의 조합(들)의 목록을 말한다.

<45> 이후, 상기 휴대단말기(100)가 인터넷에 접속된 상태에서 상대편(Your_)(들)로부터 Your(상대편)_IP 정보 갱신의 요청이 있는 지를 점검하며(S107 참조), 그 요청에 따라 Your_IP 정보를 수신하여 "무료목록"의 Your_IP 정보를 갱신한다(S108 참조). 또한 내 자신(My_IP) 정보의 변화가 발생했는지도 감시하고 있다가 My_IP 정보의 변화가 있으면 상기 S105이후의 절차를 반복한다(S109 참조).

<46> 다음으로 휴대단말기(100)가 인터넷에 접속된 상태에서 Your_IP 정보 또는 My_IP 정보의 갱신이 이루어진 후에 호출신호의 입력이 있는지 점검하며(S110 참조), 만약 호출신호의 입력이 발생되면 무료통화 가능한 호출번호(줄여서 "무료통화 호출번호"라 한다)인지를 확인한 후 다음 단계를 진행한다(A 및 S111, S112 참조).

<47> 이때 무료통화 호출번호가 입력되었다면 "통화요청신호"를 생성한다. 여기서 "통화요청신호"는 인터넷망의 데이터통신방법(예: FTP, 텔넷(Telnet), TCP/IP 등)으로 상대편에게 송출하기 위하여 "My_IP 정보+부가정보+Your_IP 정보 전송요구 신호(예: REQ)" 등의 조합으로 구성되는 신호이다(S113 참조).

<48> 상기 절차에 이어서 통화요청신호를 바이너리코드화 시키며(S114 참조), 다음으로 바이너리코드화 된 "통화요청신호"를 상대편에 송출하고, "통화허락신호"를 기다린다(S115 참조). 여기서 "통화허락신호"는 통화요청신호에 대해 응답되는 신호이며 "호출번호(Your_식별번호)+Your_IP 정보+부가정보" 등의 조합으로 구성되는 신호이다.

<49> 이때에 "통화허락신호"가 수신되는지(S116 참조)를 일정시간(예: 0.1초) 기다리다가(S117 참조) 수신이 없으면 B의 절차 이후를 진행하며, 수신이 있으면 유/무선 인터넷기능부에서 획득된 상대편(Your_) IP 정보를 갱신할 필요가 있으면 "무료목록"에서 갱신한다(S118 참조).

<50> 여기서 B의 절차 이후는 즉, 무료통화 불가(Your_IP 정보 사용불가, 즉 무효)를 통지하고, 유료통화를 허락 받는 절차로 진입하는 것이며(S104 참조), 유료통화를 허락받으면(S121 참조) 입력된 "호출번호"를 상대편에게 송출하여(S122 참조) 유료통화를 실시하며 허락되지 못하면 통화를 절단(종료)하는 것이다(S123 참조).

<51> 한편으로 상기의 다음 절차에 의해서 인터넷망의 데이터통신방법(예: FTP, 텔넷[Telnet], TCP/IP 등)으로 상대편(Your_)에게 "통화허락신호"를 수신했다는 확인표시의 "수신완료확인신호"(예: ACK)를 전송한다.

<52> 이후 상기의 절차에 의해서 쌍방 간 알게 된 IP정보를 이용하여 유/무선 인터넷 통화경로(예:Peer-to-Peer통화경로)를 형성하여 인터넷 스트리밍 무료통화(음성통화를 기본으로 하여 어떠한 데이터의 송신 또는 수신도 가능)를 실시할 수 있게 된다(S120 참조).

<53> 한편, 본 발명의 무료통화방법 기능이 탑재된 상기 휴대단말기(100)는 도 1a에 도시된 바와 같이, 자신의(My_) IP 정보의 변화가 있는지를 일정주기(예: 0.01초)로 감시하여(S109 참조), My_IP 정보가 변경되었을 시에는 즉시 그 변경된 내용을 상기 메모리부(140)에 갱신하여 저장하고, "무료목록"("Your_호출번호+Your_IP 정보+선택적 부가정보 등"의 조합)에 저장된 상대편(들)에게 브로드캐스팅하여 송출할 수 있도록 하는 것이 바람직하다.

<54> 또한, 상대측으로부터 상대측의 Your_IP 정보 갱신의 요청이 있을 때는 갱신된 Your_IP 정보를 수신하여 자신의 무료목록을 갱신할 수 있도록 하는 것이 바람직하다.

<55> 또한, 평상시(휴대단말기가 켜져 있을 때) 사용자의 무료통화 식별번호의 생성작용(예: "식별번호 버튼+무료통화버튼+저장 버튼"의 입력)에 의해서 상기 메모리부(140)에 무료통화 식별번호가 생성되며, 생성된 식별번호를 "무료통화가능 상대편 식별번호 목록"에 신규 및 추가 저장을 할 수 있으며, 또한 편집(삭제 등)도 가능하도록 하는 것이 바람직하다.

<56> 한편, 수신 측으로 작동하는 경우에 관하여 도 1b를 참조하여 설명한다.

[도면 삽입을 위한 여백]

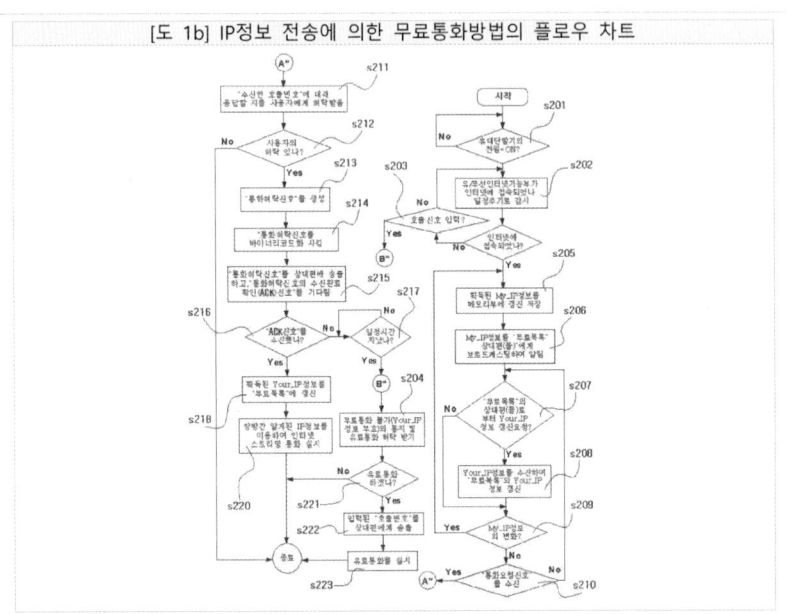

[도 1b] IP정보 전송에 의한 무료통화방법의 플로우 차트

<57> 상기 휴대단말기(100)의 전원이 켜지면(S201 참조), 유/무선 인터넷기능부(120)가 인터넷에 접속되었는지를 일정주기(예: 0.01초)로 감시를 한다(S202 참조). 이때에 인터넷에 접속되지 않은 상태에서 호출신호의 입력이 있는지 점검한다(S203 참조).

<58> 즉 호출신호는 호출번호[휴대단말기의 고유식별번호(예: 012-123-1234)이며 "Your_식별번호"와 "My_식별번호"가 있을 수 있음] 및 통화(걸기/받기)버튼의 입력신호로 이루어지며, 인터넷이 접속되지 않은 상태에서 상기의 호출신호가 있으면, 무료통화 불가(Your_IP 정보 사용불가, 즉 무효)를 통지하고, 유료통화를 허락받는 절차로 진입한다(S204 참조).

<59> 한편, 휴대단말기(100)가 인터넷에 접속된 상태가 되면 유/무선 인터넷기능부(120)로부터 자신의 인터넷주소(My_IP) 정보를 획득 후 획득된 My_IP 정보를 메모리부(140)에 갱신 저장하며(S205 참조), 상기 메모리부(140)에 갱신 저장된 My_IP 정보를 유/무선 인터넷기능부(120)를 통하여 "무료목록" 상대편(들)에게 브로드캐스팅 전송하여 알린다(S206 참조).

<60> 이때에 "무료목록"이라 함은 무료통화가능한 상대편(Your_) 호출번호와 상대편(Your_)I

P 정보, 그리고 선택적으로 있을 수 있는 부가정보 등의 조합(들)의 목록을 말한다.

<61> 이후, 상기 휴대단말기(100)가 인터넷에 접속된 상태에서 상대편(Your_)(들)로부터 Your(상대편)_IP 정보 갱신의 요청이 있는 지를 점검하며(S207 참조), 그 요청에 따라 Your_IP 정보를 수신하여 "무료목록"의 Your_IP 정보를 갱신한다(S208 참조). 또한 내 자신(My_) IP 정보의 변화가 발생했는지도 감시하고 있다가 My_IP 정보의 변화가 있으면 상기 S205이후의 절차를 반복한다(S209 참조).

<62> 다음으로 휴대단말기(100)가 인터넷에 접속된 상태에서 Your_IP 정보 또는 My_IP 정보의 갱신이 이루어진 후에 통화요청신호의 수신이 있는지 점검하며(S210 참조), 만약 "통화요청신호"의 수신이 있다면 "수신한 호출번호"에 대해 응답할지를 사용자에게 허락받은 후 다음 단계를 진행한다(A" 및 S211, S212 참조).

<63> 이때 사용자에게 응답의 허락을 받았다면 "통화허락신호"를 생성한다. 여기서 "통화허락신호"는 인터넷망의 데이터통신방법(예: FTP, 텔넷[Telnet], TCP/IP 등)으로 상대편에게 송출하기 위하여 "호출번호(My_식별번호)+My_IP 정보+부가정보[통화허락신호의 수신완료 확인 신호(예: ACK)등]" 등의 조합으로 구성되는 신호이다(S213 참조).

<64> 상기 절차에 이어서 "통화허락신호"를 바이너리코드화 시키며(S214 참조), 다음으로 바이너리코드화 된 "통화허락신호"를 상대편에 송출하고, "통화허락신호의 수신완료확인(ACK)신호"를 기다린다(S215 참조). 여기서 "통화허락신호의 수신완료확인(예: ACK)신호"는 "통화허락신호"에 대해 응답되는 신호이며 "호출번호(Your_식별번호)+Your_IP 정보+부가정보(예: ACK)" 등의 조합으로 구성되는 신호이다.

<65> 이때에 "통화허락신호의 수신완료확인(ACK)신호"가 수신되는지(S216 참조)를 일정시간(예: 0.1초) 기다리다가(S217 참조) 수신이 없으면 B"의 절차 이후를 진행하며, 수신이 있으면 유/무선 인터넷기능부에서 획득한 상대편(Your_)IP 정보를 갱신할 필요가 있으면 "무료목록"에서 갱신한다(S218 참조).

<66> 여기서 B"의 절차 이후는 즉, 무료통화 불가(Your_IP 정보 사용불가, 즉 무효)를 통지하고, 유료통화를 허락받는 절차로 진입하는 것이며(S204 참조), 유료통화를 허락받으면(S221 참조) 입력된 "호출번호"를 상대편에게 송출하여(S222 참조) 유료통화를 실시하며 허락되지 못하면 통화를 절단(종료)하는 것이다(S223 참조).

<67> 이후 상기의 절차에 의해서 쌍방 간 알게 된 IP정보를 이용하여 유/무선 인터넷 통화

경로(예:Peer-to-Peer통화경로)를 형성하여 인터넷 스트리밍 무료통화(음성통화를 기본으로 하여 어떠한 데이터의 송신 또는 수신도 가능)를 실시할 수 있게 된다(S220 참조).

<68> 한편, 만약 일정시간(예: 0.1초) 동안에도 "통화허락신호의 수신완료확인(ACK)신호"를 수신하지 못하면 재전송 요청하며, 그래도 수신하지 못하면 통화를 강제로 종료한다.

<69> 만일, 수신 측의 상기 휴대단말기(100)가 인터넷에 접속되어 있지 않다면 무료통화요청이 있음을 사용자에게 알리고(예: 무료통화 원합니다. 인터넷에 접속해 주세요.) 계속해서 "통화요청신호"가 수신되는지를 점검한다.

5 발명의 효과

<82> 상술한 바와 같이, 본 발명에 의한 바이너리코드(Binary digit Code) 전송에 의한 무료통화방법 및 바이너리코드(Binary digit Code) 전송에 의한 무료통화용 휴대단말기는 이동통신망, 무선호출망, LBS망, 기타 유/무선 데이터통신망 등으로 구성된 바이너리코드(Binary digit Code) 서비스가 가능한 통신망을 이용하여 발신/수신 측의 인터넷주소 정보를 바이너리코드 형태로 변환하거나 암호코드화, 해독하여 각각 획득한 인터넷주소 정보를 이용하여 인터넷 스트리밍 통화가 되도록 구성하여 통화빈도, 통화시간에 따른 저렴한 요금 또는 무료로, 소형의 단말기를 이용하여 이동 중에 간편하게 통화를 할 수 있다는 장점이 있다.

<83> 또한, 무료통화를 위해 개인용 컴퓨터 단말기, 휴대용 노트북 단말기 및 개인용 휴대단말기 등 단말기의 종류에 관계없이 인터넷주소 정보를 바이너리코드 형태로 변환, 암호코드화 가능 여부가 확인되는 단말기에 대해 장소에 제한 없이 실시간적으로 무료통화를 제공할 수 있다.

다. 선행발명들

1) 선행발명 1(갑 제4호증)

2005. 9. 8. 공개된 대한민국 공개특허공보 제10-2005-0089258호에 게재된 "이동통신단말기들 간에 실시간 메신저서비스를 제공하기 위한 이동통신시스템 및 이를 이용한 메신저서비스 제공방법"이라는 명칭의 발명에 관한 것으로, 주요 내용은 아래와 같다.

① **발명이 속하는 기술 및 그 분야의 종래기술**

　본 발명은 이동통신시스템에 관한 것으로서, 보다 상세하게는, 별도의 시스템을 추가하지 않고 무선망에서 단말기들 상호 간에 실시간 정보 전달 서비스 구현을 통해 문자 채팅, 파일 전송, 및 음성신호 전송할 수 있는 이동통신시스템 및 이를 이용한 메신저서비스 제공 방법에 관한 것이다(2면 19~21행).

　최근에는 컴퓨터에서 이용하는 메신저(MESSENGER)라는 실시간 정보 전달 서비스 프로그램을 이동통신단말기에 인스톨시켜 이동통신단말기들 간의 데이터 교환을 가능하도록 하는 방법이 제안되고 있다. 여기서 메신저란 일종의 '실시간 정보전달 서비스'를 말하며, 현재 상태에서 상대방과의 대화에서 무전기와 같이 한쪽에서 말하면 한쪽에서 말을 못하는 것과 같은 반이중상태가 아닌 전화기와 같이 양쪽에서 함께 말을 할 수 있는 전이중적인 상태를 뜻한다. 이러한 메신저서비스는 기존의 단순 채팅만을 하던 것을 벗어나 파일전송, 음성 서비스, 및 음악이나 뉴스 등의 정보도 전송할 수 있는 멀티 기능을 갖추고 있다(2면 32행~3면 3행).

　도 1은 종래에 이동통신단말기들 간의 실시간 메신저서비스 구현을 위한 이동통신시스템의 예를 도시한 도면이다(3면 4행).

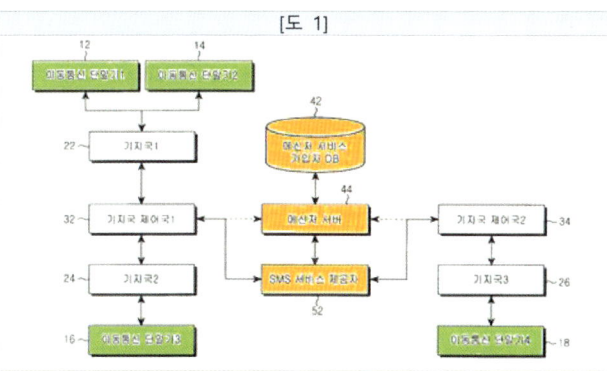

　도시된 바와 같이, 이동통신단말기들(12, 14, 16, 18)은 해당 이동통신단말기들(12, 14, 16, 18)에 대한 이동무선망 서비스를 제공하는 기지국들(22, 24, 26) 및 해당 기지국들(22, 24, 26)을 제어하는 기지국 제어국들(32, 34)을 통해 상호간에 이동무선통신을 수행한다. 또한 이동통신단말기들(12,14,16,18)는 SMS(Short Message Service) 서비스 제공자(52)로부터 제공되는 단

문 메시지 제공 서비스를 이용하여 상호간에 단문 메시지를 교환할 수 있다(3면 5~8행).

기존의 실시간 정보 전달 서비스를 위한 이동통신시스템은 상기에서 설명한 통신망 외에 메신저시스템을 추가로 구비해야 한다. 여기서 메신저시스템은 메신저서비스 가입자 DB(Data Base)(42) 및 메신저 서버(44)를 구비한다(3면 9~10행).

메신저서비스 가입자 DB(42)는 메신저서비스에 가입된 가입자들의 이동통신단말기에 대한 동작상태 정보, 등록된 대화상대리스트 정보 등을 저장한다. 메신저 서버(44)는 메신저서비스 가입자 DB(42)를 관리하고 이동통신단말기들(12, 14, 16, 18)에게 실시간 메신저서비스를 제공한다(3면 11~13행).

이러한 실시간 정보 전달 서비스를 위한 이동통신시스템은 이동통신단말기들(12, 14, 16, 18) 간의 메시지 전송 및 제어정보 전송 수단으로 단문 메시지를 이용한다. 따라서 단문 메시지 서비스를 제공하는 SMS 서비스제공자(52) 측에는 동시에 이동통신단말기들(12, 14, 16, 18) 간에 양방향 전송이 되지 않기 때문에, 메시지 전송을 위한 부하가 많이 걸리고 실시간성이 확보되지 않는 단점이 있다. 또한 기존의 실시간 정보 전달 서비스를 위한 이동통신시스템은 이동통신단말기들(12, 14, 16, 18)간에 단문 메시지를 전송하는 것에만 한정되는 단점이 있다(3면 14~18행).

또한, 메신저 서버(44)는 사용자의 이동통신단말기들(12, 14, 16, 18)에게 메신저서비스를 제공할 때 각각의 이동통신단말기들(12, 14, 16, 18)에 대한 동작 상태를 관리해야 하기 때문에 별도의 부하가 발생한다. 즉 메신저 서버(44)는 각 단말기들의 동작 상태를 파악하기 위해 이동통신단말기들(12, 14, 16, 18)을 호출하는데, 이에 따른 무선망에 부하가 발생하는 문제점이 있다(3면 19~22행).

[2] 발명이 이루고자 하는 기술적 과제

상기와 같은 문제점을 해결하기 위한 **본 발명의 목적은 메신저서비스를 위한 별도의 메신저시스템을 추가하지 않고 이동통신단말기들 간에 메신저서비스를 수행할 수 있도록 하는 이동통신시스템 및 이를 이용한 메신저서비스 제공방법을 제공하는 데 있다**(3면 24~26행).

본 발명의 다른 목적은 이동통신단말기들 간에 메신저서비스를 실시간으로 수행할 수 있도록 하는 이동통신시스템 및 이를 이용한 메신저서비스 제공방법을 제공하는 데 있다(3면 27~28행).

본 발명의 또 다른 목적은 기존의 이동통신 무선망을 이용하여 이동통신단말기들 간에 실

시간으로 메신저서비스를 수행할 수 있도록 하는 이동통신시스템 및 이를 이용한 메신저서비스 제공 방법을 제공하는 데 있다(3면 29~30행).

③ **발명의 구성 및 작용**

상기와 같은 목적은 본 발명에 따라, 이동통신단말기들 간에 메신저서비스를 위한 이동통신시스템에 있어서, 점 대 점 프로토콜 접속을 통해, 이동통신단말기들 각각에 아이피주소를 할당 및 이동통신단말기들 상호 간에 메시지 교환 서비스를 제공하는 **패킷 데이터 서비스 노드(Packet Data Serving Node: PDSN)**; 이동통신단말기들 간에 단문 메시지 전송서비스를 제공하는 **단문 메시지 서버**; 패킷 데이터 서비스 노드와 점 대 점 프로토콜 접속을 통해 아이피주소를 할당받고, 아이피주소를 포함하는 대화초청 메시지를 단문 메시지 포맷으로 단문 메시지 서버에 전송 및 패킷 데이터 서비스 노드를 통해 수신한 등록요구 메시지를 기초로 대화 대상 목록인 버디리스트를 갱신하여 패킷 데이터 서비스 노드로 전송하는 **호스트 이동통신단말기**; 및 대화초청 메시지를 수신하면 패킷 데이터 서비스 노드와 점 대 점 프로토콜 접속을 통해 아이피주소를 할당받고, 아이피주소를 포함하는 등록요구 메시지를 패킷 데이터 서비스 노드를 통해 호스트 이동통신단말기로 전송하며, 호스트 이동통신단말기로부터 전송된 갱신된 버디리스트를 수신하는 적어도 하나의 **클라이언트 이동통신단말기**를 포함하는 이동통신시스템에 의해 달성된다(3면 32~41행).

바람직하게는, 상기 **대화초청** 메시지는, 전송데이터의 종류 정보, 호스트 이동통신단말기의 아이디정보, 호스트 이동통신단말기에 할당된 아이피주소 정보 및 포트 주소정보를 포함한다. 상기 **등록요구** 메시지는, 전송데이터의 종류 정보, 클라이언트 이동통신단말기에 할당된 아이피주소 정보, TCP(Transmission Control Protocol)/UDP(User Datagram Protocol) 정보, 포트번호 정보, 및 인증정보를 포함한다(4면 8~11행).

도 2는 본 발명에 따른 이동통신단말기들 간에 실시간 메신저서비스가 가능하도록 하는 이동통신시스템의 바람직한 실시예를 도시한 블록도이다(4면 37~38행).

[도면 삽입을 위한 여백]

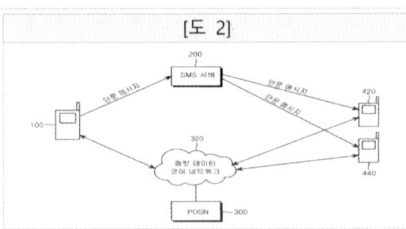

[도 2]

도시된 바와 같이, 호스트 이동통신단말기(100) 및 클라이언트 이동통신단말기들(420, 440[1]) 각각은 패킷 데이터 코어 네트워크(Packet Data Core Network)(320)를 통해 PDSN(Packet Data Serving Node)(300)과 점 대 점 프로토콜(Point To Point: PPP) 통신 채널을 설정하여 상호 패킷 데이터 통신을 수행한다(4면 39~41행).

호스트 이동통신단말기(100) 및 클라이언트 이동통신단말기들(420, 440[2])은 상호 간에 문자 및/또는 음성 대화, 및 데이터 교환이 가능한 메신저서비스를 수행할 수 있는 메신저 프로그램을 각각 구비한다(5면 1~2행).

PDSN(300)으로부터 아이피주소를 할당받으면, 호스트 이동통신단말기(100)는 할당받은 아이피주소를 포함하는 대화초청메시지(invite message)를 단문 메시지(SMS) 포맷으로 각각의 각 클라이언트 이동통신단말기들(420, 440)로 SMS서버(200)를 통해 전송한다(5면 10~12행).

호스트 이동통신단말기(100) 및 클라이언트 이동통신단말기들(420, 440)이 기존의 무선 이동통신망인 패킷 데이터 코어 네트워크(320)를 통해 PDSN(300)과 점 대 점 프로토콜 접속하여 메신저서비스를 이용하여 대화를 수행함으로써, 별도의 메신저서비스를 위한 시스템을 구비할 필요가 없다(6면 1~3행).

또한, 패킷 데이터 코어 네트워크(320)를 통해 호스트 이동통신단말기(100) 및 클라이언트 이동통신단말기들(420, 440) 간에 상호 메신저서비스를 수행함으로써, 단문 메시지를 이용하여 메신저서비스를 수행하는 것 보다 신속한 메시지 전송이 가능하고 전송 데이터 당 비용 부담을 줄일 수 있는 장점이 있다(6면 4~6행).

뿐만 아니라 패킷 데이터 코어 네트워크(320)를 통해 호스트 이동통신단말기(100) 및 클라이언트 이동통신단말기들(420, 440) 간에 상호 메신저서비스를 통해 텍스트 메시지뿐만 아니라 파일 전송이 가능함으로써, 이동통신단말기들에 등록된 주소록, 벨소리, 사진 이미지 또는 동영상 이미지 등의 데이터 전송이 가능하다(6면 7~9행).

도 3은 도 2의 호스트 이동통신단말기(100)로부터 클라이언트 이동통신단말기들(420, 440)로 전송되는 대화초청 메시지의 포맷을 도시한 도면이다(6면 10~11행).

[도 3]

110	120	130	140
전송데이터 종류정보	단말기 ID 정보	IP 주소 정보	포트 번호 정보

도시된 바와 같이, 대화초청 메시지는 전송데이터 종류 정보(110), 호스트 이동통신단말기(100)의 아이디정보(120), 호스트 이동통신단말기(100)에 할당된 아이피(IP) 주소정보(130) 및 포트 주소정보(140)를 포함하여 구성된다(6면 12~13행).

호스트 이동통신단말기(100)의 아이디정보(120)는 호스트 이동통신단말기(100)에 할당된 인증과 관련된 정보를 말한다. 이러한 인증정보의 예로는 전화번호정보를 예로 들 수 있다(6면 16~17행).

도 4는 도 2의 클라이언트 이동통신단말기들(420, 440)이 호스트 이동통신단말기(100)에 요청하는 등록요구 메시지의 포맷을 도시한 도면이다(6면 20~21행).

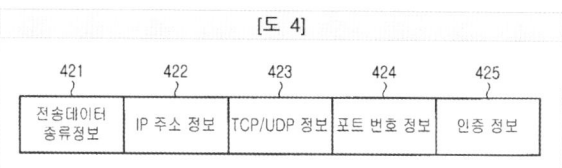

도시된 바와 같이, 등록요구 메시지는 전송데이터의 종류 정보(421), 아이피주소 정보(422), TCP(Transmission ControlProtocol)/UDP(User Datagram Protocol) 정보(423), 포트번호 정보(424) 및 인증정보(425)로 구성된다(6면 22~23행).

포트번호 정보(424)는 각 클라이언트 이동통신단말기들(420, 440)에 할당된 포트번호 정보이다. 인증정보(425)는 각 클라이언트 이동통신단말기(420, 440)의 인증에 필요한 가입자 정보, 예를 들어 전화번호 정보가 포함된다(6면 32~33행).

도 5는 본 발명에 따른 메신저서비스를 위한 이동통신시스템을 이용한 메신저서비스 제공방법의 바람직한 실시예를 도시한 플로우도이다(6면 34~35행).

---
1) 선행발명 1에는 '4540'으로 기재되었으나, 이는 '440'의 오기로 보이므로, 이 판결에서는 '440'으로 고쳐 기재한다.

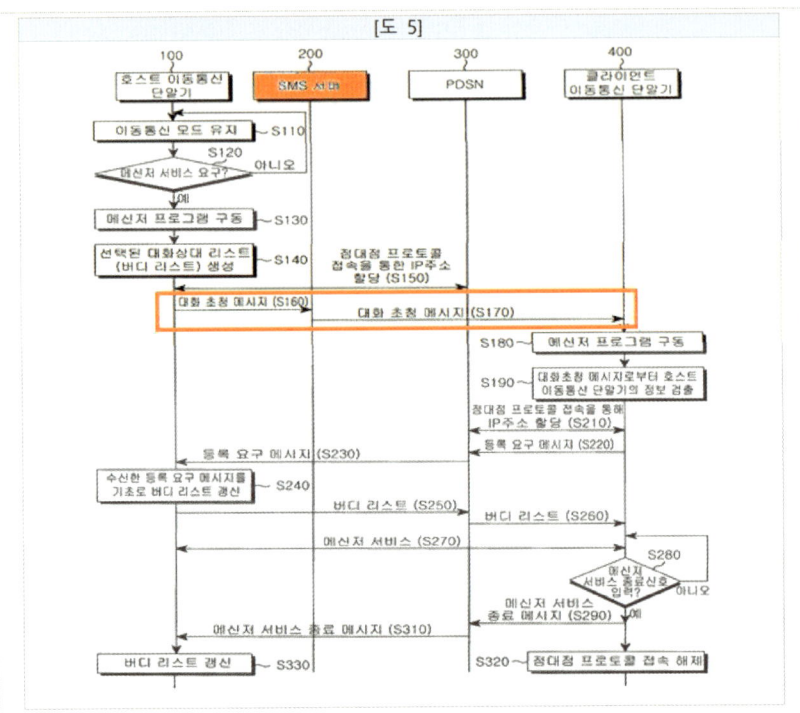

먼저, 호스트 이동통신단말기(100)는 평상시에 이동통신을 위한 모드를 유지한다(S110). 이동통신 모드를 유지하는 동안, 호스트 이동통신단말기(100)는 메신저서비스를 위한 명령의 입력 여부를 판별한다(S120)(6면 36~37행).

메신저서비스를 위한 명령이 입력되면, 호스트 이동통신단말기(100)는 메신저서비스를 위한 메신저 프로그램을 구동시킨다(S130). 저장된 클라이언트 이동통신단말기들에 대응하는 사용자들 중 대화를 위해 사용자에 의해 선택된 신호가 입력되면, 호스트 이동통신단말기(100)는 선택된 대화 상대 리스트에 대응하는 버디리스트를 생성한다(S140)(7면 1~3행).

버디리스트의 생성이 완료되면, 호스트 이동통신단말기(100)는 PDSN(300)과 점 대 점 프로토콜 접속을 수행하여 PDSN(300)으로부터 아이피주소를 할당받는다(S150)(7면 4~5행).

아이피주소를 할당받으면, 호스트 이동통신단말기(100)는 할당된 아이피주소 정보와 호스트 이동통신단말기(100)의 아이디정보, 포트번호 정보를 포함하는 단문 메시지 포맷의 대화요청 메시지를 SMS서버(200)로 전송한다(S160). SMS서버(200)는 호스트 이동통신단말기(100)로부터 전송된 대화초청 메시지를 클라이언트 이동통신단말기(400)로 전송한다(S170)(7면 6~9행).

클라이언트 이동통신단말기(420)는 단문 메시지 포맷의 대화초청 메시지를 수신하면, 수신한 메시지의 종류가 메신저서비스를 위한 메시지임을 판단하고 메신저 프로그램을 구동시킨다(S180). 클라이언트 이동통신단말기(400)는 대화초청 메시지로부터 호스트 이동통신단말기(100)의 정보를 검출한다(S190). 여기서 호스트 이동통신단말기(100)의 정보란 호스트 이동통신단말기(100)의 아이피주소 정보, 호스트 이동통신단말기(100)의 아이디정보 및 포트번호 정보 등을 포함한다(7면 10~14행).

클라이언트 이동통신단말기(400)는 PDSN(300)과 점 대 점 프로토콜 접속을 통해 아이피주소를 할당받는다(S210). 아이피주소를 할당받으면, 클라이언트 이동통신단말기(400)는 아이피주소를 포함하는 등록요구 메시지를 PDSN(300)에 전송한다(S220). 여기서 등록요구 메시지에는 상기 아이피주소 정보 외에 TCP(Transmission Control Protocol)정보, 포트번호 정보 및 인증정보 등을 포함한다(7면 15~18행).

PDSN(300)은 클라이언트 이동통신단말기(400)로부터 수신한 등록요구 메시지를 호스트 이동통신단말기(100)로 전송한다(S230)(7면 19~20행).

호스트 이동통신단말기(100)는 수신한 등록요구 메시지를 기초로 대화초청을 위해 선택된 버디리스트를 갱신한다(S240). 버디리스트를 갱신한 후, 호스트 이동통신단말기(100)는 갱신한 버디리스트를 PDSN(300)으로 전송한다(S250). PDSN(300)은 호스트 이동통신단말기(100)로부터 수신한 버디리스트를 클라이언트 이동통신단말기(400)로 전송한다(S260)(7면 21~24행).

호스트 이동통신단말기(100)와 클라이언트 이동통신단말기(400) 간에 동일한 대화 대상 정보인 버디리스트를 공유하게 되면, 호스트 이동통신단말기(100)와 클라이언트 이동통신단말기(400)는 상호간에 메신저서비스를 수행한다(S270). 메신저서비스를 수행하는 동안, 클라이언트 이동통신단말기(400)는 메신저서비스의 종료 신호가 입력되는지의 여부를 판별한다(S280). 메신저 종료 신호가 입력되지 않은 것으로 판단되면, 클라이언트 이동통신단말기(400)는 호스트 이동통신단말기(100)와 메신저서비스를 계속 수행한다(7면 25~29행).

메신저 종료신호가 입력된 것으로 판단되면, 클라이언트 이동통신단말기(400)는 메신저서비스 종료메시지를 PDSN(300)으로 전송한다(S290). 클라이언트 이동통신단말기(400)로부터 메신저서비스 종료메시지를 수신하면, PDSN(300)은 수신한 메신저서비스 종료메시지를 호스트 이동통신단말기(100)로 전송한다(S310)(7면 30~32행).

한편 메신저서비스 종료메시지를 전송한 후, 클라이언트 이동통신단말기(400)는 PDSN(300)과의 점 대 점 프로토콜 접속을 해제한다(S320). 또한 호스트 이동통신단말기(100)는 메신저서비스 종료메시지를 수신하면, 대화 상태로 선택된 버디리스트를 갱신한다(S330). 즉, 호스트 이동통신단말기(100)는 메신저서비스 종료메시지를 전송한 클라이언트 이동통신단말기(400)의 대화목록을 버디리스트에서 삭제한다(7면 33~36행).

④ **발명의 효과**

본 발명에 따르면, 호스트 이동통신단말기가 단문 메시지를 이용하여 대화초청 메시지를 클라이언트 이동통신단말기로 전송하고 호스트 이동통신단말기와 클라이언트 이동통신단말기가 패킷 데이터 서비스 노드를 통해 상호 메신저서비스를 수행함으로써, 메신저서비스를 위한 시스템 구축이 간단하고 메시지의 신속한 전송이 가능하다(8면 20~22행).

또한, 패킷 데이터 서비스 노드에 각각 점 대 점 프로토콜 접속하여 호스트 이동통신단말기와 클라이언트 이동통신단말기들 상호 간에 메신저서비스를 수행함으로써, 텍스트 메시지 외에 오디오정보, 단말기에 저장된 데이터, 및 이미지 정보 등 다양한 포맷을 갖는 데이터를 상호간에 교환할 수 있다(8면 23~25행).

2) 선행발명 2(갑 제5호증)

2003. 7. 10. 공개된 미국 공개특허공보 US 2003/0128696 A1에 게재된 "SECURE VOICE AND DATA TRANSMISSION VIA IP TELEPHONES"이라는 명칭의 발명에 관한 것으로, 주요 내용은 아래와 같다.

① **발명의 분야**

[0002] 본 발명은 일반적으로 인터넷 전화통신, 더 구체적으로는 인터넷 전화통신 커뮤니케이션에 보안을 제공하는 것에 관한 것이다.

② **상세한 설명**

[0035] 도 5는 본 발명의 하나의 실시양태에 따른 IP 전화 장치 40의 더 구체적인 구성도

---

2) 선행발명 1에는 '4540'으로 기재되었으나, 이는 '440'의 오기로 보이므로, 이 판결에서는 '440'으로 고쳐 기재한다.

이다. 상기 실시예에서, 장치 40은 디지털 신호 프로세서(DSP) 62와 중앙처리장치 64에 커플링된 디지털 전화 세트 60을 포함한다. 중앙처리장치는 두 개의 네트워크 인터페이스 70, 72에 더 연결된다. 일 실시예에 따라서, 제1 네트워크 인터페이스 70은 LAN 48 위의 장치 42, 44, 46과 통신하기 위해 이용되고, 제2 네트워크 인터페이스 72는 WAN 50 위에서 호스트 54와 통신하기 위해 이용된다.

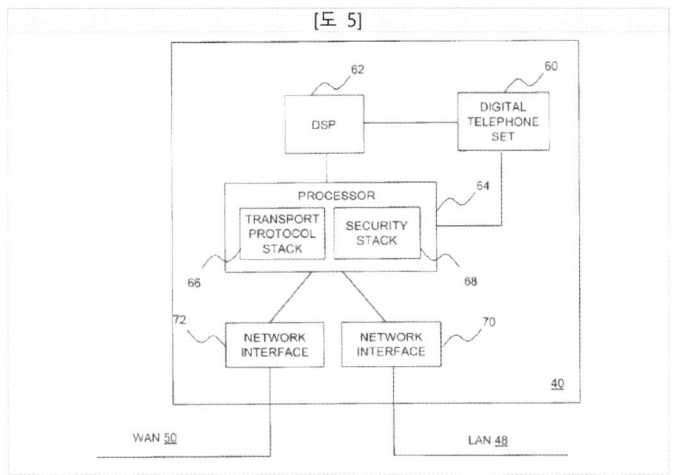

[0036] 중앙처리장치 64는 보안 스택 68과 네트워크 프로토콜 스택 66을 포함한다. 보안과 네트워크 프로토콜 스택 68, 66은 소프트웨어, 하드웨어, 펌웨어 (예를 들어 어플리케이션-특성 집적 회로를 통해) 또는 그것의 임의의 조합으로 구현될 수 있다. 예를 들면 보안과 네트워크 프로토콜 스택은 보안과 VoIP 알고리즘을 구현시키는 별개 프로세서일 수 있다. 선택적으로, 보안과 네트워크 프로토콜 스택은 단일 프로세서에서 실행한 소프트웨어 루틴일 수 있다.

[0037] 본 발명의 한 실시예에서, 보안 스택 68은 RFC 2401에 기술된 바와 같이 IPSec 스택이다. 네트워크 프로토콜 스택은, 예를 들어 H.323 스택, 접속 설정 프로토콜(SIP) 스택, 미디어 게이트웨이 컨트롤 프로토콜(MGCP) 스택 등과 같은 종래의 전송 프로토콜일 수 있다. 통상의 기술자는 위에서 명시한 프로토콜과 보안 메커니즘에 한정하지 않고 당해 기술 분야에서 알려진 다른 종류의 종래 전송 프로토콜과 보안 메커니즘도 이용될 수 있음을 알 것이

다.

[0040] 그렇지 않으면, SA 협상이 성공적이었으면, 중앙처리장치 64는 업계에 잘 알려진 방식 86 단계에서 음성 패킷을 암호화하기 위한 보안 스택 68을 호출한다. 일 실시예에서 보안 스택은 패킷의 목적지에 상관없이 동일한 방법으로 음성 패킷을 암호화한다. 다른 실시예에서, 보안 스택은 RFC 2401에서 확인하기 때문에 소스, 목적지, 포트 또는 다른 셀렉터에 따라 인코딩 메커니즘을 사용한다. 예를 들면 암호화의 전송 모드는 LAN 48 위의 하나의 장치로 전송되는 음성패킷을 암호화하기 위하여 사용되며 페이로드 데이터만 암호화하는 반면, 암호화의 터널 모드는 그 LAN 외부의 다른 장치에 전송되는 음성 패킷을 암호화하는 데 사용되며 헤더와 페이로드를 모두 암호화한다.

3) 선행발명 3(갑 제6호증)

2004. 5. 20. 공개된 대한민국 공개특허공보 제10-2004-0041747호에 게재된 "유무선 인터넷 전화용 통신단말장치"라는 명칭의 발명에 관한 것으로, 주요 내용은 아래와 같다.

|1| **발명이 속하는 기술 및 그 분야의 종래기술**

본 발명은 유무선 인터넷 전화용 통신단말장치에 관한 것으로서, 더욱 상세하게는 전세계적으로 연결되어 있는 인터넷 망을 통하여 무료 또는 아주 저렴하게 음성 전화 기능 및 인터넷 접속 기능을 제공해 줄 수 있는 유무선 인터넷 전화용 통신단말장치에 관한 것이다.

종래에는 인터넷을 이용한 통신단말장치를 구성하는 데 있어서, 유선 인터넷 전화용 통신단말장치 또는 무선 인터넷 전화용 통신단말장치를 각각 별도로 구성하여 제한적으로 사용해야만 하였다. 또한, 일반적인 통신망을 이용한 단말장치를 구성하는 데 있어서도, 각각 기능이 다른 여러 가지 장치들을 사용하여 구성하여야 하였으므로, 단말장치 내부의 회로 구성이 복잡하고 규모가 커지며 불필요한 기능이 추가되었다. 이로 인해, 단말장치의 설계 및 개발이 어렵고, 개발하는 데 많은 시간이 걸리며, 개발된 제품의 가격이 높아지는 문제가 있었다. 일예로서, 이더넷(Ethernet) 환경이 없는 각 가정에서 인터넷 전화를 사용하기 위해서는 이더넷 포트가 있는 ADSL(Asymmetric Digital Subscriber Line) 단말장치와 유선 이더넷 포트가 있는 인터넷 전화기가 필요하다.

[2] 발명이 이루고자 하는 기술적 과제

본 발명은 상기 설명한 바와 같은 종래의 기술적 문제점을 해결하기 위한 것으로, 유무선 인터넷 전화용 통신단말장치를 구성할 때, 양질의 음성통화 및 다양한 인터넷 서비스를 제공하기 위하여 필수적으로 필요한 기능을 집적하여 만든 통신서비스 제어기를 이용함으로써, 구성 부품을 최소화하여 설계가 용이하고 구성이 간단하며 저가이면서 소형인 유선 또는 무선 환경에서 사용할 수 있는 인터넷 전화용 통신단말장치를 제공하는 것을 목적으로 한다.

[3] 발명의 구성 및 작용

도 1에는 본 발명에 따른 유무선 인터넷 전화용 통신단말장치가 인터넷 망과 결합될 때의 연결 관계가 도시되어 있다. 도 1에서, 본 발명의 유무선 인터넷 전화용 통신단말장치(1~N)는 이더넷(ethernet) 선로를 통해 인터넷(2)과 연결됨과 동시에 디지털 가입자 라인(DSL: Digital Subscriber Line, 이하 'DSL'이라 함)을 통해 디지털 가입자 라인액세스 모듈(DSLAM: Digital Subscriber Line Access Module, 이하 'DSLAM'이라 함)(3)에 연결된다. 상기 DSLAM(3)은 비동기 전송 모드(ATM: Asynchronous Transfer Mode, 이하 'ATM'이라 함) 스위치(4)와 연결되며, 상기 ATM 스위치(4)는 MPLS(Multi Protocol Label Switch)(5)를 통해 인터넷(2)에 연결된다. 상기 DSLAM(3)에서 분리된 아날로그 전화선은 공중 전화망(PSTN : Public Switched Telephone Network)에 연결된다.

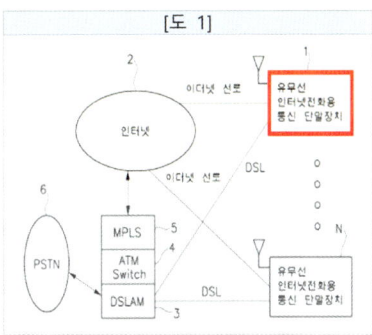

도 2에는 본 발명에 따른 유무선 인터넷 전화용 통신단말장치의 구성이 도시되어 있다. 상기 도 2에 도시되어 있듯이, 본 발명에 따른 유무선 인터넷 전화용 통신단말장치는 통신서비스 제어기(10)와, 상기 통신서비스 제어기(10)의 주변에 연결되어 통신단말 기능에 필요한 각

인터페이스 부분으로 구성되어 있다.

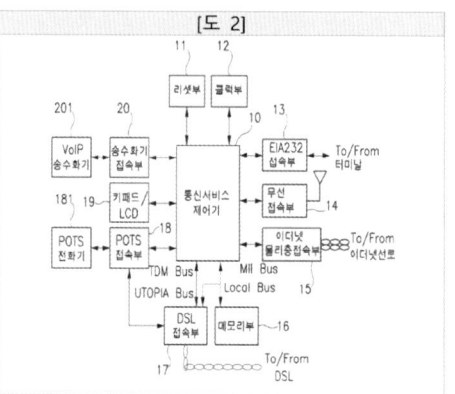

메모리부(16)는 상기 통신서비스 제어기(10)에 직접 연결되고, 시작 프로그램이나 단말장치 운용 프로그램을 저장한다. 그리고 상기 메모리부(16)는 예를 들어 8비트, 16비트 또는 32비트 버스로 접속이 가능한 플래쉬 롬(F-ROM: Flash Read Only Memory)을 포함할 수 있으며, 사용자 데이터나 각종 응용프로그램을 일시적으로 저장하며 8비트, 16비트 또는 32비트 버스로 접속이 가능한 동적 램(DRAM: Dynamic Random Access Memory) 또는 정적 램(SRAM: Static Random Access Memory)을 포함할 수도 있다. 또한, 상기 메모리부(16)로서 메모리 맵 형태로 액세스가 가능한 외부소자가 연결될 수도 있다.

무선 접속부(14)는 2.4GHz 또는 5GHz 대역의 무선 주파수로써 무선망과 접속되며, 수신된 아날로그 신호는 상기 무선 접속부(14)에 의해 10비트의 디지털 데이터로 변환되어 상기 통신서비스 제어기(10)에 입력된다. 또한, 상기 통신서비스 제어기(10)에서 출력된 8비트의 디지털 데이터는 상기 무선 접속부(14)에 의해 아날로그 신호로 변환되어 무선망으로 송신된다.

[도면 삽입을 위한 여백]

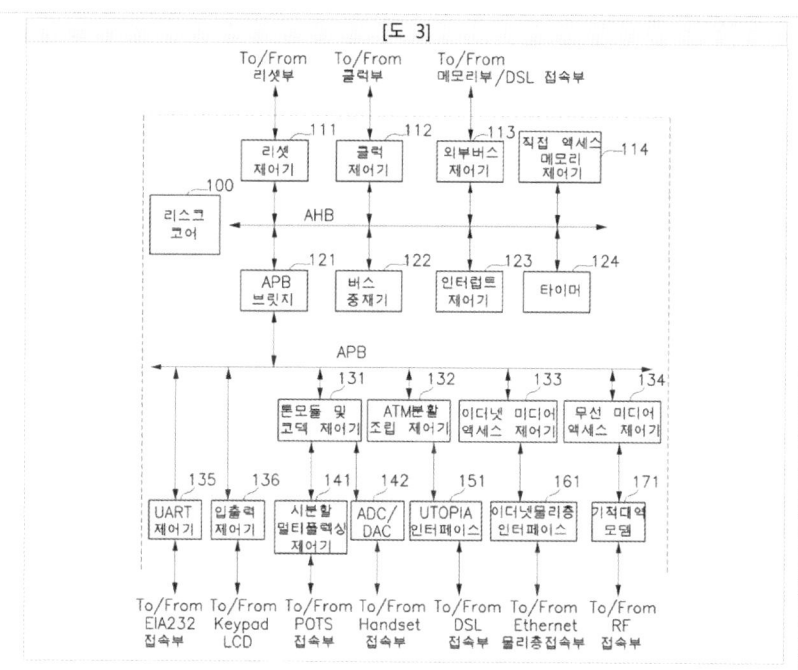

상기 도 3에 도시되어 있듯이, 본 발명에 따른 유무선 인터넷 전화용 통신단말장치의 통신서비스 제어기(10)는 고급 호스트 버스(AHB : Advanced Host Bus, 이하 'AHB'라 함), 고급 주변 버스(APB : Advanced Peripheral Bus, 이하 'APB'라 함), 상기 AHB와 APB를 연결하는 APB 브릿지(121), 상기 APB에 연결되는 시스템 관련 모듈들 및 상기 APB에 연결되는 접속 관련 모듈들로 구성된다.

또한, (중략) 상기 이더넷 미디어 액세스 제어기(133)에는 유선의 이더넷 물리층 인터페이스(161)가 연결되어 있고, 무선 미디어 액세스 제어기(134)에는 무선의 기저대역 모뎀(Baseband Modem)(171)이 연결되어 있다.

상기 무선 미디어 액세스 제어기(134)는 무선 모뎀 인터페이스에 대한 MAC 기능 프로토콜을 처리하며, 상기 기저대역 모뎀(171)은 IEEE 802.g 규격에 따르는 직교 주파수 분할 멀티플렉싱(OFDM: Othogonal Frequency Division Multiplexing) 모뎀 기능을 수행한다.

- 26 -

4) 선행발명 4[3](갑 제7호증)

2006. 5. 23. 공고된 대한민국 등록특허공보 제10-0582574호에 게재된 "SIP 서버 및 이를 이용한 SIP 단말간 통화 방법"이라는 명칭의 발명에 관한 것이나, 이 사건 특허발명의 진보성 부정 여부 판단에 원용하지 않으므로 구체적인 내용의 기재는 생략한다.

5) 선행발명 5[4] (갑 제8호증)

2005. 7. 5. 공개된 대한민국 공개특허공보 제10-2005-0068273호에 게재된 "이동통신망, 인터넷망, CATV망과 연동된 시스템에서 피어투피어 기반의 PDA2PDA, PDA2TV, TV2TV 비디오 IP폰서비스 제공 시스템 및 방법"이라는 명칭의 발명에 관한 것으로, 주요 내용은 다음과 같다.

> ① 발명이 속하는 기술 및 그 분야의 종래기술
> 본 발명은 이동통신망, 인터넷망, CATV망과 연동된 시스템에서 피어투피어(P2P: Peer To Peer) 기반의 PDA2PDA, PDA2TV, TV2TV 비디오 IP폰 서비스 제공 시스템 및 방법에 관한 것으로, 특히 CDMA 모뎀 또는 무선 LAN카드를 장착한 PDA 간에 IMT-2000 등의 이동통신망을 통해 피어투피어 방식의 PDA2PDA 비디오 IP폰(Video IP Phone) 서비스로 1:1 화상통화가 가능하고, 이동통신망, 인터넷망, CATV망과 연동된 시스템에서 양방향 서비스를 제공하는 셋탑박스(STB)에 연결된 대화형 TV를 이용하여 기존 A/V 방송 신호 외에 데이터 방송채널을 통해 인터랙티브한 PDA2TV, TV2TV 비디오 IP폰 서비스로 1:1 화상통화를 제공하는, 이동통신망, 인터넷망, CATV망과 연동된 시스템에서 피어투피어(P2P) 기반의 PDA2PDA, PDA2TV, TV2TV 비디오 IP폰 서비스 제공 시스템 및 방법에 관한 것이다(2면 19~25행).
> 최근, 웹 기반의 화상회의 기술의 발전과 함께 IMT-2000 등의 이동통신망에서 1:1 또는 1:N방식의 화상회의 기술이 연구 개발되고 있으며, 방송과 통신의 융합의 시나리오에 따라 이동통신망, 인터넷망, CATV망과 연동되어 양방향 TV 서비스를 제공하는 셋탑박스(STB: Set To

---
3) 원고가 이 사건 소송에서 새로 제출한 선행발명이다.
4) 원고가 이 사건 소송에서 새로 제출한 선행발명이다.

p Box)에 연결된 대화형 TV(Interactive TV)가 미래의 정보통신 콘텐츠로 부각되고 있다(2면 26~29행).

그러나 현재는 CDMA 모뎀 또는 무선 LAN 카드를 장착한 PDA(Pocket-PC) 간에 IMT-2000 등의 이동통신망을 통해 PDA2PDA 화상회의가 아직 개발되지 않았으며, 양방향 서비스를 제공하는 셋탑박스(STB)에 연결된 TV인 대화형 TV에서 기존 방송 채널로부터 A/V 방송 신호 수신 외에 데이터 방송채널을 통한 PDA2TV 화상회의 서비스가 제공되지 않는 문제점이 있었다(3면 49~52행).

② **발명이 이루고자 하는 기술적 과제**

본 발명은 종래 기술의 문제점을 해결하기 위해 제안된 것으로, 본 발명의 목적은 이동통신망, 인터넷망, CATV망과 연동된 시스템에서, CDMA모뎀 또는 무선 LAN카드를 장착한 PDA간에 IMT-2000 등의 이동통신망을 통해 피어투피어 방식의 PDA2PDA 비디오 IP폰(Video IP Phone) 서비스로 1:1 화상통화가 가능하고, 이동통신망, 인터넷망, CATV망과 연동된 시스템에서 양방향 서비스를 제공하는 셋탑박스(STB)에 연결된 TV의 리모컨이나 키입력부를 통해 양방향 서비스가 가능한 대화형 TV를 이용하여 기존 A/V 방송 신호 외에 데이터 방송채널을 통해 인터랙티브하게 피어투피어(P2P) 방식의 PDA2TV, TV2TV 비디오 IP폰 서비스로 1:1 화상통화를 제공하는 이동통신망, 인터넷망, CATV망과 연동된 시스템에서 피어투피어 기반의 PDA2PDA, PDA2TV, TV2TV 비디오 IP폰 서비스 제공 방법을 제공한다(3면 54행~4면 3행).

본 발명의 다른 목적은 상기 방법을 수행하는데 특히 적합한 이동통신망, 인터넷망, CATV망과 연동된 시스템에서 피어투피어 기반의 PDA2PDA, PDA2TV, TV2TV 비디오 IP폰 서비스 제공 시스템을 제공한다(4면 4~5행).

③ **발명의 구성 및 작용**

도 4a를 참조하면, 본 발명에 의한 피어투피어(P2P) 기반의 비디오 IP폰 서비스 시스템은 인터넷망을 통해 WWW 서버를 경유하여 웹 클라이언트에 연결할 수 있고, 상기 회원가입 정보와 IP 주소와 Port number를 관리하고, 유료서비스를 위한 과금 정보를 관리하는 데이터베이스를 포함한 IP Binder와, 이동통신망에 연결되도록 CDMA 모뎀(21)을 장착한 PDA(Pocket-PC)(22)와, 인터넷망에 연결된 무선 LAN의 AP(Access Point)에 무선으로 연결되는 무선 LAN 카드를 장착한 PDA(Pocket-PC)(22)와, 상기 대화형 TV(1)와 연결된 양방향 서비스를 제공하는 셋탑박스(STB)(2)의 메모리에 설치된 P2P방식의 PDA2PDA, PDA2TV, TV2TV 비디오 IP폰 클라이언트(client1, client2)로 구성된다(5면 4~12행).

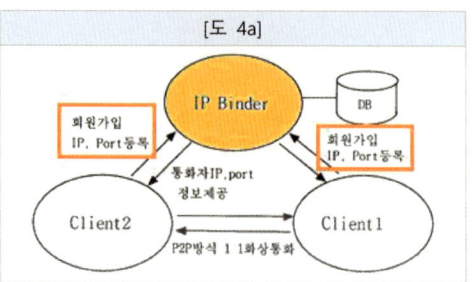

[도 4a]

상기 셋탑박스(STB)(2)에는 양방향서비스가 제공되며 MPEG2 비디오 코덱과 오디오 코덱을 포함한 비디오 IP폰 클라이언트 응용 프로그램이 탑재되고, 중략 D/A변환 후 상기 대화형 TV의 스피커로 음성이 출력된다(5면 16~21행).

도 4b는 본 발명에 의한 이동통신망, 인터넷망, 광CATV망과의 연동망을 통해 P2P방식의 PDA2PDA, PDA2TV, TV2TV 비디오 IP폰 서비스를 위한 프로토콜 스택을 나타낸다(5면 22~23행).

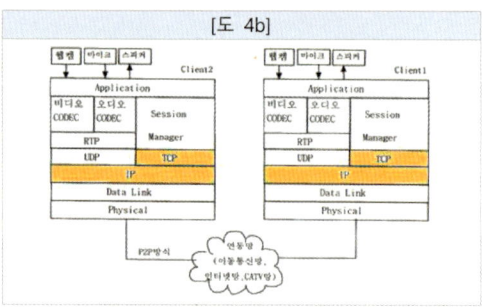

[도 4b]

이때, IP Binder로 IP address와 Port number등록 과정이후, 송수신자와 수신자간의 통화자 IP 주소, port 번호를 인지한 후, P2P방식으로 송신자와 수신자의 상기 PDA2PDA, PDA2TV, TV2TV 비디오 IP폰 클라이언트(client1, client2)간에 세션 설정을 위해 Source IP Address와 port number 및 Destination IP Address와 port number를 매칭하여 세션 매니저(Session Manager)에 의해 PDA2PDA, PDA2TV, TV2TV 비디오 IP폰의 TCP/IP 연결설정 단계 후, 송신자와 수

신자의 1:1 동화상 음성 통화를 위해 RTP/UDP/IP를 통한 동영상과 음성 데이터 송수단계를 거쳐 1:1 비디오 IP폰 동화상 통화 후, 송신자와 수신자의 상기 PDA2PDA, PDA2TV, TV2TV 비디오 IP폰 클라이언트 간에 TCP/IP 연결해지 단계를 거쳐 비디오 IP폰 통화가 종료된다(5면 31~37행).

도 4c는 본 발명에 의한 P2P방식의 PDA2PDA, PDA2TV, TV2TV 비디오 IP폰 서비스 프리미티브(Service Primitive)를 나타낸다(5면 38~39행).

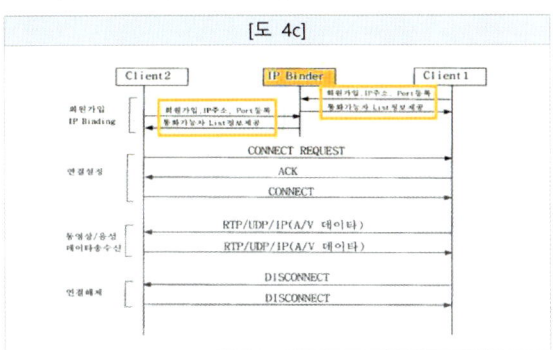

피어투피어(P2P) 방식으로 PDA2PDA, PDA2TV, TV2TV 비디오 IP폰 서비스를 위해 무선 LAN카드나 CDMA 모뎀을 장착한 PDA(Pocket-PC)에 설치된 클라이언트(client2)와, 상기 PDA 또는 대화형 TV(1)에 연결된 양방향 서비스를 제공하는 셋탑박스(STB: Set Top Box)(2)에 설치된 비디오 IP폰 클라이언트(client1)에서 IP Binder의 DB로 유료서비스를 위한 회원ID, 패스워드, 사용자 성명, 주소, 주민번호, 연락처 등을 포함한 회원가입정보, 자신이 사용할 IP Address, Port number를 웹 클라이언트 또는 각 비디오 IP폰 클라이언트(client1, client2)에서 등록하면, 상기 IP Binder는 통화가능자 IP List 정보를 송수신자가 보유한 상기 PDA 및 상기 대화형 TV에 설치된 비디오 IP폰 클라이언트로 제공하는 회원가입 및 IP Binding 단계와; 1:1 화상통화 세션관리를 위한 PDA2PDA, PDA2TV, TV2TV 비디오 IP폰 클라이언트내의 세션 매니저(Session Manager)를 통한 송신자와 수신자의 IP Address, Port number의 입력에 의해 TCP/IP 소켓 연결하도록 CONNECT REQUEST, ACK, CONNECT 메시지를 주고받는 3-Way Handshake에 의한 PDA2PDA, PDA2TV, TV2TV 비디오 IP폰의 TCP/IP 연결 설정 단계와; 상기 TCP/IP 연결 설정 후, 송신자와 수신자 사이에 PDA2PDA, PDA2TV, TV2TV 비디오 IP폰에서 상대방의 얼굴을

보며 동영상 음성통화를 제공하기 위해 MPEG2 A/V 코덱을 통해 RTP/UDP/IP로 오디오/비디오(A/V) 데이터를 송수신하는 동영상 및 음성 데이터 송수신 단계와; 및 상기 데이터 송수신 후, 상기 피어투피어(P2P) 방식의 PDA2PDA, PDA2TV, TV2TV 비디오 IP폰의 종단 간(end-to-end) 통화를 종료하기 위한 TCP/IP 연결해제 단계를 포함한다(5면 40~55행).

도 4d는 본 발명에 의한 이동통신망, 인터넷망, CATV망과 연동된 시스템에서 피어투피어 기반의 비디오 IP폰 서비스 제공 방법을 설명한 흐름도이다(6면 1~2행).

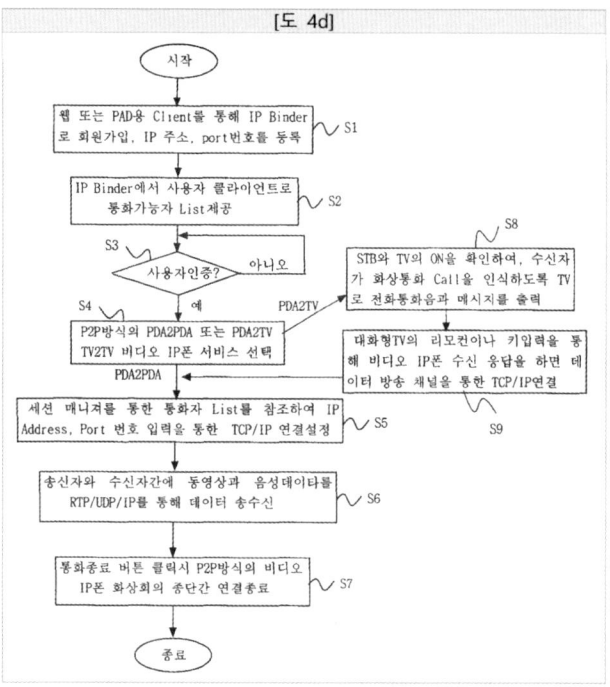

웹 클라이언트 또는 상기 PDA용 클라이언트를 통해 인터넷망 또는 이동통신망을 통해 상기 IP Binder로 회원가입정보, 자신이 사용할 IP Address, Port number를 등록하면(단계 S1), 상기 IP Binder는 이름, IP주소, port 번호가 포함된 통화가능자 IP List 정보를 송수신자가 보유한 상기 PDA 및 상기 대화형 TV로 제공한다(단계 S2)(6면 3~5행).

사용자 인증(단계 S3) 후, 피어투피어(P2P) 방식으로 PDA2PDA, PDA2TV, TV2TV 비디오 IP 폰 서비스의 3가지 유형에서 하나를 선택한다(단계 S4)(6면 6~7행).

예를 들어 PDA2PDA 비디오 IP폰 서비스를 선택했다면, 1:1 화상통화 세션관리를 위한 PDA2PDA, PDA2TV, TV2TV 비디오 IP폰 클라이언트내의 세션 매니저(Session Manager)를 통한 송신자와 수신자의 IP Address, Port number의 입력에 의해 TCP/IP 소켓을 연결하도록 CONNECT REQUEST, ACK, CONNECT 메시지를 주고받는 3-Way Handshake에 의한 TCP/IP 연결 설정한다(단계 S5)(6면 8~11행).

상기 TCP/IP 연결 설정 후, 송신자와 수신자 사이에 PDA2PDA, PDA2TV, TV2TV 비디오 IP폰에서 상대방의 얼굴을 보며 동영상 음성통화를 제공하기 위한 동영상과 음성, 텍스트 데이터를 송신 버퍼링 및 수신버퍼링을 통해 MPEG2 A/V코덱을 통해 RTP/UDP/IP로 송수신하여 1:1 동영상 음성 통화를 제공하는 오디오/비디오(A/V) 데이터 즉, 송신자와 수신자의 동영상 및 음성 데이터 송수신한다(단계 S6)(6면 12~15행).

상기 동영상 및 음성 데이터 송수신 후, 상기 피어투피어(P2P) 방식의 PDA2PDA, PDA2TV, TV2TV 비디오 IP폰의 종단 간(end-to-end) 통화를 종료하기 위한 TCP/IP 연결을 해제한다(단계 S7)(6면 16~17행).

④ 발명의 효과

상술한 바와 같이, 본 발명에 의한 이동통신망, 인터넷망, CATV망과 연동된 시스템에서 피어투피어(P2P) 기반의 PDA2PDA, PDA2TV, TV2TV 비디오 IP 폰 서비스 제공 시스템 및 방법은, CDMA 모뎀 또는 무선 LAN 카드를 장착한 PDA 간에 IMT-2000 등의 이동통신망을 통해 피어투피어 방식의 PDA2PDA 비디오 IP폰(Video IP Phone) 서비스로 1:1 화상통화가 가능하고, 이동통신망, 인터넷망, CATV망이 연동된 시스템에서 양방향 서비스를 제공하는 셋탑박스(STB)에 연결된 대화형 TV에서 리모컨이나 키입력부를 통해 기존 A/V 방송 신호 수신 외에 데이터 방송채널을 통해 T-Contents를 선택하여 PDA2TV, TV2TV 비디오 IP폰 서비스로 상대방의 동영상을 보면서 1:1 동화상 음성통화를 제공할 수 있는 효과가 있다(6면 32~38행).

【인정근거】다툼이 없는 사실, 갑 제1 내지 8호증의 각 기재 및 변론 전체의 취지

2. 이 사건 심결의 위법 여부

가. 당사자 주장의 요지

1) 원고 주장의 특허무효사유

가) 신규성 부정

이 사건 제1항 내지 제4항 및 제7항 발명은 선행발명 1 또는 선행발명 5에 의하여, 이 사건 제8항 발명은 선행발명 5에 의하여 각각 신규성이 부정된다.

나) 진보성 부정

이 사건 제1항 내지 제4항 및 제7항 발명은 선행발명 1 또는 선행발명 5 또는 선행발명 1, 5의 결합에 의하여, 이 사건 제5항 및 제6항 발명은 선행발명 1, 2의 결합 또는 선행발명 5, 2의 결합 또는 선행발명 1, 2, 5의 결합에 의하여, 이 사건 제8항 발명은 선행발명 1, 3의 결합 또는 선행발명 5, 3의 결합 또는 선행발명 1, 3, 5의 결합에 의하여 각각 진보성이 부정된다.

2) 피고 주장의 요지

이 사건 제1항 내지 제8항 발명은 아래와 같은 차이로 인하여 선행발명 1 내지 5에 의하여 신규성 및 진보성이 부정되지 않는다.

가) 구성요소 1-2에서 'IP정보 전송서비스가 가능한 통신망'은 무료 통화가 가능한 통신망이어야 할뿐만 아니라 TCP/IP 캡슐화 원칙이 적용되는 통신망, 즉 인터넷망을 이용하는 패킷 데이터 통신망으로 해석되어야 하는데, 선행발명 1에서 SMS망은 TCP/IP 프로토콜을 사용하지 않는 것이고, PDSN 역시 사설망으로서 인터넷망과는 다른 것이다.

또한, 구성요소 1-2에서 '발신 측 인터넷주소 정보가 바이너리코드 형태로 변환되고'의 의미는 IP정보와 포트번호, 010-호출번호와 같은 부가정보를 포함하는 인터넷주소 정보가 바이너리코드 형태의 패킷으로 변환된다는 것인데, 선행발명 1의 대화초청 메시지는 TCP/IP 패킷이 아니므로, 구성요소 1-2에서의 발신 측 인터넷주소 정보와 선행발명 1의 대화초청 메시지 역시 서로 다른 구성이다.

따라서 구성요소 1-2와 선행발명 1의 대응구성요소는 동일하지 않다.

나) 이 사건 제1항 발명에서 '발신 측'은 통화 요청하기 전에 이미 유/무선의 무료통화가 가능한 자신과 상대측의 인터넷주소 정보를 확보하여 인터넷 접속 기능을 갖추었으므로, 선행발명 1, 5에서와 같이 유료인 데이터통신망에 접속하거나 유료인 별도의 서비스를 제공받을 이유가 없다는 점에서 이 사건 제1항 발명은 선행발명 1, 5와 차이가 있다.

다) 이 사건 제1항 발명은 발신 측과 수신 측이 ALL-IP의 인터넷망에 접속하여 직접 무료로 통화를 수행하는 것인 반면, 선행발명 1, 5는 모두 유료인 별도의 서비스를 이용하는 것이어서 무료 통화가 불가능하다는 점에서도 이 사건 제1항 발명은 선행발명 1, 5와 차이가 있다.

나. 이 사건 제1항 내지 제8항 발명에서 'IP정보 전송서비스가 가능한 통신망'이라는 구성의 기술적 의미

1) 당사자 주장의 요지

이 사건 제1항 내지 제8항 발명에서 'IP정보 전송서비스가 가능한 통신망' 또는 'IP정보 전송서비스 통신망'이라는 구성의 기술적 의미 내지 범위에 관하여 당사자들은 아래와 같이 주장한다.

가) 원고 주장의 요지

이 사건 제1항 내지 제8항 발명에서 'IP정보 전송서비스가 가능한 통신망' 또는 'IP정보 전송서비스 통신망'이라는 구성은 단순히 '인터넷망' 혹은 'IP망'만을 의미하는

것으로 한정될 수 없고, '이동통신망'이나 '무선호출망' 등 바이너리코드 데이터의 전송 서비스가 가능한 유/무선의 데이터통신망을 포괄하는 것으로 보아야 한다.

나) 피고 주장의 요지

이 사건 제1항 내지 제8항 발명에서 'IP정보 전송서비스가 가능한 통신망' 또는 'IP정보 전송서비스 통신망'은 발신 측의 요청에 따라 무료통화가 가능한 통신망이어야 할 뿐만 아니라 발신 측과 수신 측이 이동 중일 때도 장소에 제한 없이 실시간적으로 인터넷망을 이용하는 데이터 통신망이어야 한다. 따라서 인터넷망을 이용하는 패킷 데이터 통신망, 즉 TCP/IP 패킷의 캡슐화 원칙이 적용되는 통신망이라면, 유선이든 무선이든 가릴 것이 없이 이동통신망, 무선호출, LBS망, 무선초고속통신인터넷망, 기타 유/무선의 데이터통신망 등의 어떠한 것이든 포함될 수 있다.

2) 검토

이 사건 제1항 발명의 구성요소 1-6 및 이 사건 제8항 발명의 구성요소 8-7에 명시된 바와 같이 이 사건 제1항 내지 제8항 발명은 발신 측과 수신 측에서 각각 획득한 인터넷주소 정보를 이용하여 '인터넷 통화'를 하도록 하는 방법 및 휴대단말기에 관한 발명인바, 인터넷주소 정보를 얻고 인터넷 통화를 하기 위해서는 발신 측과 수신 측이 모두 인터넷망에 접속되어 있어야 함은 분명하다.

그러나 인터넷주소 정보를 얻고 인터넷 통화를 하기 위해서는 발신 측과 수신 측이 모두 인터넷망에 접속되어 있어야 한다고 하더라도, 아래와 같은 이유에서 구성요소 1-2이나 구성요소 8-6에서 '발신 측 인터넷주소 정보'가 반드시 인터넷망을 통하여 수신 측에 전송되어야 한다고 볼 수는 없다. 따라서 구성요소 1-2이나 구성요소 8-6에서에서 'IP정보 전송서비스가 가능한 통신망' 또는 'IP정보 전송서비스 통신망'은 TCP/IP

프로토콜이 사용되는 인터넷망으로 한정되지 않고 바이너리코드 형태 데이터의 전송이 가능한 '이동통신망, 무선호출망, LBS(위치기반서비스)망, 기타 유/무선의 데이터통신망' 등까지 포함한다고 해석함이 타당하다[이 사건 특허발명 명세서 중 가장 앞에 있는 '발명의 요약' 부분에서 바이너리코드는 '이진코드(Binary digit Code)'를 의미한다고 정의한 점에 비추어 보면 이 사건 제1항 내지 제8항 발명에서 바이너리코드는 이진코드를 의미하는 것으로 해석된다].

가) '발신 측 인터넷주소 정보'를 '인터넷망'을 통하여 수신 측에 '직접' 전송하려면 발신 측이 수신 측의 IP 주소를 알고 있어야 하는데, 구성요소 1-2에서는 이에 관하여 아무런 한정을 두지 않은 점에 비추어, 구성요소 1-2, 즉 제2 단계는 발신 측이 수신 측의 IP 주소를 모르는 경우를 배제하지 않는 것으로 보아야 한다. 그런데 발신 측이 수신 측의 IP 주소를 모르는 경우에는 발신 측이 '발신 측 인터넷주소 정보'를 '인터넷망'을 통하여 수신 측에 '직접' 전송할 수 없으므로, 구성요소 1-2, 즉 제2 단계는 발신 측이 수신 측의 IP 주소를 모르더라도 전송 가능한 다른 통신망을 통하여 '직접' 또는 '간접'적으로 '발신 측 인터넷주소 정보'를 수신 측에 전송하는 것을 포함한다고 봄이 타당하다(앞서 본 바와 같이 선행발명 1에서도 패킷 데이터 코어 네트워크를 통해 이동통신단말기들 간에 상호 메신저서비스를 수행하도록 하지만, 그 전단계로서 '할당된 IP주소 정보와 호스트 이동통신단말기의 아이디 정보, 포트번호 정보'를 포함하는 '대화 초청 메시지'는 SMS망을 통해 전송하는 방식을 취하고 있다).

이는 구성요소 1-2에서는 발신 측 인터넷주소 정보가 'IP정보 전송서비스가 가능한 **통신망**'을 통하여 수신 측으로 전송된다고 기재되어 있는 반면, 구성요소 1-5에서는 수신 측 인터넷주소 정보가 '유선 또는 무선 **인터넷망**'을 통하여 발신 측으로 전송된다고

하여 전송망을 '인터넷망'으로 한정함으로써 동일한 청구항에서조차 발신 측 인터넷주소 정보가 수신 측으로 전송되는 통신망과 수신 측 인터넷주소 정보가 발신 측으로 전송되는 통신망의 범위를 달리 표현한 점에 비추어 보아도 분명하다.

나) 구성요소 1-2에서 '발신 측 인터넷주소 정보'는 '바이너리코드 형태로 변환되어 전송되는 것'으로 한정한 반면, 구성요소 1-5에서 '수신 측 인터넷주소 정보'는 그러한 한정이 없는 점에서 알 수 있듯이, 수신 측으로 전송되는 발신 측 인터넷주소 정보는 바이너리코드 형태로 변환된 것으로 한정되고, 그에 따라 구성요소 1-4, 즉 제4 단계에서 수신 측이 발신 측으로부터 받은 인터넷주소 정보를 해독하거나 바이너리코드 데이터에서 IP정보를 추출하는 과정을 거쳐야 하는 점에 비추어 볼 때, 구성요소 1-2에서 'IP 정보 전송서비스가 가능한 <u>통신망</u>'은 바이너리코드 형태의 데이터를 전송할 수 있는 통신망이면 충분하다고 봄이 타당하다.

다) 구성요소 1-2에서 "발신 측 인터넷주소 정보가 바이너리코드 형태로 변환되고, 상기의 변환된 인터넷주소 정보를 수신 측에 <u>IP정보 전송서비스가 가능한 통신망</u>을 통하여 전송하는 제2 단계"라고 기재된 점에다가, 이 사건 특허발명의 명세서(갑 제2호증)의 아래와 같은 기재, 특히 구성요소 1-2와 관련된 "발신 측 인터넷주소 정보가 바이너리코드 데이터 형태로 단순히 변환되거나 또는 바이너리코드 데이터 형태로 암호코드화되어 변환되며, 상기의 바이너리코드 데이터 형태로 변환된 인터넷주소 정보를 수신 측에 <u>바이너리코드 데이터의 전송서비스가 가능한 통신망</u>을 통하여 전송하는 제2 단계"라는 기재(식별번호 〈29〉 참조)를 보태어 보면, 구성요소 1-2에서 말하는 'IP정보'란 '바이너리코드 형태로 변환된 인터넷주소 정보'를 의미하고, 따라서 'IP정보 전송서비스가 가능한 통신망'이란 '바이너리코드 형태 데이터의 전송서비스가 가능한 통신망'

을 의미한다고 봄이 타당하다.

<29> 상기의 목적을 달성하기 위한 본 발명의 제1 특징에 따르면, IP정보 전송에 의한 무료 통화방법에 있어서, 발신 측에서 자신의 인터넷주소 정보를 획득하는 제1 단계; 상기 발신 측 인터넷주소 정보가 바이너리코드 데이터 형태로 단순히 변환되거나 또는 바이너리코드 데이터 형태로 암호코드화되어 변환되며, 상기의 바이너리코드 데이터 형태로 변환된 인터넷주소 정보를 수신 측에 바이너리코드 데이터의 전송서비스가 가능한 통신망을 통하여 전송하는 제2 단계와; 수신 측에서 자신의 인터넷주소 정보를 획득하는 제3 단계; 상기 수신 측에서 발신 측으로부터 받은 바이너리코드 데이터 형태의 인터넷주소정보를 해독하거나, 바이너리코드 데이터에서 IP정보와 부가정보를 추출하는 제4 단계; 수신 측에서 해독된 상기 발신 측 인터넷주소정보를 이용하여 상기 수신 측 인터넷주소 정보를 유선 또는 무선 인터넷망을 통하여 발신 측에 전송하는 제5 단계; 상기 발신 측과 수신 측에서 각각 획득한 인터넷주소 정보를 이용하여 인터넷 스트리밍 통화 또는 인터넷 데이터전송을 하는 제6 단계;로 구성되는 IP정보 전송에 의한 무료통화방법을 제공한다.

라) 더욱이 이 사건 특허발명의 명세서(갑 제2호증)에서는 '바이너리코드 형태 데이터의 전송서비스가 가능한 통신망'에 무선초고속인터넷망뿐만 아니라 이동통신망, 무선호출망, LBS(위치기반서비스)망, 기타 유/무선의 데이터통신망도 포함된다고 명시하였다(발명의 요약 부분 및 식별번호 <24>, <27> 참조).

마) 한편 이 사건 특허발명의 명세서(갑 제2호증)에는 구성요소 1-2에서 말하는 'IP정보' 내지 '인터넷주소 정보'가 기본정보로서 고정 또는 유동 IP 주소(IP Address)와 선택적 추가정보로서 MAC 주소(Physical Address), Default Gateway, DHCP Server, DNS Servers 등의 정보들 중의 하나 이상을 포함하여 구성된다는 취지의 기재가 있다(식별번호 <42> 참조).

그러나 구성요소 1-2에서 말하는 'IP정보' 내지 '인터넷주소 정보'가 위와 같은 정보들로 구성된다고 하더라도, 구성요소 1-2에서는 이러한 'IP정보' 내지 '인터넷주소 정보'가 바이너리코드로 변환된 데이터 형태로 전송되면 족하고, 구성요소 1-4에서 수신 측이 이와 같이 전송된 바이너리코드 형태의 데이터로부터 발신 측의 이러한 'IP정보' 내지 '인터넷주소 정보'를 추출하는 단계를 거쳐야 하는 점, 이 사건 특허발명의 명세서(갑 제2호증) 중 아래와 같은 기재는 하나의 실시예에 불과하므로 이러한 실시예를 근거로 청구항의 문언적 의미를 제한하여 해석할 수는 없는 점 등을 고려하면, 구성요소 1-2가 발신 측의 이러한 'IP정보' 내지 '인터넷주소 정보'를 수신 측에 전송하는 단계라는 점만으로 구성요소 1-2에서 IP정보 전송서비스가 가능한 통신망이 인터넷망으로 한정된다고 볼 수는 없다.

<47> 이 때 무료통화 호출번호가 입력되었다면 "통화요청신호"를 생성한다. 여기서 "통화요청신호"는 인터넷망의 데이터통신방법(예: FTP, 텔넷[Telnet], TCP/IP 등)으로 상대편에게 송출하기 위하여 "My_IP정보+부가정보+Your_IP정보전송 요구신호(예:REQ)"등 의 조합으로 구성되는 신호이다(S113 참조).
<48> 상기 절차에 이어서 통화요청신호를 바이너리코드화 시키며(S114 참조), 다음으로 바이너리코드화된 "통화요청신호"를 상대편에 송출하고, "통화허락신호"를 기다린다(S115 참조). 여기서 "통화허락신호"는 통화요청신호에 대해 응답되는 신호이며 "호출번호(Your_식별번호)+Your_IP정보+부가정보" 등의 조합으로 구성되는 신호이다.

바) 이 사건 제8항 발명에서도 '기저대역 처리부, 무선처리부 및 안테나부로 구성되는 **바이너리 전송서비스 통신망 접속기능부**', '유/무선 인터넷망에 접속하는 유/무선 인터넷 기능부[5]' 및 '바이너리 전송서비스 기능부'가 각각 별개의 구성으로 구분되고, 유/무선 인터넷 기능부를 통하여 획득된 발신 측 인터넷주소 정보가 바이너리코드 데이터

---

5) 이 사건 특허발명의 명세서(갑 제5호증)에서는 '유선인터넷 또는 무선인터넷 접속 기능부'를 '유/무선 인터넷 기능부'로 정의하였다(식별번호 <41> 참조).

형태로 변환된 다음, 바이너리 전송서비스 기능부에 의하여 수신 측에 'IP정보 전송서비스 통신망'을 통하여 전송되는 점에다가, 위 가)항 내지 마)항에서 본 바와 같은 사정을 보태어 보면, 물건발명인 이 사건 제8항 발명에서도 'IP정보 전송서비스 통신망'은 '바이너리 전송서비스 통신망', 즉 '바이너리코드 형태 데이터의 전송서비스 통신망'을 의미하고, 이는 '인터넷망'으로 한정되지 않는다고 봄이 타당하다.

다. 이 사건 제1항 발명의 진보성 부정 여부

1) 이 사건 제1항 발명과 선행발명 1의 구성 대비

구성 요소	이 사건 제1항 발명	선행발명 1(갑 제4호증)
전제부	IP정보 전송에 의한 무료통화방법에 있어서,	- 아이피주소 정보와 호스트 이동통신단말기(100)의 아이디정보, 포트번호 정보를 포함하는 단문메시지 포맷의 대화요청 메시지 전송에 의한 호스트 이동통신단말기(100)와 클라이언트 이동통신단말기(400) 상호 간에 메신저서비스를 수행한다(7면 6~9행, 7면 26행 참조). - 본 발명은 (중략) 문자 채팅, 파일 전송, 및 음성신호 전송할 수 있는 이동통신시스템 및 이를 이용한 메신저서비스 제공 방법에 관한 것이다(2면 19~21행 참조). - 호스트 이동통신단말기(100) 및 클라이언트 이동통신단말기들(420, 440)은 상호간에 문자 및/또는 음성 대화 및 데이터 교환이 가능한 메신저서비스를 수행할 수 있는 메신저 프로그램을 각각 구비한다(5면 1~2행 참조). - 또한 패킷 데이터 코어 네트워크(320)를 통해 호스트 이동통신단말기(100) 및 클라이언트 이동

		통신단말기들(420, 440) 간에 상호 메신저서비스를 수행함으로써, 단문 메시지를 이용하여 메신저 서비스를 수행하는 것 보다 신속한 메시지 전송이 가능하고 전송 데이터 당 비용 부담을 줄일 수 있는 장점이 있다(6면 4~6행 참조).
1-1	발신 측에서 자신의 인터넷주소 정보를 획득하는 제1 단계;	- 호스트 이동통신단말기(100)는 PDSN(300)과 점 대 점 프로토콜 접속을 수행하여 PDSN(300)으로부터 아이피주소를 할당받는다(S150)(7면 4~5행 참조).
1-2	상기 발신 측 인터넷주소 정보가 바이너리코드 형태로 변환되고, 상기의 변환된 인터넷주소 정보를 수신 측에 IP정보 전송서비스가 가능한 통신망을 통하여 전송하는 제2 단계와;	- 호스트 이동통신단말기(100)는 할당된 아이피주소 정보와 호스트 이동통신단말기(100)의 아이디 정보, 포트번호 정보를 포함하는 단문 메시지 포맷의 대화요청 메시지를 SMS서버(200)로 전송한다(S160). SMS서버(200)는 호스트 이동통신단말기(100)로부터 전송된 대화초청 메시지를 클라이언트 이동통신단말기(400)로 전송한다(S170)(7면 6~9행 참조).
1-3	수신 측에서 자신의 인터넷주소 정보를 획득하는 제3 단계;	- 클라이언트 이동통신단말기(400)는 PDSN(300)과 점 대 점 프로토콜 접속을 통해 아이피주소를 할당받는다(S210)(7면 15행 참조).
1-4	상기 수신 측에서 발신 측으로부터 받은 인터넷주소 정보를 해독하거나, 바이너리코드 데이터에서 IP정보를 추출하는 제4 단계;	- 클라이언트 이동통신단말기(420)는 단문 메시지 포맷의 대화초청 메시지를 수신하면, (중략) 클라이언트 이동통신단말기(400)는 대화초청 메시지로부터 호스트 이동통신단말기(100)의 정보를 검출한다(S190). 여기서 호스트 이동통신단말기(100)의 정보란 호스트 이동통신단말기(100)의 아이피주소 정보, 호스트 아이디정보 및 포트번호 정보 등을 포함한다(7면 10~14행 참조).
1-5	수신 측에서 해독된 상기 발신 측 인터넷주소 정보를 이용하여 상기 수신 측 인터넷주소 정보를 유선 또는 무선 인터넷망을 통하여 발신 측에 전송하는 제5 단계; 및	- 클라이언트 이동통신단말기(400)는 아이피주소

		를 포함하는 등록요구 메시지를 PDSN(300)에 전송한다(S220). - 상기 등록요구 메시지는, 전송데이터의 종류 정보, 클라이언트 이동통신단말기에 할당된 아이피 주소 정보, TCP/UDP 정보, 포트번호 정보 및 인증정보를 포함한다(4면 9~11행, 7면 16~18행 참조). - 이때 클라이언트 이동통신단말기들(420, 440)은 각각 등록요구 메시지를 패킷 데이터 코어 네트워크(320)를 거쳐 호스트 이동통신단말기(100)로 전송한다(5면 25~26행 참조). - PDSN(300)은 클라이언트 이동통신단말기(400)로부터 수신한 등록요구 메시지를 호스트 이동통신단말기(100)로 전송한다(S230)(7면 19~20행 참조).
1-6	상기 발신 측과 수신 측에서 각각 획득한 인터넷주소 정보를 이용하여 인터넷 통화를 하는 제6 단계;	- 호스트 이동통신단말기(100)와 클라이언트 이동통신단말기(400) 간에 동일한 대화 대상 정보인 버디리스트를 공유하게 되면, 호스트 이동통신단말기(100)와 클라이언트 이동통신단말기(400)는 상호간에 메신저서비스를 수행한다(S270)(7면 25~27행 참조). - 여기서 버디리스트에는 호스트 이동통신단말기(100) 및 클라이언트 이동통신단말기들(420, 440)을 통해 메신저서비스를 수행하기 위해 등록된 주소 정보를 포함한다(5면 28~30행 참조). - 호스트 이동통신단말기(100) 및 클라이언트 이동통신단말기들(420, 440)은 상호간에 문자 및/또는 음성 대화, 및 데이터 교환이 가능한 메신저서비스를 수행할 수 있는 메신저 프로그램을 각각

		구비한다(5면 1~2행 참조). - 이러한 구성에 따라, 호스트 이동통신단말기와 클라이언트 이동통신단말기들은 패킷 데이터 서비스 노드를 통해 상호간에 메신저서비스를 수행할 수 있다(4면 1~2행 참조). - 도시된 바와 같이, 호스트 이동통신단말기(100)와 PDSN(300) 간에 점 대 점 프로토콜 통신 채널 설정 방법은 크게 링크제어프로토콜(Link Control Protocol: LCP) 단계(S400), 인증(Authentication) 단계(S500), 및 인터넷 프로토콜 제어 프로토콜(Internet Protocol Control Protocol: IPCP) 단계(S600)로 이루어진다(8면 1~3행 참조).

2) 공통점 및 차이점

가) 전제부와 그 대응구성요소

(1) 이 사건 제1항 발명의 전제부와 선행발명 1의 대응구성요소는 IP정보[아이피 주소 정보, 포트번호 정보 등]6) 전송에 의한 통화 방법[음성 대화 등이 가능한 메신저서비스 방법]이라는 점에서는 동일하다.

다만 이 사건 제1항 발명의 전제부에서는 IP정보 전송에 의한 통화 방법이 무료인 것으로 한정된 반면, 선행발명 1의 메신저서비스는 '전송 데이터 당 비용 부담을 줄일 수 있는 방법'이라는 점에서 양자는 일응 차이가 있다.

(2) 그러나 앞서 든 증거와 변론 전체의 취지에 의하여 인정되는 아래와 같은 사실 및 사정을 종합하여 보면, 이 사건 제1항 발명의 전제부는 선행발명 1의 대응구성요소와 실질적으로 동일하거나, 적어도 이 사건 특허발명이 속하는 기술분야에서 통상

---
6) 대괄호 안에 병기한 것은 이 사건 특허발명의 구성요소에 대응하는 선행발명 1의 대응구성요소를 의미한다. 이하 같다.

의 지식을 가진 사람(이하 '통상의 기술자'라 한다)이 그로부터 쉽게 도출할 수 있다고 봄이 타당하다.

　　　　(가) 이 사건 특허발명 명세서(갑 제2호증)의 아래와 같은 기재와 이 사건 제1항 발명에서 최종 단계인 구성요소 1-6이 '인터넷 통화를 하는 단계'인 점 및 위 제2의 나.항에서 본 바와 같은 앞서 본 바와 같은 'IP정보 전송서비스가 가능한 통신망'의 기술적 의미를 종합하여 보면, 이 사건 제1항 발명의 전제부에서 말하는 '무료통화방법'은 인터넷망을 이용한 인터넷 통화 방법을 의미하고, 여기에는 통화 자체는 인터넷망을 이용하되, 인터넷 통화를 위한 준비단계에서 인터넷 통화에 필요한 인터넷주소 정보를 이동통신망, 무선호출망, LBS망 등을 이용하여 확보하는 경우도 포함된다고 봄이 타당하다.

[이 사건 특허발명의 명세서]
<24> 본 발명은 IP정보 전송에 의한 무료통화방법 및 IP정보 전송에 의한 무료통화용 휴대단말기에 관한 것으로, 더욱 상세하게는 바이너리코드 데이터의 전송서비스가 가능한 통신망 즉, 이동통신망, 무선호출망, LBS(위치기반서비스)망, 무선초고속인터넷망, 기타 유/무선의 데이터통신망을 이용하여, 발신 측 인터넷주소 정보를 바이너리코드 데이터 형태로 변환하여 수신 측으로 전송하고, (중략) 발신 측과 수신 측에서 각각 획득한 인터넷주소 정보를 이용하여 인터넷 스트리밍 통화 또는 인터넷 데이터전송(이하 통칭하여 "인터넷 통화"라 하며, 더 함축한 의미로는 "통화"라 한다)이 되도록 구성되는 IP정보 전송에 의한 무료통화방법과 이러한 인터넷 통화가 가능하도록 구성된 IP정보 전송에 의한 무료통화용 휴대단말기에 관한 것이다.
<25> 기존의 휴대 전화에 의한 통신의 경우, 통화 빈도가 높거나 통화 시간이 길어지는 경우 많은 통화요금이 부과되었다. 이러한 통화요금을 절감하기 위한 시도로 인터넷과 개인용 컴퓨터를 이용한 통화 방법이 제시되고 실행되어 왔지만, 이러한 기존의 방법은 개인용 컴퓨터의 사용을 전제로 하고 있는 것으로 이동 중 통화는 불가능하다는 문제점이 있었다.
<29> 상기의 목적을 달성하기 위한 본 발명의 제1 특징에 따르면, IP정보 전송에 의한 무료통화방법에 있어서, 발신 측에서 자신의 인터넷주소 정보를 획득하는 제1 단계; 상기 발신

> 측 인터넷주소 정보가 바이너리코드 데이터 형태로 단순히 변환되거나 또는 바이너리코드 데이터 형태로 암호코드화되어 변환되며, 상기의 바이너리코드 데이터 형태로 변환된 인터넷주소 정보를 수신 측에 바이너리코드 데이터의 전송서비스가 가능한 통신망을 통하여 전송하는 제2 단계와; 수신 측에서 자신의 인터넷주소 정보를 획득하는 제3 단계; 상기 수신 측에서 발신 측으로부터 받은 바이너리코드 데이터 형태의 인터넷주소정보를 해독하거나, 바이너리코드 데이터에서 IP정보와 부가정보를 추출하는 제4 단계; 수신 측에서 해독된 상기 발신 측 인터넷주소정보를 이용하여 상기 수신 측 인터넷주소 정보를 유선 또는 무선 인터넷망을 통하여 발신 측에 전송하는 제5 단계; 상기 발신 측과 수신 측에서 각각 획득한 인터넷주소 정보를 이용하여 인터넷 스트리밍 통화 또는 인터넷 데이터전송을 하는 제6 단계;로 구성되는 IP정보 전송에 의한 무료통화방법을 제공한다.
> <34> 또한, 본 발명의 부가적인 특징에 따르면, 상기 제3 단계에서 통신망은 이동통신망, 무선호출망, LBS망, 무선초고속인터넷망, 유/무선의 데이터통신망을 포함하여 이루어지는 것이 바람직하다.
> <82> 상술한 바와 같이, 본 발명에 의한 바이너리코드(Binary digit Code) 전송에 의한 무료통화방법 및 바이너리코드(Binary digit Code) 전송에 의한 무료통화용 휴대단말기는 이동통신망, 무선호출망, LBS망, 기타 유/무선 데이터통신망 등으로 구성된 바이너리코드(Binary digit Code) 서비스가 가능한 통신망을 이용하여 발신/수신 측의 인터넷주소 정보를 바이너리코드 형태로 변환하거나 암호코드화, 해독하여 각각 획득한 인터넷주소 정보를 이용하여 인터넷 스트리밍 통화가 되도록 구성하여 통화빈도, 통화시간에 따른 저렴한 요금 또는 무료로, 소형의 단말기를 이용하여 이동 중에 간편하게 통화를 할 수 있다는 장점이 있다.

(나) 더욱이 '무료'통화방법에서 '무료'라는 것은 해당 서비스 제공자의 정책에 따라 인위적으로 결정되는 요소일 뿐 '기술수단'에 해당하는 요소가 아니므로, 이를 이 사건 제1항 발명의 진보성 판단에서 고려할 수는 없다. 설령 이러한 요소를 이 사건 제1항 발명의 진보성 판단에서 고려한다고 하더라도, 위 (1)항에서 본 바와 같은 사정을 고려하면, '무료'통화방법이라 함은 인터넷 사용료와 별도의 통화요금이 부과되지 않는 것을 의미한다고 봄이 타당하다.

(다) 그런데 위 구성대비표의 기재 및 선행발명 1의 아래 도면에 비추어 보면,

선행발명 1도 호스트 이동통신단말기가 음성 대화를 위한 준비 단계에서 자신의 아이피주소 정보와 아이디정보, 포트번호 정보를 SMS망을 통해서 클라이언트 이동통신단말기에게 전송할 뿐, 그 이후 음성 대화를 수행하는 단계에서는 인터넷 프로토콜을 사용하는 '패킷 데이터 서비스 노드(PDSN)'를 통해 음성 대화를 수행함으로써 인터넷 통화를 하는 것이므로, 이 사건 제1항 발명의 전제부에서 말하는 '무료통화방법'에 포함된다고 봄이 타당하다.

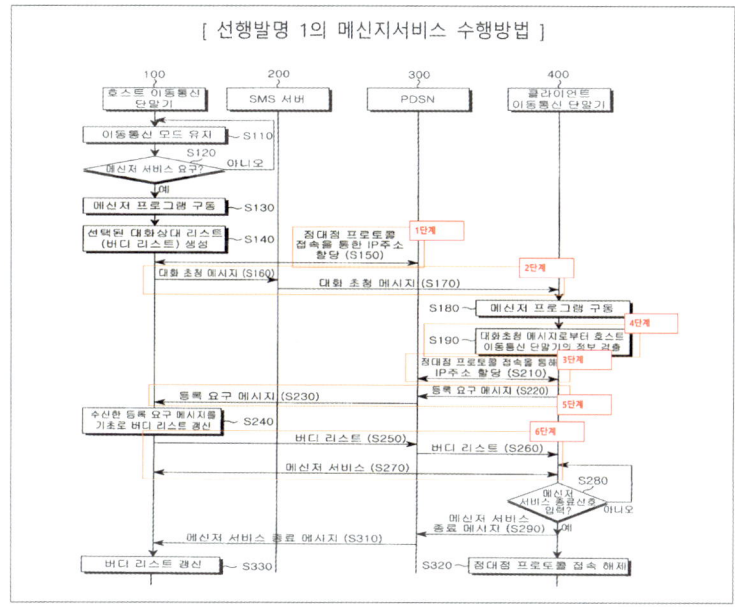

나) 구성요소 1-1, 1-3과 그 대응구성요소

구성요소 1-1의 제1 단계 및 구성요소 1-3의 제3 단계와 선행발명 1의 각 대응구성요소는 발신 측[호스트 이동통신단말기]이나 수신 측[클라이언트 이동통신단말기]

이 자신의 인터넷주소 정보[자신의 아이피주소 정보]를 획득하는[할당받는] 구성이라는 점에서 동일하다.

한편 이 사건 특허발명 명세서(갑 제2호증) 중 앞서 본 바와 같은 기재(식별번호 <41>, <42> 등)를 참작하면, 구성요소 1-1과 1-3의 '인터넷주소 정보'는, 앞서 본 바와 같이 기본정보로서 자신의 IP정보뿐만 아니라 선택적 추가정보로서 MAC주소, Default Gateway, DHCP Server, DNS Servers 등 정보들 중에서 하나 이상을 포함하는 구성이다.

그런데 선행발명 1의 아래와 같은 기재에서 알 수 있듯이, 선행발명 1에서 호스트 이동통신단말기 또는 클라이언트 이동통신단말기도, 이 사건 제1항 발명의 '인터넷주소 정보'를 구성하는 기본정보와 실질적으로 동일한 정보인 '할당받은 자신의 아이피주소 정보'뿐만 아니라, 이 사건 제1항 발명의 '인터넷주소 정보'를 구성하는 선택적 추가정보에 대응하는 정보로서 '자신의 아이디정보, 포트번호 정보'를 단문 메시지에 함께 담아 전송함으로써 서로 교환한다. 더욱이 클라이언트 이동통신단말기가 호스트 이동통신단말기에게 전송하는 등록요구 메시지에는 보다 구체적으로 클라이언트 이동통신단말기에 할당된 아이피주소 정보 외에도 전송데이터의 종류 정보, TCP/UDP 정보, 포트번호 정보 및 인증정보까지 포함한다.

[선행발명 1]
　　호스트 이동통신단말기(100)는 PDSN(300)과 점 대 점 프로토콜 접속을 수행하여 PDSN(300)으로부터 아이피주소를 할당받는다(S150)(7면 4~5행 참조).
　　호스트 이동통신단말기(100)는 할당된 아이피주소 정보와 호스트 이동통신단말기(100)의 아이디정보, 포트번호 정보를 포함하는 단문 메시지 포맷의 대화요청 메시지를 SMS서버(200)로 전송한다(S160). SMS서버(200)는 호스트 이동통신단말기(100)로부터 전송된 대화초청 메시지를 클라이언트 이동통신단말기(400)로 전송한다(S170)(7면 6~9행 참조).

바람직하게는, 상기 대화초청 메시지는, 전송 데이터의 종류 정보, 호스트 이동통신단말기의 아이디정보, 호스트 이동통신단말기에 할당된 아이피주소 정보 및 포트 주소정보를 포함한다(4면 8~9행).

클라이언트 이동통신단말기(400)는 PDSN(300)과 점 대 점 프로토콜 접속을 통해 아이피주소를 할당받는다(S210)(7면 15행 참조).

클라이언트 이동통신단말기(400)는 아이피주소를 포함하는 등록요구 메시지를 PDSN(300)에 전송한다(S220).

상기 등록요구 메시지는, 전송데이터의 종류 정보, 클라이언트 이동통신단말기에 할당된 아이피주소 정보, TCP(Transmission Control Protocol)/UDP(User Datagram Protocol) 정보, 포트번호 정보, 및 인증정보를 포함한다(4면 9~11행).

이러한 점에다가, 이 사건 제1항 발명의 구성요소 1-1, 1-3의 인터넷주소 정보를 구성하는 정보들 중 기본정보인 'IP주소'는 인터넷 통화를 위하여 반드시 필요한 정보이고, 선택적 추가정보인 MAC주소 등은 통상의 기술자가 인터넷 통화를 위하여 필요에 따라 선택적 추가할 수 있는 정보들의 예시에 불과한 것으로 보이는 점, 선행발명 1에서도 호스트 이동통신단말기나 클라이언트 이동통신단말기는 할당받은 자신의 아이피주소 정보뿐만 아니라, 자신의 아이디정보, 포트번호 정보, 및 인증정보 등을 메시지에 담아 상대측 이동통신단말기에게 전송하는데, 이러한 정보들도 위와 같은 '선택적 추가정보'에 포함될 수 있는 점, 또한 선행발명 1에서 이러한 정보를 메시지에 함께 담아 상대측에 전송하려면 그전에 그 정보를 획득[생성]하는 절차를 이미 수행되어야 함이 통상의 기술자에게 자명한 점을 보태어 보면, 구성요소 1-1, 1-3과 선행발명 1의 대응구성요소는 실질적으로 동일하다고 봄이 타당하다.

다) 구성요소 1-2와 그 대응구성요소

아래와 같은 이유에서 구성요소 1-2와 선행발명 1의 대응구성요소는 실질적으로 동일하다고 봄이 타당하다.

(1) 구성요소 1-2와 선행발명 1의 대응구성요소는 발신 측 인터넷주소 정보[호스트 이동통신단말기의 아이피주소 정보, 아이디정보, 포트번호 정보]가 바이너리코드 형태로 변환되고[단문 메시지 포맷의 대화요청 메시지로 변환되고], 이를 수신 측[클라이언트 이동통신단말기]에 통신망을 통하여 전송하는[SMS서버를 통하여 전송하는] 단계라는 점에서 동일하다.

(2) 다만 구성요소 1-2의 인터넷주소 정보는 바이너리코드 형태로 변환되는 것인 반면, 선행발명 1의 아이피주소 정보, 아이디정보, 포트번호 정보는 단문 메시지 형태로 변환되는 것이라는 점에서 양자는 일응 차이가 있다.

그러나 바이너리코드(binary code)는 컴퓨터 프로세서 등이 쉽게 처리할 수 있는 디지털 형태의 데이터로서 0과 1의 숫자 조합으로 구성된 정보체계를 의미하는바, 선행발명 1에서 단문 메시지 형태의 아이피주소 정보, 아이디정보, 포트번호 정보 역시 호스트 이동통신단말기 또는 SMS서버(프로세서)에 의하여 처리되어 전송되는 정보이고, 이는 당연히 0과 1의 바이너리코드로 변환된 정보임이 자명하므로, 결국 선행발명 1에서 위와 같은 정보가 '단문 메시지 형태'로 변환된다는 것은 구성요소 1-2에서 인터넷주소 정보가 '바이너리코드 형태'로 변환되는 것에 포함된다고 봄이 타당하므로, 결국 양자는 실질적으로 동일한 구성에 해당한다.

(3) 구성요소 1-2에서는 바이너리 코드 형태로 변환된 인터넷주소 정보가 'IP정보 전송서비스가 가능한 통신망'을 통하여 수신 측에 전송되는 반면, 선행발명 1에서는 단문 메시지 형태로 변환된 대화요청 메시지가 SMS서버를 경유하여, 즉 'SMS망'을 통하

여 클라이언트 이동통신단말기에 전송된다는 점에서 일응 양자는 차이가 있다.

그러나 위 제2의 나.항에서 바와 같이, 이 사건 제1항 발명에서 'IP정보 전송서비스가 가능한 통신망'은 인터넷망으로 한정되지 않고 이동통신망, 무선호출망, LBS(위치기반서비스)망, 기타 유/무선의 데이터통신망까지 포함하는 구성이고, 선행발명 1의 SMS망은 그중 무선호출망의 일종이므로, 결국 구성요소 1-2의 'IP 정보 전송서비스가 가능한 통신망'과 선행발명 1의 'SMS망'은 실질적으로 동일한 구성에 해당한다고 봄이 타당하다.

라) 구성요소 1-4와 그 대응구성요소

구성요소 1-4와 선행발명 1의 대응구성요소는 수신 측[클라이언트 이동통신단말기]에서 발신 측[호스트 이동통신단말기]으로부터 받은 인터넷주소 정보[아이피주소 정보, 아이디정보 및 포트번호 정보 등]를 해독하거나, 바이너리코드 데이터[단문 메시지 포맷의 대화초청 메시지]에서 IP정보[호스트 이동통신단말기의 아이피주소 정보, 포트번호 정보]를 추출[검출]하는 단계라는 점에서 동일하다.

마) 구성요소 1-5와 그 대응구성요소

구성요소 1-5와 선행발명 1의 대응구성요소는 수신 측[클라이언트 이동통신단말기]에서 해독된[메시지로부터 검출한] 발신 측 인터넷주소 정보[호스트 이동통신단말기의 아이피주소 정보, 아이디정보 및 포트번호 정보 등]를 이용하여 수신 측 인터넷주소 정보[전송데이터의 종류 정보, 클라이언트 이동통신단말기에 할당된 아이피주소 정보, TCP/UDP 정보, 포트번호 정보, 및 인증정보를 포함하는 등록요구 메시지]를 네트워크를 통하여 발신 측[호스트 이동통신단말기]에 전송하는 단계라는 점에서는 동일하다.

다만 구성요소 1-5는 전송 네트워크가 '인터넷망'으로 한정된 반면, 선행발명 1은 전송 네트워크가 '패킷 데이터 코어 네트워크(PDSN)'라는 점에서 양자는 차이가 있다 (이하 '이 사건 차이점'이라 한다).

바) 구성요소 1-6과 그 대응구성요소

아래와 같은 이유에서 구성요소 1-6과 선행발명 1의 대응구성요소는 실질적으로 동일하다고 봄이 타당하다.

(1) 구성요소 1-6과 선행발명 1의 대응구성요소는 발신 측과 수신 측[호스트 이동통신단말기와 클라이언트 이동통신단말기]에서 각각 획득한 인터넷주소 정보[호스트 이동통신단말기 및 클라이언트 이동통신단말기를 통해 메신저서비스를 수행하기 위해서 등록된 주소정보를 포함하는 버디리스트]를 이용하여 인터넷 통화[인터넷 프로토콜 등으로 제어되는 PDSN과 통신채널을 설정하여 통신하는 메신저서비스로 음성 대화]를 하는 단계라는 점에서 동일하다.

(2) 또한, 선행발명 1의 "호스트 이동통신단말기가 등록요구 메시지를 기초로 대화 상대에 대한 버디리스트를 갱신하고, 갱신한 버디리스트를 패킷 데이터 서비스 노드를 거쳐 클라이언트 이동통신단말기로 전송하며, 호스트 이동통신단말기와 클라이언트 이동통신단말기가 갱신된 버디리스트를 기초로 상호간에 메신저서비스를 수행한다."라는 기재(4면 18행 내지 21행 참조)에 비추어 보면, 선행발명 1에서 버디리스트에 포함된 정보에는 등록요구 메시지에 포함된 '클라이언트 이동통신단말기에 할당된 아이피주소 정보, TCP/UDP 정보, 포트번호 정보, 및 인증정보 등'이 포함되는 것으로 보인다. 따라서 구성요소 1-6에서 '획득한 인터넷주소 정보를 이용'하는 구성과 선행발명 1에서 '등록된 주소정보를 포함하는 버디리스트를 이용'하는 구성은 실질적으로 동일하다.

(3) 또한, 위 구성대비표에 기재된 바와 같이, 선행발명 1에서 '인터넷을 이용하는 메신저서비스'는 상호 음성대화가 가능하다는 점에서 구성요소 1-6에서의 '인터넷 통화'와 실질적으로 동일한 구성이다.

2) 이 사건 차이점에 대한 검토

앞서 든 증거와 변론 전체의 취지에 의하여 인정되는 아래와 같은 사실 및 사정을 종합하여 보면 이 사건 차이점은 통상의 기술자가 선행발명 1 또는 선행발명 1과 5의 결합에 의하여 쉽게 극복할 수 있는 것이므로, 이 사건 제1항 발명의 구성요소 1-5는 통상의 기술자가 선행발명 1 또는 선행발명 1과 5의 결합으로부터 쉽게 도출할 수 있다고 봄이 타당하다.

가) 선행발명 1에 개시된 '패킷 데이터 코어 네트워크(PDSN)'는 컴퓨터 네트워크에서 전송 데이터를 패킷으로 나누고, 여기에 목적지의 주소, 패킷의 순서, 제어 정보 등의 헤더 정보를 추가하여 전송하는 패킷 데이터 교환 방식의 네트워크로서 인터넷이 대표적이다.

따라서 구성요소 1-5에서 '수신 측이 자신의 인터넷주소 정보를 유선 또는 무선 인터넷망을 통하여 발신 측에 전송하는 구성'은 통상의 기술자가 선행발명 1의 '클라이언트 이동통신단말기가 자신의 아이피주소 정보, TCP/UDP 정보, 포트번호 정보 및 인증 정보, 전송데이터의 종류 정보를 포함하는 등록요구 메시지를 패킷 데이터 코어 네트워크(PDSN)를 통하여 호스트 이동통신단말기에 전송하는 구성'으로부터 쉽게 도출할 수 있을 것으로 보인다.

나) 또한, 선행발명 5(갑 제8호증)의 아래와 같은 기재 및 도면에서 알 수 있듯이, 선행발명 5에는 비디오 IP폰 서비스로 1:1 화상통화를 제공하기 위해서 클라이언트 1,

2가 서로 인터넷망을 통해 자신의 IP주소, 포트번호 등을 전송하여서 상호간에 TCP/IP 연결 설정을 수행하는 구성이 개시되어 있는데, 이러한 구성은 구성요소 1-5와 실질적으로 동일하다.

[선행발명 5의 명세서]

  1:1 화상통화 세션관리를 위한 PDA2PDA, PDA2TV, TV2TV 비디오 IP폰 클라이언트내의 세션 매니저(Session Manager)를 통한 송신자와 수신자의 IP Address, Port number의 입력에 의해 TCP/IP 소켓 연결하도록 CONNECT REQUEST, ACK, CONNECT메시지를 주고받는 3-Way Handshake에 의한 PDA2PDA, PDA2TV, TV2TV 비디오 IP폰의 TCP/IP 연결 설정 단계와(5면 47~50행);

  상기 TCP/IP 연결 설정 후, 송신자와 수신자 사이에 PDA2PDA, PDA2TV, TV2TV 비디오 IP폰에서 상대방의 얼굴을 보며 동영상 음성통화를 제공하기 위해 MPEG2 A/V 코덱을 통해 RTP/UDP/IP로 오디오/비디오(A/V) 데이타를 송수신하는 동영상 및 음성 데이터 송수신 단계와; 및(5면 51~53행)

[선행발명의 도면 4c]

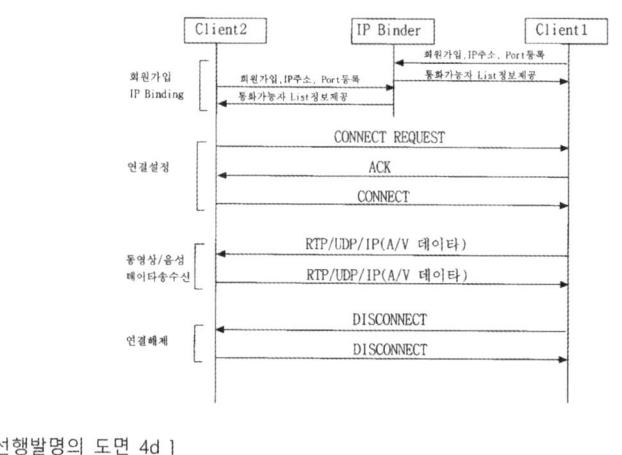

[선행발명의 도면 4d]

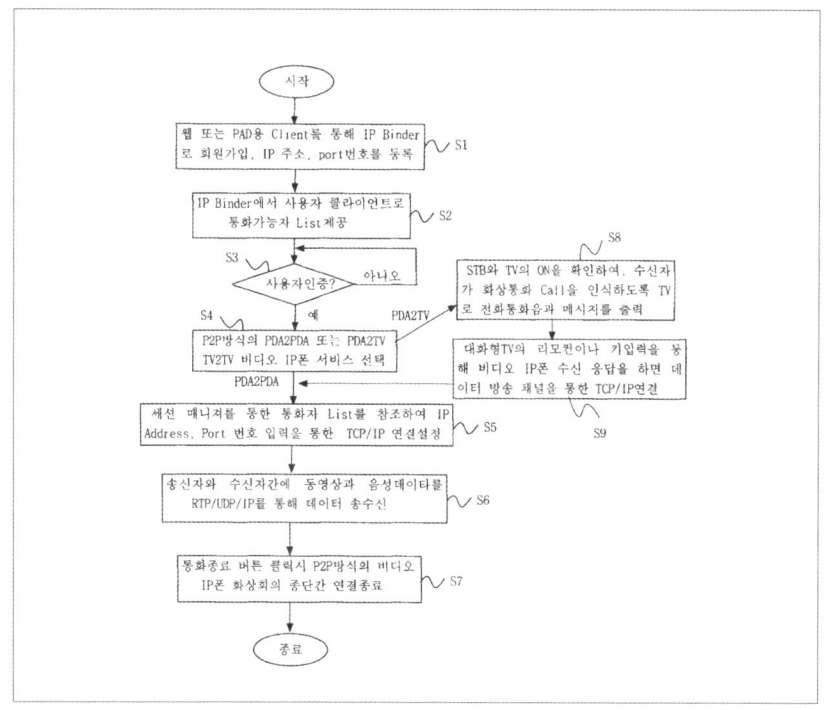

나아가, 선행발명 1과 5는 모두 이동통신단말기간의 인터넷 통화 방법에 관한 발명으로서 기술분야가 동일하여 통상의 기술자가 인터넷 통화 관련 기술개발 등을 위하여 이들을 쉽게 참작할 수 있을 것으로 보이고, 이들의 결합을 방해하는 부정적인 시사나 교시도 찾아볼 수 없으며, 양자의 결합에 기술적으로 별다른 어려움이 있다고 보기도 어려우므로, 통상의 기술자는 선행발명 1과 5를 쉽게 결합할 수 있을 것으로 보인다.

따라서 구성요소 1-5는 통상의 기술자가 선행발명 1의 '클라이언트 이동통신단말기가 자신의 아이피주소 정보 등을 포함하는 등록요구 메시지를 패킷 데이터 코어 네트워크(PDSN)를 통하여 호스트 이동통신단말기에 전송하는 구성'을 선행발명 5의 '클라이언트 1, 2가 인터넷망을 통해 자신의 IP주소, 포트번호 등을 전송하여 TCP/IP 연결설정을 수행하는 구성'으로 치환함으로써 쉽게 도출할 수 있다고 봄이 타당하다.

3) 피고 주장에 대한 검토

가) 피고는, 이 사건 제1항 발명의 구성요소 1-2의 'IP정보 전송서비스가 가능한 통신망'은 발신 측의 요청에 따라 무료통화가 가능한 통신망이어야 할 뿐만 아니라 TCP/IP 패킷의 캡슐화 원칙이 적용되는 통신망이라면 이동통신망, 무선호출망, LBS망, 무선초고속통신인터넷망, 기타 유/무선의 데이터통신망 등이 채용될 수 있는데, 선행발명 1의 SMS망은 TCP/IP 프로토콜을 사용하지 않기 때문에 양자는 서로 다른 구성이라는 취지의 주장을 한다.

그러나 제2의 다. 2)항 및 3)항에서 본 바와 같은 사정에다가, 아래와 같은 점을 보태어 보면, 이 사건 제1항 발명에서 제1 단계부터 제4 단계가 피고 주장과 같이 TCP/IP 패킷의 캡슐화 원칙이 적용되는 통신망을 이용하는 것만으로 한정된다고 볼수는 없다. 피고의 위 주장은 이유 없다.

(1) 이 사건 제1항 발명의 청구범위의 기재에 의하면, 제5 단계는 수신 측이 수신 측 인터넷주소 정보를 유선 또는 무선 인터넷망을 통하여 발신 측에게 전송하고, 제6 단계는 발신 측과 수신 측이 각각 획득한 인터넷주소 정보를 이용하여 인터넷 통화를 하는 구성이므로, 제5 단계와 제6 단계는 TCP/IP 프로토콜을 사용하는 인터넷망을 통하여 이루어지는 단계라고 할 수 있으나, 제2 단계는 'IP정보 전송서비스가 가능한 통신망'을 통하여 전송한다고만 기재되어 있을 뿐이고, 제1 단계와 제3 단계는 발신 측 및 수신 측이 자신의 인터넷주소 정보를 어떠한 수단을 통해서 획득하는지에 대하여

아무런 한정이 없다.

(2) 더욱이 이 사건 제7항 발명에는 "상기 제3 단계에서 통신망은 이동통신망, 무선호출망, LBS망, 유/무선의 데이터통신망 중 어느 하나인 것을 특징으로 하는 IP정보 전송에 의한 무료통화방법"이라고 기재되어 있고, 이 사건 특허발명 명세서(갑 제2호증)에도 '제2 단계와 제3 단계에서 이용하는 통신망은 무선초고속인터넷망 이외에도 이동통신망, 무선호출망, LBS망, 유/무선의 데이터통신망을 모두 폭넓게 포함한다'는 취지로만 기재되었을 뿐(식별번호 <27>, <29>, <34> 등 참조), 이들 통신망이 TCP/IP 패킷의 캡슐화 원칙이 적용되는 통신망으로 한정된다는 취지로 기재되어 있지는 않다.

나) 피고는, 구성요소 1-2의 '발신 측 인터넷주소 정보가 바이너리코드 형태로 변환되고'의 기술적 의미는 ISP 통신업체로부터 부여된 IP정보뿐만 아니라 발신 측(앱)을 고유하게 식별할 수 있는 포트번호, 010-호출번호처럼 다양한 종류의 부가정보를 함께 포함하는 인터넷주소 정보가 인터넷 TCP/IP 표준의 코드화, 캡슐화 등의 과정을 거쳐서 최하위계층에서는 바이너리코드 형태의 패킷으로 변환됨으로써 생성된다는 의미인데, 선행발명 1의 대화초청 메시지는 TCP/IP 패킷이 아니므로, 이 사건 특허발명의 '변환된 인터넷주소정보'의 구성과 동일하지 않다는 취지의 주장을 한다.

그러나 제2의 다. 2)항 및 3)항에서 본 바와 같은 사정에다가, 아래와 같은 점을 보태어 보면, 피고의 위 주장은 이유 없다.

(1) 선행발명 1의 아래와 같은 기재 및 도면에 의하면, 선행발명 1의 '이동통신단말기들 간에 실시간 메신저서비스 제공 방법'도 '대화초청 메시지'에 이 사건 특허발명의 인터넷주소 정보의 IP정보와 대응하는 구성으로서 호스트 이동통신단말기에 할당된 아이피주소 정보와 포트 주소정보를 포함하며, 인터넷주소 정보에 선택적으로 포함될

수 있는 부가정보와 대응하는 구성으로서 호스트 이동통신단말기의 아이디정보와 전송 데이터의 종류 정보를 포함한다는 점을 알 수 있다. 그리고 호스트 이동통신단말기와 클라이언트 이동통신단말기의 아이디정보는 이동통신단말기의 인증정보로서 전화번호 정보이므로 이 역시 구성요소 1-2의 부가정보에 해당한다.

(2) 또한, 선행발명 1의 '이동통신단말기들 간에 실시간 메신저서비스 제공 방법' 도, 선행발명 1의 아래와 같은 기재 및 도면에 나타난 바와 같이, 클라이언트 이동통신 단말기가 등록요구 메시지를 인터넷 프로토콜이 적용된 데이터 패킷 형태로 변환하여 PDSN을 통해 호스트 이동통신단말기에 전송하고, 인터넷을 통하여 음성 대화 등 메신 저서비스를 제공하는 것임을 알 수 있다.

[선행발명 1의 특허청구범위]
  청구항 4.
제 1항에 있어서,
상기 대화초청 메시지는, 전송 데이터의 종류 정보, 상기 호스트 이동통신단말기의 아이디정보, 상기 호스트 이동통신단말기에 할당된 아이피주소 정보 및 포트 주소정보를 포함하는 것을 특징으로 하는 이동통신시스템.
  청구항 5.
제 1항에 있어서,
상기 등록요구 메시지는, 전송데이터의 종류 정보, 상기 클라이언트 이동통신단말기에 할당된 아이피주소 정보, TCP(Transmission Control Protocol)/UDP(User Datagram Protocol)정보, 포트번호 정보, 및 인증정보를 포함하는 것을 특징으로 하는 이동통신시스템.

[선행발명 1의 발명의 상세한 설명 및 도면]
 도 3은 도 2의 호스트 이동통신단말기(100)로부터 클라이언트 이동통신단말기들(420, 440)로 전송되는 대화초청 메시지의 포맷을 도시한 도면이다(6면 10~11행).

[도면 삽입을 위한 여백]

[도 3] 도 2의 호스트 이동통신단말기로부터 클라이언트 이동통신단말기들로
전송되는 대화초청 메시지의 포맷을 도시한 도면

110	120	130	140
전송데이터 종류정보	단말기 ID 정보	IP 주소 정보	포트 번호 정보

도시된 바와 같이, 대화초청 메시지는 전송데이터 종류 정보(110), 호스트 이동통신단말기(100)의 아이디정보(120), 호스트 이동통신단말기(100)에 할당된 아이피(IP) 주소정보(130) 및 포트 주소정보(140)를 포함하여 구성된다(6면 12~13행).

호스트 이동통신단말기(100)의 아이디정보(120)는 호스트 이동통신단말기(100)에 할당된 인증과 관련된 정보를 말한다. 이러한 인증정보의 예로는 전화번호정보를 예로 들 수 있다(6면 16~17행).

도 4는 도 2의 클라이언트 이동통신단말기들(420, 440)이 호스트 이동통신단말기(100)에 요청하는 등록요구 메시지의 포맷을 도시한 도면이다(6면 20~21행).

[도 4] 도 2의 클라이언트 이동통신단말기들이 호스트 이동통신단말기에 요청하는
등록요구 메시지의 포맷을 도시한 도면

421	422	423	424	425
전송데이터 종류정보	IP 주소 정보	TCP/UDP 정보	포트 번호 정보	인증 정보

도시된 바와 같이, 등록요구 메시지는 전송데이터의 종류 정보(421), 아이피주소 정보(422), TCP(Transmission Control Protocol)/UDP(User Datagram Protocol)정보(423), 포트번호 정보(424) 및 인증정보(425)로 구성된다(6면 22~23행).

> 포트번호 정보(424)는 각 클라이언트 이동통신단말기들(420, 440)에 할당된 포트번호 정보이다. 인증정보(425)는 각 클라이언트 이동통신단말기(420, 440)의 인증에 필요한 가입자정보, 예를 들어 전화번호정보가 포함된다(6면 32~33행).

(3) 아울러 이 사건 제1항 발명의 구성요소 1-2에는 "발신 측 인터넷주소 정보가 바이너리코드 형태로 변환되고, 상기의 변환된 인터넷주소 정보를 수신 측에 IP정보 전송서비스가 가능한 통신망을 통하여 전송하는 제2 단계"라고만 기재되어 있을 뿐, 피고가 주장하는 바와 같이 구성요소 1-2의 인터넷주소 정보가 인터넷 TCP/IP 표준의 코드화, 캡슐화 등의 과정을 거쳐서 바이너리코드 형태의 패킷으로 변환되는 것으로 한정되어 있지 않을 뿐더러, 선행발명 1의 '대화초청 메시지'도 호스트 이동통신단말기가 데이터 패킷 형태로 변환하여 SMS 서버로 송신하는 구성이므로, 변환된 패킷 형태의 대화초청 메시지가 호스트 이동통신단말기의 프로세서와 SMS서버의 프로세서가 처리할 수 있는 바이너리코드 형태로 변환된 정보임은 자명하다.

(4) 설령, 구성요소 1-2를 피고가 주장하는 바와 같이 보더라도, 선행발명 5에는 PDA2TV, TV2TV 비디오 IP폰 서비스로 1:1 화상통화를 제공하는 이동통신망, 인터넷망, CATV망과 연동된 시스템에서 피어투피어(P2P) 기반의 PDA2PDA, PDA2TV, TV2TV 비디오 IP폰 서비스 제공을 위한 방법에 있어서, 인터넷주소 정보가 인터넷 TCP/IP 표준의 코드화, 캡슐화 등의 과정을 거쳐서 최하위계층에서는 바이너리코드 형태의 패킷으로 변환되는 구성(도 4b 참조)이 구체적으로 개시되어 있고, 이는 구성요소 1-2와 실질적으로 동일한 구성이므로, 통상의 기술자는 선행발명 1에 선행발명 5를 결합하여 구성요소 1-2를 쉽게 도출할 수 있다고 봄이 타당하다.

다) 피고는, 구성요소 1-2의 발신 측은 ISP통신업체로부터 이미 획득하여서 메모리

부에 저장되어 있는 인터넷주소 정보를 활용해서 수신 측에 변환된 인터넷주소 정보를 전송하는 것이기 때문에, 발신 측은 통화를 요청하기 전에 이미 유/무선의 무료통화가 가능한 인터넷에 접속 기능을 갖추었으므로, 선행발명 1, 5와 같이 굳이 유료인 데이터통신망에 접속하거나 유료인 별도의 서비스를 이용할 이유가 없다는 취지의 주장을 한다.

그러나 제2의 다. 2)항 및 3)항에서 본 바와 같은 사정에다가, 아래와 같은 점을 보태어 보면, 피고의 위 주장 역시 이유 없다.

(1) 발신 측이 수신 측과 인터넷 접속을 하기 위해서는 수신 측의 인터넷주소 정보를 알아야 하는데, 이 사건 제1항 발명의 제2 단계에서는 수신 측의 현재 접속된 인터넷주소 정보를 아직 알고 있다고 볼 수 없다. 그러므로 이 사건 제1항 발명도 인터넷 통화를 위한 준비단계에서 발신 측이 수신 측의 현재 접속된 인터넷주소 정보를 획득하기 위해서 선행발명 1과 마찬가지로 유료인 데이터통신망을 이용하는 것을 배제하지 않는다고 보아야 한다.

(2) 이 사건 특허발명 명세서(갑 제2호증)의 기재(식별번호 〈43〉 내지 〈46〉 참조)와 도면(도 1a, 도 1b 참조)에 의하면, 이 사건 특허발명은 휴대단말기가 "통화요청신호"를 수신하기 전에, 인터넷에 접속된 상태가 되어서 자신의 인터넷주소 정보를 획득하거나 자신의 인터넷주소 정보가 갱신되면 이를 자신의 메모리부에 갱신 저장한 후 무료목록에 있는 상대편들에게 브로드캐스팅 전송하여 상호 교환함으로써, 이미 자신과 상대측의 인터넷주소 정보를 알고 있는 경우에 인터넷 통화 준비단계에서도 선행발명 1과 같이 굳이 SMS망을 이용할 필요가 없는 것이다. 그런데 이 사건 특허발명의 청구범위를 살펴보면, 이 사건 제3항 발명과 제4항 발명에서 무료통화 목록을 저장하

는 단계와 무료통화 목록을 갱신하여 저장하고, 상대방에게 갱신된 인터넷주소 정보를 전달하는 단계를 선행발명 1과 같이 단지 포함하고 있을 뿐, 이러한 단계들이 이 사건 제1항 발명의 구성요소 1-2의 제2 단계 이전에 수행된다는 한정이 전혀 없고, 이 사건 제1항 발명에서도 구성요소 1-3의 제3 단계가 제2 단계 이전에 수행될 수 있는 것인지 아니면 제2 단계 이후에 수행되는 것인지에 관하여 아무런 기재가 없다. 이러한 점에 비추어 보면, 이 사건 특허발명의 청구범위의 기재만으로는 피고가 주장하는 구성으로 한정되거나 피고가 주장하는 효과가 인정된다고 볼 수 없다.

4) 검토 결과의 정리

이상에서 본 바를 종합하면 이 사건 제1항 발명은 통상의 기술자가 선행발명 1로부터 또는 선행발명 1과 선행발명 5의 결합으로부터 쉽게 발명할 수 있다고 봄이 타당하므로 그 진보성이 부정된다.

라. 이 사건 제2항 발명의 진보성 부정 여부

이 사건 제2항 발명은 이 사건 제1항 발명의 종속항으로, "상기 제5 단계가 이루어진 후, 상기 발신 측과 수신 측에서 각각 획득한 인터넷주소 정보를 이용하여 인터넷 데이터 통신을 하는 단계를 포함"한다는 구성요소가 부가된 것이다.

그런데 이와 같이 부가된 구성요소는 선행발명 1(갑 제4호증)의 아래와 같은 기재에서 보듯이 선행발명 1의 "메신저서비스가 파일전송 및 음악이나 뉴스 등의 패킷 데이터도 전송할 수 있는 구성"(3면 1~3행, 도 5의 S270 등 참조)과 동일하다.

따라서 이 사건 제2항 발명 역시 통상의 기술자가 선행발명 1로부터 또는 선행발명 1과 5의 결합으로부터 쉽게 발명할 수 있다고 봄이 타당하므로, 그 진보성이 부정된다.

[선행발명 1]

> 최근에는 컴퓨터에서 이용하는 메신저(MESSENGER)라는 실시간 정보 전달 서비스 프로그램을 이동통신단말기에 인스톨시켜 이동통신단말기들 간의 데이터 교환을 가능하도록 하는 방법이 제안되고 있다. 여기서 메신저란 일종의 '실시간 정보전달 서비스'를 말하며, 현재 상태에서 상대방과의 대화에서 무전기와 같이 한쪽에서 말하면 한쪽에서 말을 못하는 것과 같은 반이중상태가 아닌 전화기와 같이 양쪽에서 함께 말을 할 수 있는 전이중적인 상태를 뜻한다. <u>이러한 메신저서비스는 기존의 단순 채팅만을 하던 것을 벗어나 파일전송, 음성 서비스, 및 음악이나 뉴스 등의 정보도 전송할 수 있는 멀티 기능을 갖추고 있다</u>(2면 32~3면 3행).

마. 이 사건 제3항 발명의 진보성 부정 여부

이 사건 제3항 발명은 이 사건 제1항 발명의 종속항으로, "상기 발신 측 인터넷주소 정보와 수신 측 인터넷주소 정보를 데이터베이스화 하여 무료통화 목록에 저장하는 단계를 더 포함"한다는 구성요소가 부가된 것이다.

그런데 이와 같이 부가된 구성요소는 선행발명 1(갑 제4호증)의 "호스트 이동통신단말기(100)는 수신한 등록요구 메시지를 기초로 대화초청을 위해 선택된 버디리스트를 갱신하는 구성"(7면 21~24행, 도 5의 S240 참조)과 동일하다.

따라서 이 사건 제3항 발명 역시 통상의 기술자가 선행발명 1로부터 또는 선행발명 1과 5의 결합으로부터 쉽게 발명할 수 있다고 봄이 타당하므로, 그 진보성이 부정된다.

바. 이 사건 제4항 발명의 진보성 부정 여부

이 사건 제4항 발명은 이 사건 제3항 발명의 종속항으로, "발신 측 인터넷주소 정보 또는 상기 수신 측 인터넷주소 정보가 갱신되는 경우, 갱신된 인터넷주소 정보를 상기 무료통화 목록에 갱신하여 저장하고, 상대방에게 갱신된 인터넷주소 정보를 전달하는 단계를 더 포함"한다는 구성요소가 부가된 것이다

그런데 이와 같이 부가된 구성요소는 선행발명 1(갑 제4호증)의 아래와 같은 기재에서 보듯이 선행발명 1의 "호스트 이동통신단말기(100)와 클라이언트 이동통신단말기(400)가 각각 아이피주소를 할당받는 경우(S150, S210), 할당받은 아이피주소 정보와 자신이 아이디정보, 포트번호 정보 등을 포함하는 단문 메시지 포맷의 메시지를 전송하고(S160, S230), 호스트 이동통신단말기(100)는 수신한 메시지를 기초로 대화초청을 위해 선택된 버디리스트를 갱신하며(S240), 버디리스트를 갱신한 후, 갱신된 버디리스트를 클라이언트 이동통신단말기(400)에게 전송함으로써, 호스트 이동통신단말기(100)와 클라이언트 이동통신단말기(400) 간에 동일한 대화 대상 정보인 버디리스트를 공유하는 단계를 포함하는 구성"(7면 4행 내지 26행, 도 5 참조)과 실질적으로 동일하다.

[선행발명 1]
버디리스트의 생성이 완료되면, 호스트 이동통신단말기(100)는 PDSN(300)과 점 대 점 프로토콜 접속을 수행하여 PDSN(300)으로부터 아이피주소를 할당받는다(S150)(7면 4~5행).
아이피주소를 할당받으면, 호스트 이동통신단말기(100)는 할당된 아이피주소 정보와 호스트 이동통신단말기(100)의 아이디정보, 포트번호 정보를 포함하는 단문 메시지 포맷의 대화요청 메시지를 SMS서버(200)로 전송한다(S160). SMS서버(200)는 호스트 이동통신단말기(100)로부터 전송된 대화초청 메시지를 클라이언트 이동통신단말기(400)로 전송한다(S170)(7면 6~9행).
클라이언트 이동통신단말기(400)는 PDSN(300)과 점 대 점 프로토콜 접속을 통해 아이피주소를 할당받는다(S210). 아이피주소를 할당받으면, 클라이언트 이동통신단말기(400)는 아이피주소를 포함하는 등록요구 메시지를 PDSN(300)에 전송한다(S220). 여기서 등록요구 메시지에는 상기 아이피주소 정보 외에 TCP(Transmission Control Protocol)정보, 포트번호 정보, 및 인증정보 등을 포함한다(7면 15~18행).
PDSN(300)은 클라이언트 이동통신단말기(400)로부터 수신한 등록요구 메시지를 호스트 이동통신단말기(100)로 전송한다(S230)(7면 19~20행).
호스트 이동통신단말기(100)는 수신한 등록요구 메시지를 기초로 대화초청을 위해 선택된 버디리스트를 갱신한다(S240). 버디리스트를 갱신한 후, 호스트 이동통신단말기(100)는 갱신

> 한 버디리스트를 PDSN(300)으로 전송한다(S250). PDSN(300)은 호스트 이동통신단말기(100)로부터 수신한 버디리스트를 클라이언트 이동통신단말기(400)로 전송한다(S260)(7면 21~24행).
> <u>호스트 이동통신단말기(100)와 클라이언트 이동통신단말기(400) 간에 동일한 대화 대상 정보인 버디리스트를 공유하게 되면, 호스트 이동통신단말기(100)와 클라이언트 이동통신단말기(400)는 상호간에 메신저서비스를 수행한다(S270).</u> 메신저서비스를 수행하는 동안, 클라이언트 이동통신단말기(400)는 메신서 서비스의 종료 신호가 입력되는지의 여부를 판별한다(S280). 메신저 종료 신호가 입력되지 않은 것으로 판단되면, 클라이언트 이동통신단말기(400)는 호스트 이동통신단말기(100)와 메신저서비스를 계속 수행한다(7면 25~29행).

다만 선행발명 1은 클라이언트 이동통신단말기가 버디리스트를 갱신하는 구성을 명시적으로 개시하고 있지 않다는 점에서 이 사건 제4항 발명과 차이가 있다.

그러나 이와 관련하여, 선행발명 1에는 "호스트 이동통신단말기(100)와 클라이언트 이동통신단말기(400) 간에 동일한 대화 대상 정보인 버디리스트를 공유하는 단계를 포함하는 구성(7면 25행, 26행)"을 개시하고 있으므로, 선행발명 1은 클라이언트 이동통신단말기가 호스트 이동통신단말기와 동일한 대화 대상 정보인 버디리스트를 공유하기 위하여 자신의 버디리스트를 갱신하는 단계를 포함하는 것을 내포하고 있다고 봄이 타당하다.

따라서 이 사건 제4항 발명 역시 통상의 기술자가 선행발명 1로부터 또는 선행발명 1과 5의 결합으로부터 쉽게 발명할 수 있다고 봄이 타당하므로, 그 진보성이 부정된다.

사. 이 사건 제5항 및 제6항 발명의 진보성 부정 여부

이 사건 제5항 및 제6항 발명은 이 사건 제1항 발명의 종속항으로, 각각 "상기 제2단계에서 상기 발신 측 인터넷주소 정보가 암호코드화 변환되어서 수신 측으로 상기의 암호코드화된 인터넷주소 정보가 전송되는 것"이라는 한정사항 및 "상기 제4 단계에서 발신 측으로부터 받은 인터넷주소 정보가 암호코드화된 것"이라는 한정사항이 부가된 것이다.

그런데 선행발명 2(갑 제5호증)에는 "중앙 처리게 장치(64)는 업계에 잘 알려져 있는 방식으로 86단계에서 음성 패킷을 암호화하기 위한 보안 스택(68)을 인보킹한다. 따라서 보안 스택은 패킷의 목적지에 상관없이 동일한 방법으로 음성 패킷을 암호화한다. ...(중략)... 암호화의 터널 모드는 LAN 외부의 다른 디바이스로 전송되는 음성 패킷들을 인코딩하기 위해 이용될 수 있으며, 헤더 및 페이로드 데이터 둘 모두가 인코딩되게 한다."라는 것이 개시되어 있고(식별번호 [0040] 및 도 5 참조), 이는 인터넷을 통한 음성대화를 위한 VoIP 서비스를 구현하기 위해서 필요한 정보로서 발신 측의 IP주소정보 등이 포함된 헤더 및 페이로드 데이터가 인코딩, 즉 암호코드화 되어서 수신측에게 전송되는 구성으로서 이 사건 제5항 및 제6항 발명에 부가된 한정사항과 동일한 구성이다.

[선행발명 2]

[0040] Otherwise, if the SA negotiation was successful, the central processor 64 invokes the security stack 68 for encoding the voice packets in step 86 in a manner well known in the art. According to one embodiment, the security stack encodes the voice packets in the same manner regardless of the destination of the packets. According to another embodiment, the security stack employs different encoding mechanisms depending on the source, destination, port, or other selectors as identified in RFC 2401. For example, a transport mode of encryption may be utilized for encoding voice packets transmitted to one device on the LAN 48, causing only the payload data to be encoded, while a tunnel mode of encryption may be utilized for encoding voice packets transmitted to another device outside the LAN, causing both the header and payload data to be encoded.

([0040] 그렇지 않으면, SA 협상이 성공적이었으면, 중앙 처리게 장치 64는 잘 업계에 알려

> 져 있는 방식으로 86 단계에서 음성 패킷을 암호화하기 위한 보안 스택 68을 인보킹한다. 일 실시예에 따라서, 보안 스택은 패킷의 목적지에 상관없이 동일한 방법으로 음성 패킷을 암호화한다. 다른 실시예에 따라서, 보안 스택은 RFC 2401에서 확인하기 때문에 소스, 목적지, 포트 또는 다른 셀렉터에 의존하는 상이한 인코딩 메커니즘을 사용한다. 예를 들면 암호화될 페이로드 데이터를 단지 초래함으로써, 암호화의 전송 모드는 LAN 48 위의 하나의 장치로 전송되는 음성패킷을 암호화하여 활용될 수 있고, 암호화의 터널 모드가 또 다른 장치 외부로 전송되는 음성 패킷을 암호화하여 활용될 수 있는 반면에 LAN, 암호화될 헤더와 페이로드 데이터를 둘 다 초래한다.)

또한, 선행발명 1과 2는 모두 인터넷을 통한 통화 방법에 관한 것으로서 기술분야가 동일하므로 통상의 기술자가 인터넷 통화 분야의 기술개발 등을 위하여 위 선행발명들을 쉽게 참작할 수 있고, 선행발명 1의 호스트 이동통신단말기가 자신의 아이피주소 정보 등이 포함된 단문 메시지를 클라이언트 이동통신단말기에 전송할 때, 선행발명 2에 개시된 패킷을 인코딩하여 암호화하는 구성을 결합하는 데 있어서 기술적으로 별다른 어려움이 있을 것으로 보이지도 않으며, 이들의 결합을 방해하는 부정적 교시나 시사도 찾아볼 수 없으므로, 통상의 기술자가 이들을 쉽게 결합할 수 있다.

따라서 이 사건 제5항 및 제6항 발명은 통상의 기술자가 선행발명 1, 2의 결합으로부터 또는 선행발명 1, 2, 5의 결합으로부터 쉽게 발명할 수 있다고 봄이 타당하므로 모두 그 진보성이 부정된다.

아. 이 사건 제7항 발명의 진보성 부정 여부

이 사건 제7항 발명은 이 사건 제1항 발명의 종속항으로, "상기 제3 단계에서 통신망은 이동통신망, 무선호출망, LBS망, 유/무선의 데이터통신망 중 어느 하나인 것"이라는 한정사항이 부가된 것이다.

그런데 선행발명 1에는 이러한 한정사항에 대응하는 구성으로 "클라이언트 이동통신단말기(400)가 PDSN(300)과 점 대 점 프로토콜 접속을 통해 아이피주소를 할당받는 단계(S210)(7면 15행, 도 5 참조)"를 포함하는 구성이 개시되어 있다. 그리고 선행발명 1의 PDSN(300)은 이 사건 제7항 발명의 유/무선의 데이터통신망과 데이터통신망이라는 점에서 실질적으로 동일하다.

따라서 이 사건 제7항 발명은 통상의 기술자가 선행발명 1로부터 또는 선행발명 1과 5의 결합으로부터 쉽게 발명할 수 있다고 봄이 타당하므로 그 진보성이 부정된다.

자. 이 사건 제8항 발명의 진보성 부정 여부

이 사건 제8항 발명은 이 사건 제1항 발명의 'IP정보 전송에 의한 무료통화방법'의 각 단계를 수행하도록 기저대역 처리부, 무선처리부, 안테나부, 바이너리 전송서비스 통신망 접속기능부, 유/무선 인터넷기능부, 바이너리 전송서비스 기능부, 메모리부로 구성되는 것을 특징으로 하는 휴대단말기이다.

그러나 앞서 본 바와 같이 선행발명 1의 메신저서비스를 위한 이동통신시스템은 이 사건 제1항 발명의 IP정보 전송에 의한 무료통화방법의 각 단계에 따라 작동하는 메신저 프로그램이 설치되어 구동되는 호스트 및 클라이언트 이동통신단말기가 동 시스템을 함께 이루는 SMS 서버 및 PDSN과 통신하면서 음성 대화 등 메신저서비스를 수행하는 방법만 개시하고 있을 뿐, 호스트 및 클라이언트 이동통신단말기를 이루는 내부 구성에 대해서는 아무런 언급이 없다는 점에서 이 사건 제8항 발명과 차이가 있다.

그런데 일반적으로 이동통신단말기는 내부의 프로세서가 메모리에 저장된 프로그램과 데이터를 가져와 그 프로그램의 명령어에 따라 내부의 유·무선 통신장치를 통해 바이너리 형태의 데이터로 변환하여 외부의 장치들과 송·수신한다는 것은 기술상식이므로, 비록 선행발명 1에 호스트 및 클라이언트 이동통신단말기의 내부 구성이 명시적으로 개시되어 있지 않더라도, 통상의 기술자라면 그 내부에 프로세서와 메모리, 인터넷 등 외부의 통신장치들과 접속할 수 있는 유·무선 통신장치를 포함하고 있으며, 내부의 장착된 프로세서가 메모리, 통신장치 등과 데이터를 교환하면서, 앞서 살핀 바 이 사건 제1항 발명의 주요 기술적 특징인 "자신의 IP주소를 인터넷망을 포함하는 바이너리코드 데이터의 전송서비스가 가능한 통신망을 이용하여 수신 측에 전송하는 단계"를 수행하여서 메신저서비스를 제공한다는 것을 쉽게 알 수 있다.

또한, 선행발명 3(갑 제6호증)에는, 이 사건 제8항 발명의 대응구성요소로서, 유무선 인터넷 전화용 통신단말장치가 그 내부에 프로세서, 통신 서비스 제어기, 기저대역모뎀, 주파수대역 변환 및 데이터 비트열화 기능을 하는 기저대역 처리부, 무선 접속부 등의 다양한 접속부, 안테나, 메모리부를 포함한데, 유무선 인터넷 전화용 통신단말장치가 이러한 구성요소들을 통해 인터넷에 접속하거나 공중 전화망(PSTN)을 통해 IP 주소를 전송하여서 상호간에 무료로 또는 비용을 절감하는 방법으로 인터넷 음성전화 서비스를 수행하는 구성을 개시하고 있다(2면 7~24행, 청구항 1, 4 및 도 1~3 참조).

나아가 선행발명 1, 3, 5는 모두 IP정보 전송에 의한 인터넷 무료통화를 지원하는 방법 또는 장치에 관한 발명으로서 기술분야가 동일하므로, 통상의 기술자가 인터넷통화 분야의 기술개발 등을 위해서 이들을 쉽게 참작할 수 있고, 이들의 결합을 방해하는 부정적 교시나 시사도 찾아볼 수 없으며, 이들을 결합하는 데 기술적으로 별다른 어려움이 있을 것으로 보이지도 않는다.

따라서 이 사건 제8항 발명의 바이너리 전송서비스 통신망 접속기능부, 유/무선 인터넷기능부 및 바이너리 전송서비스 기능부의 기능과 구성은 통상의 기술자가 선행발명 1의 메신저서비스를 구동하는 이동통신단말기의 프로세서 및 통신장치에 선행발명 3의 유무선 인터넷 전화용 통신단말장치의 프로세서, 통신 서비스 제어기, 기저대역모뎀, 기저대역 처리부, 무선 접속부 등의 접속부를 참작하여 쉽게 도출할 수 있을 것으로 보이므로, 이 사건 제8항 발명은 통상의 기술자가 선행발명 1, 3의 결합으로부터 또는 선행발명 1, 3, 5의 결합으로부터 쉽게 발명할 수 있는 것이어서 진보성이 부정된다.

차. 소결

이상에서 살펴본 바와 같이, 이 사건 제1항 내지 제8항 발명은 그 진보성이 모두 부정되므로 그 특허가 모두 무효로 되어야 한다. 이와 결론을 달리 한 이 사건 심결은 위법하므로 전부 취소되어야 한다.

3. 결 론

따라서 이 사건 심결의 취소를 구하는 원고의 청구는 이유 있으므로 이를 인용하기로 하여 주문과 같이 판결한다.

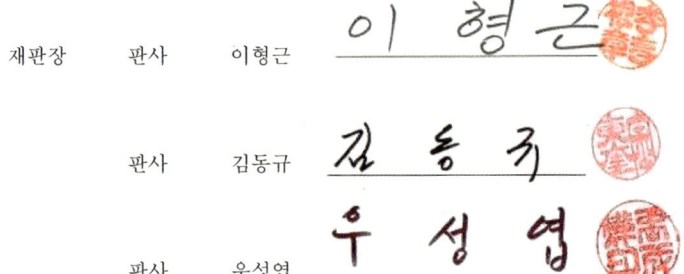

재판장   판사   이형근

         판사   김동규

         판사   우성엽

정본입니다.

2021. 8. 24.

특허법원

법원사무관 이상노

판결에 불복이 있을 때에는 이 정본을 송달받은 날(발송송달의 경우에는 발송한 날)부터 2주 이내에 상소장을 민사소송법 등 관계 법령에 따라 원심법원인 이 법원(특허법원)에 제출하여야 합니다(보조참가인의 경우에는 피참가인을 기준으로 상소기간을 계산함에 유의).
※ 각 법원 민원실에 설치된 사건검색 컴퓨터의 발급번호조회 메뉴를 이용하거나, 담당 재판부에 대한 문의를 통하여 이 문서 하단에 표시된 발급번호를 조회하시면, 문서의 위,변조 여부를 확인하실 수 있습니다.

대 법 원

제 3 부

판 결

사 건	2021후10923 등록무효(특)
원고, 피상고인	주식회사 카카오
	제주시 첨단로 242(영평동)
	공동대표이사 여민수, 조수용
	소송대리인 특허법인 무한
	담당변리사 천성진, 김지훈
피고, 상고인	오준수
	소송대리인 법무법인 로펌진화
	담당변호사 김한호, 백병익
	소송대리인 공증인가 법무법인 천우
	담당변호사 손지호, 이동희, 김영민
	소송대리인 법무법인 청파
	담당변호사 신성기
	소송대리인 변리사 이범호, 전동찬, 고광훈
원 심 판 결	특허법원 2021. 8. 24. 선고 2021허1196 판결

- 1 -

주 문

상고를 기각한다.
상고비용은 피고가 부담한다.

이 유

이 사건 기록과 원심판결 및 상고이유를 모두 살펴보았으나, 상고인의 상고이유에 관한 주장은 「상고심절차에 관한 특례법」 제4조에 해당하여 이유 없으므로, 위 법 제5조에 의하여 상고를 기각하기로 하여 관여 대법관의 일치된 의견으로 주문과 같이 판결한다.

2021. 12. 30.

재판장	대법관	안철상	(인)
	대법관	김재형	(인)
	대법관	노정희	(인)
주 심	대법관	이흥구	(인)

2013후1238

판 결 서

대법원

대 법 원

제 3 부

판 결

사 건	2013후1238 등록무효(특)
원고, 상고인	주식회사 미유테크놀로지
	서울 마포구 상암동 1605 누리꿈스퀘어 연구개발타워 6층
	대표이사 오준수
	소송대리인 변호사 장선호
피고, 피상고인	주식회사 카카오
	성남시 분당구 판교역로 235, 엔동 (삼평동, 에이치스퀘어)
	대표이사 이제범, 이석우
	소송대리인 특허법인 무한
	담당변리사 천성진, 송영건
원 심 판 결	특허법원 2013. 5. 9. 선고 2013허884 판결
판 결 선 고	2013. 9. 27.

주 문

상고를 기각한다.

상고비용은 원고가 부담한다.

이 유

상고이유(상고이유서 제출기간이 지난 후에 제출된 상고이유보충서의 기재는 상고이유를 보충하는 범위 내에서)를 판단한다.

1. 원심판결 이유에 의하면, 원심은 명칭을 '이동성이 있는 데이터 중계기를 가진 데이터 송수신 시스템 및 방법'으로 하는 이 사건 특허발명(등록번호 제735620호)에 대한 등록무효심판 절차에서의 정정청구에 의하여 정정된 특허청구범위 제3항(이하 '이 사건 제3항 정정발명'이라고 하고, 다른 청구항들도 같은 방식으로 표시한다)은 아래와 같은 이유로 원심 판시 비교대상발명1, 2에 의하여 그 진보성이 부정된다고 판단하였다.

이 사건 제3항 정정발명 중 원심 판시 구성 3-2, 3-3, 3-1-1, 3-1-2, 3-1-3, 3-1-4, 3-1-5는 비교대상발명 1에 개시되어 있거나, 그 발명이 속하는 기술분야에서 통상의 지식을 가진 자(이하 '통상의 기술자'라고 한다)가 비교대상발명 1, 2로부터 용이하게 도출할 수 있다. 그리고 원심 판시 구성 3-1은 '무선통신망을 통해 원격지의 변환 중계기를 호출하고, 자신의 IP 주소를 해당 변환 중계기에 전송하며, 변환 중계기로부터 인터넷망을 통하여 전송되어진 IP 주소에 의하여 인터넷망을 통한 데이터 송수신을 행하는 이동형 단말기'인데, 그 특허청구범위뿐만 아니라 명세서의 다른 부분에서도 'IP 주소'를 '모바일 IP가 적용되는 무선인터넷통신망의 IP 주소'로, '무선통신망'을 '모바일 IP 주소가 적용되는 무선인터넷통신망'으로 한정하고 있지 않으므로, 위 구성 3-1은 비교대상발명 1의 구성 중 '디지털 셀룰러 망을 통해 핸드세트 2를 호출하고, 자신의 IP 주소를 핸드세트 2에 전송하며, 핸드세트 2와 사이에 인터넷망을 통하여 인터넷 전화 음성 데이터를 송수신하는 핸드세트 1'에 이미 개시되어 있다. 나아가 이 사건 제3항 정정발명의 작용효과 역시 통상의 기술자가 비교대상발명 1로부터 충분히 예측한 수 있을 정도로서 현저하지 아니하다.

2. 그리고 원심은, 그 판시와 같은 이유를 들어, 이 사건 제3항 정정발명과 달리 변환 중계기의 세부 구성을 구체적으로 한정한 이 사건 제4항 정정발명 및 이를 인용하고 있는 종속항인 이 사건 제5항 정정발명, 이동형 단말기로부터 변환 중계기로의 '제어명령' 등이 추가된 이 사건 제6항 정정발명 및 이를 인용하고 있는 종속항인 이 사건 제7항 정정발명도 통상의 기술자가 비교대상발명 1, 2로부터 용이하게 발명할 수 있으므로, 그 진보성이 부정된다고 판단하였다.

3. 기록에 비추어 살펴보면, 원심의 위와 같은 판단은 모두 정당하고, 거기에 상고이유의 주장과 같은 발명의 진보성 판단에 관한 법리오해 등의 위법이 없다.

4. 그러므로 상고를 기각하고 상고비용은 패소자가 부담하도록 하여, 관여 대법관의 일치된 의견으로 주문과 같이 판결한다.

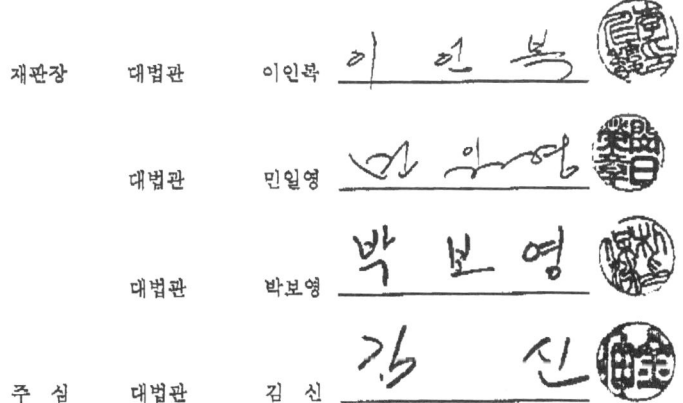

정본입니다.

2013. 9. 27.

대법원

법원사무관 주홍재

※ 각 법원 민원실에 설치된 사건검색 컴퓨터의 발급번호조회 메뉴를 이용하거나, 담당 재판부에 대한 문의를 통하여 이 문서 하단에 표시된 발급번호를 조회하시면, 문서의 위,변조 여부를 확인하실 수 있습니다.

2013후1221

판 결 서

대법원

대 법 원

제 3 부

판 결

사 건	2013후1221 권리범위확인(특)
원고, 상고인	주식회사 미유테크놀로지
	서울 마포구 상암동 1605 누리꿈스퀘어 연구개발타워 6층
	대표이사 오준수
	소송대리인 변호사 장선호
피고, 피상고인	주식회사 카카오
	성남시 분당구 판교역로 235, 엔동 (삼평동, 에이치스퀘어)
	대표이사 이제범, 이석우
	소송대리인 특허법인 무한
	담당변리사 천성진, 송영건
원심판결	특허법원 2013. 5. 9. 선고 2013허730 판결
판결선고	2013. 9. 27.

주 문

상고를 기각한다.

상고비용은 원고가 부담한다.

이 유

상고이유(상고이유서 제출기간이 지난 후에 제출된 상고이유보충서의 기재는 상고이유를 보충하는 범위 내에서)를 판단한다.

원심판결 이유에 의하면 원심은, 명칭을 '이동성이 있는 데이터 중계기를 가진 데이터 송수신 시스템 및 방법'으로 하는 이 사건 특허발명(등록번호 제735620호)의 '이동성이 있는 데이터 중계기'란 '종래 유선통신망과 연결된 고정형 장치로서 이동성이 극히 제약되었던 변환 중계기에 이동성을 부여한 것'임에 비하여, 확인대상발명의 '중앙서버 및 메시지 서버'는 모두 이동성이 없이 고정된 장소에서 동작한다는 점에서 차이가 있고, 이에 따라 이들 구성이 수행하는 기능과 작용도 달라, 서로 동일하거나 균등한 구성이라고 할 수 없으므로, 확인대상발명은 이 사건 특허발명의 특허청구범위 제1 내지 8항의 권리범위에 속하지 아니한다는 취지로 판단하였다.

기록에 비추어 살펴보면, 원심의 위와 같은 판단은 모두 정당하고, 거기에 상고이유의 주장과 같은 특허발명의 권리범위에 관한 법리오해 등의 위법이 없다.

그러므로 상고를 기각하고 상고비용은 패소자가 부담하도록 하여, 관여 대법관의 일치된 의견으로 주문과 같이 판결한다.

대법관 　박보영　박 보 영 ㊞

주 심 　대법관 　김 신　김 　신 ㊞

정본입니다.

2013. 9. 27.

대법원

법원사무관 주홍재

※ 각 법원 민원실에 설치된 사건검색 컴퓨터의 발급번호조회 메뉴를 이용하거나, 담당 재판부에 대한 문의를 통하여 이 문서 하단에 표시된 발급번호를 조회하시면, 문서의 위,변조 여부를 확인하실 수 있습니다.

책 발간에 즈음하여

　　디지털 트윈 즉 제4차 산업혁명 시대를 대표하는 기술은 인공지능, 빅데이터, IoT, 3D 프린팅 및 자율주행 등을 말한다. 그리고 학문적으로는 초연결, 초지능 기반의 지능화 혁명시대로 정의되기도 한다.

　　따라서 세계 각국은 새로운 산업발전에 따라 연구 및 기술개발 분야에서 전문적인 인재의 양성과 영입에 따른 매우 중요한 과제를 안고 있다. 이러한 새 변혁은 IT 기술의 발전과 변화에 따라 국가·기업 간의 새로운 경쟁력과 자본력 그리고 갈수록 더해가는 큰 거대 거버넌스 지배구조 관계가 형성되어 가고 있다. 전 세계적인 치열한 경쟁 속에서 우리 대한민국이 글로벌 경쟁력을 갖출 수 있는 최적의 산업은 과연 무엇일까? 대한민국 국민이라면 고민하지 않을 수 없는 실제상황인 것이다. 이렇게 고민하고 있을 때에 우리 대한민국에게 엄청난 국부를 가져다 줄 수 있는 금세기 최고의 발명가이며 특허권자 오준수 대표의 창조의 세계와 원천기술을 접하게 되었다. 그리고 그 순간 우리 대한민국의 밝은 미래 또한 생각해 보았다.

　　당대 최고의 발명(품) 'MIU Phone'(HDPC)의 특허권자이며 원천기술 창시자 오준수 대표는 2008년 WIPO사무총장 상을 수상했다. 그는 가만히 앉아서 세계적으로 엄청난 돈을 벌어들이고 있는 CDMA 원천기술의 특허를 보유한 퀄컴사를 보게 되면서 대한민국에게 그 보다 더 큰 국익을 가져다 줄 수 있는 기술이 무엇인지를 생각했다고 한다. 그래서 오준수 대표는 그의 특허 기술로 창조한 발명품이 우리 대한민국의 국부를 가져다 줄 수 있다는 생각에 큰 희망을 걸고 있었다고 전한다. 하지만 그것도 잠시 꿈도 펼쳐보기 전에 그와 그의 기술은 곧 나락으로 떨어지는 참으로 안타까운 소식이었다.

그리고 그는 10여년이 넘게 거대공룡 ㈜카카오를 상대로 특허분쟁 중에 있다. 현재 그는 힘겨운 싸움으로 인해 온 몸은 만신창이가 되었고, 그 세계적인 특허기술을 유지하기 위해 고된 나날을 견디고 왔어야만 했던 그였다.

그러나 그는 그렇게 위기에 처해진 상황에서도 절대 굴복하거나 포기하지 않고 연구 개발에 더욱 매진한 끝에 오늘날 새 혁신적인 세상을 만들어 전개할 원천특허기술을 다시 확보하였다고 한다. 그는 고된 노력 끝에 오늘의 혁신적인 창조기술을 일궈낸 것이다.

그리고 그가 오늘 책을 출간한다는 소식을 전해주었다. 기쁨 보다는 많은 시련을 겪고 있음을 알기에 가슴이 먹먹해 진다. 하루 속히 잘 해결되어 기업인으로써 국위선양에 앞장서는 그날을 기대한다.

특허법 제2조에서 규정한 발명이라는 용어의 뜻은 "자연법칙을 이용하여 고도로 창작된('세계 최초'로 만들어진) 기술"로 정의된다고 그는 그의 책에서 정의한다. 이제는 우리 사회가 이러한 발명가들의 특허기술 창조세계를 다시 한 번 들여다보는 계기가 되어야 한다고 생각한다. 발명가 즉 특허권자들이 보호받을 수 있는 정의가 살아있는 세상을 기대해본다.

대한민국의 특허권자들이 보호받을 수 있는 유일한 길은 '사법정의'밖에 없다. 제발 대한민국의 사법부가 올곧게 살아 작동하여 우리나라 발명특허권자들이 마지막으로 기댈 수 있는 보루가 되어주는 세상이 되기를 기대해 본다.

2023. 2
(전)제30대국방부 장관, (전)제21대 국가안전기획부 부장,
(현)대한민국통일건국회 회장 **권 영 해**

책 발간에 즈음하여

현재 우리는 '디지털 세상'에 살고 있습니다. 스마트폰, 노트북, PC와 태블릿 PC 등의 다양한 디지털 기기가 우리 사회에 생활화되어 있습니다. 이러한 사회적 변혁은 디지털 인재 양성이라는 국가적 과업을 안고 디지털 시대 선진국가와의 경쟁력을 갖추기 위해 우리 대한민국은 과학기술 인재 확보에 모든 노력을 기울여야 할 것입니다. 한 나라의 국가 발전을 위해서 우수한 인재 확보는 절대적입니다.

KAIST의 이광형 총장님 말씀에 따르면 미국에서는 국가과학기술위원회(NSTC)가 인공지능과 양자정보기술 그리고 반도체, 우주항공 등 19개 핵심 분야의 유망 과학기술 목록을 관리한다고 합니다. 그리고 백악관 과학기술정책실이 해당 분야의 핵심 인재를 양성하기 위해 정부 R&D(연구·개발)분야의 예산을 우선 배정하였다고 합니다.

중국 역시 바이두와 저장대학을 중심으로 '중국 인공지능 인재 육성백서'를 발간해 인공지능 중심의 패러다임 전환을 위한 인재 육성방안을 제시하였고 시진핑 주석이 공식석상에서 기초학문 인재육성을 최우선시 해야 한다고 강조하였다고 합니다.

일본도 후생노동성이 디지털 인재양성을 위한 '사람에 대한 투자 촉진 과정' 창설을 고시하였고, 문부과학성이 '양자 인재육성 및 확보 추진계획'을 발표하였습니다.

우리 정부도 디지털 트랜스포메이션 즉 디지털 트윈 시대에 인재 양성의 심각성을 인지하여 우수한 인재 확보를 위해 지난 2월 28일 과학기술정보통신부는 '제4차 과학영재 발굴·육성 종합계획(이하 종합계획)'을 발표하였습니다. 과학기술·디지털 시대에 대비해 과학영재를 조기 발굴해서 체계적으로 육성하기로 했다는 소식입니다. 과학기술 인재 확보가 앞으로 국가경쟁력의 가장 중요한 요건이라는 판단에 따른 조치라는 보도 자료를(헤럴드 경제, 2023) 소개 하였습니다.

지금이 가장 중요한 시점입니다. 2022년 말 OpenAI가 샘 알트만(Sam Altman)에 의해 공개된 대화형 인공지능 ChatGPT-3를 여러분들도 잘 알고계실 겁니다. 엄청난 충격입니다. 세상은 이렇게 빠르게 변해 갑니다.

오늘의 주인공은 평생 공학도로서 전자·정보·통신·컴퓨터분야에서 신기술 연구개발 및 창조(발명)의 세계를 혁신적 변화의 특허기술로 선도하는 외길을 걸어오신 오준수 대표님입니다.

세계 최초의 최고 발명품인 MIU Phone(HDPC)의 특허권자이며 오늘날 SNS의 원천기술 창시자인 오준수 대표님은 가만히 앉아서 막대한 돈을 벌어들이고 있는 CDMA 원천기술 특허에 대한 소유권자인 퀄컴사를 보면서 이보다 더 큰 로열티를 벌어들일 기술을 고민하셨던 것입니다. 마침내 대표님은 대한민국에 막대한

국익을 가져다 줄 수 있고 완벽한 사이버 보안성을 갖춘 원천기술을 창조하시게 되었다고 합니다. 즉, 국부원천기술로서 미래 가상세계(모바일 SNS 및 메타버스)와 그 단말기(컴퓨터 제품)의 원천기술을 특허등록으로 창조하고 그의 상용화단계를 자체적으로 이루어 나아갔고, 그 결과 WIPO사무총장 상을 받는 대한민국에 자랑스러운 과학기술 창조자의 영광을 안겨주셨습니다.

즉, 2006년에 휴대폰을 비롯한 PMP, 전자사전, 게임기, 디지털카메라 등의 디지털 휴대기기 시장도 함께 석권하고자 음악 등 멀티미디어 데이터와 콘텐츠는 물론 인터넷전화(m-VoIP)까지 가능한 다기능 스마트폰이며 올인원(All-In-One) 컨버전스 단말기(오늘날 스마트폰의 진짜 원조)인 'HDPC'(MIU Phone)를 특허기술로 창조하여 시제품을 출시하셨습니다. 그리고 2008년 WIPO사무총장 상에 이어 2009년 지식경제부장관 상을 수상하는 영예 또한 안았습니다. 어떻습니까? 여러분! 이 시대가 낳은 최고의 발명가 아니겠습니까?

그런데 이게 어찌된 일입니까? 대표님은 자신의 창조의 세계를 펼쳐보지도 못한 채 10여년 넘게 저 거대 골리앗 기업인 ㈜카카오를 상대로 특허분쟁 중에 있어왔다고 합니다. 하루하루 힘겨운 나날을 견디고 오신 금세기 최고의 과학자 오준수 대표님입니다.

이제 대표님께서는 10년 넘도록 원전특허기술을 무딩도용당하고 억울하게 짓밟혀 나락으로 떨어졌을지라도 이에 포기하거나 굴복하지 않고 오히려 다시 세상을 새롭게 변화시킬 대변혁의 신 혁신기술을 창조에 나섰고 결국 오늘날 국제특허 기술 확보의 성과를 일궜다고 합니다. 즉, 다시 더 큰 새 혁신의 변화를 반드시 이루어내어 대한민국이 세계 최고 경제대국으로 우뚝 서야 한다는 일념 하나로 10여년의 긴 세월 동안 창조의 일에 매진해 오셨던 것입니다.

한 국가가 한 명의 과학자를 탄생 시킨다는 것은 매우 어려운 일입니다. 이와 같이 훌륭한 많은 과학 전문가들이 억울하게 기술 탈취당하지 않고 마음 놓고 창조(발명)의 세계를 펼쳐나갈 수 있는 정의로운 세상이 시급히 도래하기를 소망하면서 마지막으로 대법원 관계자 분들의 공정한 판단과 조속한 판결을 기대해 봅니다. 감사합니다.

2023. 2

(주)코에볼루션 대표 **이 정 희**